Unter Lilienbanner und Trikolore

Udo Scholze/Detlev Zimmermann/Günther Fuchs

Unter Lilienbanner und Trikolore

Zur Geschichte des französischen Kolonialreiches

Darstellung und Dokumente

Leipziger Universitätsverlag 2001

Die Deutsche Bibliothek - CIP-Einheitsaufnahme

Scholze, Udo:
Unter Lilienbanner und Trikolore : zur Geschichte des französischen
Kolonialreiches ; Darstellung und Dokumente / Scholze, Udo/Zimmer-
mann, Detlev/Fuchs, Günther. - Leipzig : Leipziger Univ.-Verl., 2001
    (Kursus)
    ISBN 3-934565-96-4

© Leipziger Universitätsverlag GmbH, Leipzig
Druck: DDF Leipzig

ISBN 3-934565-96-4

Inhalt

Vorbemerkung

Unter Franz I. begann im 16. Jahrhundert der Aufbau des ersten französischen Kolonialreiches. In einer Zeit der Seefahrer, Entdecker und Waldläufer, die auf der Suche nach dem sagenumwobenen Eldorado waren, zeigte sich der französische König nicht bereit, die päpstlich sanktionierte Vorherrschaft Portugals und Spaniens auf den Meeren und in der Neuen Welt widerspruchslos hinzunehmen. Den Entdeckungsfahrten und der formellen Inbesitznahme nordamerikanischer Gebiete folgte - nunmehr in permanenter Rivalität zu England - vor allem unter Ludwig XIV. die Festigung und Ausdehnung des kolonialen Besitzes nicht nur auf diesem Subkontinent. Doch so wie der Absolutismus in Frankreich, dessen territorialer und merkantiler Potenz die erworbenen Kolonien hatten dienen sollen, zerfiel auch das unter dem Lilienbanner entstandene Empire am Ende des 18. Jahrhunderts innerhalb kurzer Zeit.

Die koloniale Offensive des 19. Jahrhunderts, die in die Entstehung des zweiten französischen Kolonialreiches mündete, folgte veränderten wirtschaftlichen und politischen Leitlinien. Während Indochina und vor allem Afrika in das Zentrum des kolonialen Interesses rückten, prägte der imperiale Wettlauf um Rohstoffe und strategische Positionen auch die französische Kolonialpolitik. In der Resultante der vor allem von der Dritten Französischen Republik forcierten Bestrebungen um die Erweiterung des kolonialen Besitzes verfügte Frankreich am Vorabend des Ersten Weltkrieges über das zweitgrößte koloniale Imperium. Die prägenden assimilatorischen und zentralistischen Tendenzen französischer Kolonialpolitik behielten nach diesem

Krieg auch in dem erweiterten Empire unveränderte Gültigkeit. Wie bereits das erste französische Kolonialreich, so zerfiel auch das unter der Trikolore vereinte in kurzer Zeit. Die Versuche der Vierten Französischen Republik, den Unabhängigkeitsbestrebungen in Vietnam und Algerien Einhalt zu gebieten, blieben letztlich erfolglos und stürzten Frankreich selbst in eine tiefe politische Krise. Deren Lösung, die zur Etablierung der Fünften Republik und zur Rückkehr General de Gaulles an die politische Macht führten, schloss in letzter Konsequenz auch die Unabhängigkeit der französischen Kolonien ein.

Sowohl in den ehemaligen Teilen des Empire als auch im Hexagon selbst hat die über Jahrhunderte betriebene koloniale Politik Spuren hinterlassen. Nicht immer sind diese offensichtlich, beeinflussen jedoch auch noch heute wirtschaftliche und politische Entscheidungen und wirken prägend auf kulturelle Traditionen und nationale Mentalitäten.

Mit der vorliegenden kurzen Darstellung vom Werden und Vergehen des französischen Kolonialismus erhoffen die Autoren einen Beitrag zum besseren Verständnis eines wichtigen Bereiches der französischen Geschichte zu leisten. Dem gleichen Zweck dienen die den einzelnen Kapiteln zugeordneten Dokumente in deutscher und französischer Sprache, das Kartenmaterial, die Chronologie, die ausgewählten Personendaten sowie die Auswahlbibliographie.

1. Kapitel
Eine Fortsetzung Frankreichs jenseits des Meeres

(Die Entstehung des ersten französischen Kolonialreiches)

Am 7. Juni 1494 hatten Spanien und Portugal, die beiden führenden Kolonialmächte der frühen Neuzeit, im Vertrag von Tordesillas ihre Interessengebiete gegeneinander und gegenüber anderen Mächten abgegrenzt. Der auf dem päpstlichen Schlichtungsspruch Alexander VI. basierende Vertrag fixierte die Demarkationslinie der kolonialen Einflussgebiete beider Staaten entlang des 46. Grades westlicher Länge. Er sprach damit den Portugiesen praktisch alle Entdeckungen in Afrika zu und beließ ihnen gleichzeitig Brasilien. Während andere Staaten unberücksichtigt blieben, erhielt Spanien freie Hand in den übrigen Gebieten des amerikanischen Kontinents.[1]

Der selbstbewusste französische König Franz I., der mit seiner Politik die Fundamente der absoluten Monarchie legte, zeigte jedoch wenig Neigung, der päpstlich sanktionierten spanisch-portugiesischen Vorherrschaft widerspruchslos zuzusehen. Als Nachfolger Ludwig XII. hatte der Mann aus der Dynastie der Valois 1515 den Thron bestiegen. Bereits die ersten Jahre seiner bis 1547 währenden Herrschaft standen im Zeichen des Gegensatzes zwischen den Häusern Valois und Habsburg. Einen Höhepunkt erreichte dieser Konflikt 1519.

---

[1] Vgl. Tordesillas-Vertrag zwischen Spanien und Portugal (1494), in: Reibstein, E., Völkerrecht. Eine Geschichte seiner Ideen in Lehre und Praxis, Bd. 1: Vom Ausgang der Antike bis zur Aufklärung, München und Freiburg 1958, S. 274ff.

Sowohl Franz I. als auch der spanische König Karl I. bewarben sich um die Kaiserwürde des Heiligen Römischen Reiches. Die mit dem Geld der augsburgischen Fugger beförderte Niederlage des französischen Königs begründete zum einen die persönliche Feindschaft der beiden gekrönten Häupter. Zum anderen schuf sie für die erstarkende französische Monarchie eine strategisch äußerst ungünstige Situation. Das Königreich Franz I. war nunmehr praktisch an all seinen Grenzen mit der Macht der Habsburger konfrontiert. Diese spanischhabsburgische Klammer sollte mehr als ein Jahrhundert lang auf der französischen Außen- und Kolonialpolitik lasten.

Das Streben Franz I., seinen Reichtum und seine Macht zu vergrößern, erhielt 1533 neuen Auftrieb. In diesem Jahr interpretierte Papst Clemens VII. die berühmte Bulle Alexander VI. dahingehend, dass dem spanischen und dem portugiesischen König lediglich die Herrschaft über die bis dato in der Neuen Welt entdeckten Ländereien zustehe. In unverhohlener Anspielung auf die päpstliche Rechtsprechung erklärte der französische König dem spanischen Gesandten anlässlich einer Audienz bei Hofe: „Die Sonne scheint für mich wie für die anderen, und ich möchte wohl den Artikel in Adams Testament sehen, der mich von der Teilung ausschlösse."[2]

Atlantische Ouvertüre

Trotz dieser demonstrativen Betonung seines Anspruches war Franz I. Realist genug, eine offene Konfronta-

---

[2] Zit. nach: Pluchon, P., Histoire de la colonisation française, Tome premier, Paris 1991, S. 40.

tion mit den beiden iberischen Mächten zu vermeiden. Da diese die bekannten Seewege zu den Reichtum verheißenden Ländern des Orients beherrschten, galt der Suche nach der „Nordpassage", einem Seeweg nördlich der von Spanien und Portugal dominierten Atlantikrouten, besondere Aufmerksamkeit.

Von Franz I. mit der Order versehen, „einige Inseln und Länder zu entdecken, wo, wie es heißt, große Mengen Gold und andere kostbare Dinge zu finden sind",[3] sowie beauftragt, eine Passage nach China zu suchen, verließ Jacques Cartier am 20. April 1534 mit zwei kleinen Seglern den Hafen von St.-Malo. Die Order des französischen Königs belegte die Prioritäten dieses ersten kolonialen Unternehmens. Franz I. ließ seinen Kapitän nach Handelswegen außerhalb der spanischen und portugiesischen Dominanz suchen und hoffte zugleich auf die unmittelbare Realisierung eines für Frankreich profitablen Handels.

Die erste Expedition Cartiers folgte den Wegen bretonischer Fischer, die seit dem Ende des 15. Jahrhunderts vor der Küste Neufundlands Kabeljau fischten. Nach nur 20tägiger Überfahrt erreichte Cartier Neufundland, umsegelte es nördlich und lief in den St.-Lorenz-Strom ein. Ein Steinkreuz mit dem Lilienwappen des französischen Königshauses, das am 24. Juli 1534 am Ufer der Gaspé-Bucht gegenüber errichtet wurde, symbolisierte die Inbesitznahme des Gebietes durch den französischen König.[4] Cartier berichtete bei

---

[3] Zit. nach: Conte, A., L'épopée coloniale de la France, Paris 1992, S. 31.
[4] Vgl. Première relation de Jacques Cartier de la Terre Neufve, dite la Nouvelle France, trouvée en l'an 1534. In: Julien, Ch.-A./Beauchesne, H. Th. (éd.), Les Français en Amérique pendant la premiere moitié du XVIᵉ siècle. Introduction par Ch.-A. Julien. Textes des voy

seiner Rückkehr vom guten Einvernehmen, das man mit den Indianern erzielt habe, schwärmte von der Schönheit der Wälder, der Weite des Landes und dem Fischreichtum der Gewässer - und hatte doch keines der ihm aufgetragenen Ziele erreicht.[5]

Auch die zweite Reise Cartiers, die er als Befehlshaber einer kleinen Flottille von drei Schiffen am 19. Mai 1535 begann, brachte nicht die von ihm versprochenen und von Franz I. erwarteten Ergebnisse. Gold und Diamanten konnte der bretonische Kapitän seinem König ebenso wenig vorweisen wie eine „französische Route" nach Indien und China. Doch Franz I., der sich mit Karl V. im Krieg um Savoyen befand, hatte wenig Muße, sich unmittelbar nach der Rückkehr Cartiers 1536 den Ergebnissen der Fahrt zu widmen. Die Berichte, die Cartier schließlich nach dem Friedensschluss 1538 vorgelegt hatte, klangen jedoch ausgesprochen verheißungsvoll. Das von ihm für Franz I. in Besitz genommene Land verspreche „mit Sicherheit" große Reichtümer. Handelsschiffe könnten auf dem St.-Lorenz-Strom in die ersehnten Goldländer des Fernen Ostens gelangen. Solche Darstellungen waren nicht nur für den französischen König bedeutend verlockender als der Klang leerer Kassen. Cartier fand einflussreiche Fürsprecher bei Hofe, als er Franz I. vorschlug, eine dritte Expedition zu entsenden, um in den entdeckten Gebieten Kolonien zu gründen.

Am 17. Januar 1541 ernannte der französische König Jean-François de La Rocque zum Vizekönig für die bereits formell in Besitz genommenen Gegenden und beauftragte ihn, die „Länder von Canada" (Region Que-

---

[5] Vgl. ebd.

bec) und die „Länder von Ochelage" (Region Montreal) „zu organisieren", indem man diese besiedelte und „Städte sowie Forts, Kirchen und Tempel errichtet."[6] Cartier erhielt die Ernennung zum „Generalkapitän und Hauptsteuermann". Mit fünf Schiffen, auf denen er mehr als 800 Siedler transportierte, verließ er am 23. Mai 1541 den Hafen von St.-Malo.

Doch der erste Siedlungsversuch in Nordamerika, bei dem die Franzosen im Gebiet des heutigen Quebec vier Siedlungen gründeten, scheiterte an den Unbilden der Natur und der Disziplinlosigkeit der überwiegend zur Verbannung verurteilten Kolonisten. Auf königlichen Befehl kehrten die wenigen Überlebenden 1544 nach Frankreich zurück.

Cartier hatte mit seinen Unternehmungen die „kanadische Idee" in Frankreich begründet. Die formelle Inbesitznahme der von ihm entdeckten Landstriche wurde von der französischen Politik noch Jahrhunderte später zur Legitimierung kolonialer Ambitionen genutzt.

Nach dem Tode Franz I. nahm die Auseinandersetzung zwischen den Konfessionen in Frankreich an Heftigkeit zu. Heinrich II. (1547-1559), der seinem Vater auf den Thron gefolgt war, vermochte es nicht zu verhindern, dass der Protestantismus calvinistischer Prägung an Boden gewann und in den 50er Jahren des 16. Jahrhunderts in zunehmendem Maße auch Vertreter gehobener sozialer Schichten konvertierten. Der Streit der Konfessionen, der letztlich ab 1562 in die Religions- und Bürgerkriege mündete, paralysierte die außenpolitische Handlungsfähigkeit der französischen Monarchie und schrieb deren Unfähigkeit fest, koloniale

---

[6] Zit. nach: Pluchon, P., Histoire de la colonisation française, Tome premier, a.a.O., S. 43.

Projekte zu entwerfen und zu verwirklichen. Aber die sich verschärfenden religiösen Auseinandersetzungen in Frankreich beförderten zumindest zwei Versuche, den Protestanten durch die Gründung von Kolonien gewissermaßen vorsorglich eine überseeische Zufluchtstätte zu schaffen.

Es war der von Heinrich II. zum Admiral erhobene Gaspard de Coligny, der mit dieser Intention eine Expedition nach Brasilien entsandte. Der brillante Offizier galt trotz seines offen bekennenden Protestantismus als loyaler Diener seines Königs und als vehementer Befürworter einer französischen Expansion in die neu entdeckten Gebiete. In seinem Auftrag fuhren im November 1555 zwei Schiffe, die unter dem Kommando von Durand de Villegagnon standen, in die Bucht von Rio de Janeiro ein. Auf einer kleinen Insel gründeten die Franzosen eine Niederlassung. Doch die Besatzung des zum Schutz dieser Niederlassung errichteten Fort-Coligny wurde durch Krankheiten dezimiert. Auch hier entzweite der Streit der Konfessionen die Franzosen und begünstigte - wie im Königreich selbst - die Einflussnahme anderer Mächte. So war die Vertreibung der Franzosen für die Truppen des portugiesischen Gouverneurs von Brasilien, Mem de Sà, eine vergleichsweise leichte Aufgabe. Am 16. März 1560 eroberten seine Truppen Fort-Coligny. Ein weiteres Mal wurden damit kolonialpolitische Ambitionen in der Regierungszeit der Valois schon im Keim erstickt.[7]

Gleichfalls im Auftrage von Coligny versuchten mehrere französische Expeditionen mit vorwiegend hugenottischen Kolonisten auch auf der von Spanien be-

---

[7] Vgl. Léry, J. de, Histoire d'un voyage fait en la terre du Brésil. Ed. par Jean-Claude Morisot, Genève 1975, S. 67ff.

herrschten Halbinsel Florida zu siedeln. Doch die Spanier duldeten die Errichtung fremder Siedlungen in ihrer Herrschaftssphäre ebenso wenig wie die Portugiesen. Die katholischen Spanier fühlten sich zu ihren bald einsetzenden grausamen Strafexpeditionen gegen die hugenottischen Siedler auch durch den Umstand berechtigt, dass es sich bei den Franzosen um „Ketzer" handelte. Ein erster Stützpunkt, von Jean Ribault in der Nähe des heutigen St.-Augustin errichtet, musste nach wenigen Monaten aufgegeben werden. 1564 gründeten die französischen Hugenotten am St.-Johnes-River das Fort Caroline, dessen gesamte Besatzung am 21. September 1565 während des „Florida-Massakers" von den Spaniern niedergemetzelt wurde. Der Kommandant dieser blutigen Szenerie, Pedro Menéndez de Avilés, berichtete dem spanischen König Philipp II. von dem guten Einvernehmen, das zwischen Indios und den Hugenotten bestanden habe, und dass „Häuptlinge und Volk" von „zwei oder drei Männern der Lutheranerbrut" unterrichtet worden seien. Dem streng gläubigen Katholiken schien es „tatsächlich staunenswert, wie die Lutheraner dieses arme, wilde Volk in ihren Bann zu schlagen vermochten."[8]

Während Spanien sich in Florida auch des religiösen Fanatismus bediente, um seinen Anspruch auf Alleinherrschaft in der gesamten Region durchzusetzen, war der Streit um die vermeintlich einzig richtige Art der Religionsausübung in Frankreich schon in die Religions- und Bürgerkriege gemündet. In deren Verlauf verlor auch der Initiator der französischen Siedlungs-

---

[8] Menéndez, A. P., Dritter Brief an König Philipp II. vom 15. Oktober 1565, in: Colección de diarios y relaciones para la Historia de los viajes y descrubrimientos, Bd.II, Madrid 1943, S. 55f.

versuche in Brasilien und Florida, Admiral de Coligny, sein Leben.

Vater von Neufrankreich

Ihre außen- und kolonialpolitische Handlungsfähigkeit gewann die französische Krone erst zurück, als es Heinrich IV. (1589-1610) gelang, die inneren Auseinandersetzungen zu beenden, den französischen Protestanten mit dem Edikt von Nantes (1598) die politische und religiöse Gleichberechtigung zu garantieren und die Wirtschaft wieder gesunden zu lassen. Die von seinem Ersten Minister Maximilien de Béthune, Herzog von Sully, nüchtern umgesetzte Rekonstruktionspolitik ermöglichte es dem ersten Bourbonenkönig auch, sich wieder kolonialen Plänen zuzuwenden. Das Interesse des französischen Königs galt dabei primär der Festigung und Erweiterung französischer Besitzansprüche in Nordamerika. Waren die reichen Fischgründe dieser Region und der lukrative Pelzhandel dafür schon Grund genug, so stand dahinter auch die Überlegung, sich in den Besitz jenes Territoriums zu bringen, in dem man noch immer eine Durchfahrt nach Asien zu finden glaubte. Als sich 1602 Vertreter von Handelshäusern, Reeder und Finanziers der Städte Rouen, St.-Malo, La Rochelle und Dieppe zur Compagnie de la Nouvelle France zusammenschlossen, konnten sie sich deshalb der wohlwollenden Unterstützung der Krone sicher sein. Im Auftrage dieser Gesellschaft erkundete Samuel de Champlain in dreißigjähriger Tätigkeit weite Gebiete des heutigen Kanadas, erschloss französischen Pelzhändlern den Weg ins Landesinnere und festigte mit der beginnenden Besiedlung die französischen Besitzansprüche. In der Person des zum königlichen Geographen avancierten Champlain verbanden sich die Interessen der neu entstandenen Handelsgesellschaft mit den durch die Krone repräsentierten nationalen Interessen ohne völlige Konformität zu erreichen. Denn während die Kaufleute vorrangig ihren Gewinn im Auge hatten, genoss die koloniale Inbesitznahme und die Besiedelung dieser Gebiete beim französischen König Priorität.

So hatte Heinrich IV. an das der Compagnie de la Nouvelle France vergebene Monopol für den Handel auf dem St.-Lorenz-Strom die Bedingung geknüpft, in dieser Region Siedlungen zu gründen. Dieses Unterfangen erwies sich jedoch als äußerst schwierig. Erst die dritte, im Sommer 1608 errichtete Niederlassung hatte Bestand. Champlain überwinterte in der Siedlung Quebec, die sich zum wichtigsten Handelsplatz der im Entstehen begriffenen französischen Kolonie entwickelte.[D1] Die folgenden Jahre widmete der inzwischen zum Gouverneur von Neufrankreich ernannte Champlain der Erforschung weiter westlich gelegener Territorien. Als erster Europäer erkundete er das riesige Wasserareal von Ontario-, Erie-, Huron- und Michigansee, suchte nach den günstigsten Routen für den gewinnträchtigen Pelzhandel und beauftragte Etienne Brulé mit dem Erlernen indianischer Sprachen. Als Champlain 1615 gezwungen war, bei den Huronen zu überwintern, erweiterte dies die Kenntnisse des Franzosen über die Lebensweise der Indianer erheblich.

Im Jahr 1616 kehrte Champlain nach Frankreich zurück. Unter Maria von Medici, der zweiten Frau Heinrich IV., die für ihren noch minderjährigen Sohn Ludwig XIII. die Regentschaft ausübte, waren die Religionsgegensätze wieder aufgebrochen. Auch nachdem die Königinmutter den Hof 1619 verlassen musste, gestalteten sich die Machtverhältnisse kompliziert und unübersichtlich. Dem Gouverneur von Neufrankreich fiel es daher nicht leicht, eine Bestätigung seiner Befugnisse zu erhalten. Politische Unterstützung fand Champlain vor allem bei dem politisch weitsichtigen Armand-Jean du Plessis, Herzog von Richelieu, dem damaligen Staatssekretär Ludwig XIII. Dieser sah in der Entwicklung kolonialen Besitzes der französischen Monarchie eine unabdingbare Notwendigkeit, um in der Rivalität mit den Briten und den Holländern bestehen zu können. Nachdem Champlain mit Mühe die Bestätigung seiner Befugnisse erlangt hatte, konnte er daran gehen, „sein" Nouvelle France wirtschaftlich unabhängig und wohlhabend zu machen. Zwar hatte sich der Pelzhandel als lukrative Einnahmequelle erwiesen und auch das Zusammenleben von Indianern und Europäern verlief noch weitgehend in friedlichen Bahnen. Doch eine große Anziehungskraft übte die Kolonie in der französischen Heimat nicht aus. Lediglich 60 Siedler wies eine Zählung des Jahres 1632 aus.[9] Und mit der Zahl der Bewohner stagnierte auch die wirtschaftliche Entwicklung der Kolonie.

In der ersten Hälfte des 17. Jahrhunderts bemühten sich England, die Niederlande, Schweden und Frankreich, Kolonien an der nordamerikanischen Ostküste zu gründen. Der Prozess kolonialer Landnahme war dabei von Beginn an von der Rivalität der aufstrebenden europäischen Mächte begleitet, wobei sich der Interessenkonflikt zwischen England und Frankreich als der gravierendste erwies. Lange bevor dieser im Sieben-

---

[9] Vgl. Pluchon, P., Histoire de la colonisation française, Tome premier, a.a.O., S. 1014.

jährigen Krieg zur militärischen Auseinandersetzung zwischen beiden Staaten eskalierte, war der Kampf um Siedlungen und Siedlungsgebiete ausgebrochen. Auch Champlain, der mit seinen Leistungen als Entdecker und Wegbereiter der Besiedlung die Grundlagen für Frankreichs Imperium in Nordamerika schuf, war persönlich davon betroffen. Eine englische Flottille unter dem Kommando von David Kirke eroberte 1629 nach monatelanger Belagerung das französische Quebec. Champlain wurde gefangengenommen und musste ins Exil. Erst nach der Wiederherstellung der französischen Souveränität über die Kolonien von Akadien und Kanada, wie sie der Vertrag von St.-German-en-Laye vom 29. März 1632 fixierte, konnte der „Vater von Neufrankreich" nach Kanada zurückkehren. Als Champlain zwei Jahre später starb, prägte Richelieu, nunmehr als Erster Minister Ludwig XIII. bereits die französische Politik. Mit dem Federkiel des Diplomaten wie mit der harten Hand eines Soldaten war er gleichermaßen darauf bedacht, dem absolutistischen Frankreich eine anerkannte Führungsrolle zu verschaffen.

Die großen Projekte des Kardinals

Der ehrgeizige und stets nüchtern abwägende Kardinal hatte 1629 in seinem Politischen Testament die Grundprinzipien seiner Politik umrissen.[D2] Weit über seinen Tod (1642) hinaus folgte die französische Kolonialpolitik diesen Leitlinien. Niemals - so Richelieu - dürfe es mit Frankreich als „einem großen Staate so bestellt sein, dass er eine Beleidigung empfängt, ohne Rache nehmen zu können."[10] Dieser Prämisse folgend, erachtete der Erste Minister die straffe Zentralisierung staatlicher Macht für unerlässlich. Der Bauherr des französischen Absolutismus betonte die Notwendigkeit einer merkantilistischen Wirtschaftspolitik. Die staatliche Förderung aller Wirtschaftszweige sollte zum Garanten hoher Außenhandelsüberschüsse werden. Eine aktive Kolonialpolitik und die Stärkung von Heer und Flotte erschienen dem Kardinal von größter Wichtigkeit, galt es doch, das auf der französischen Außenpolitik seit Jahrzehnten lastende Trauma der „spanischen Klammer" endlich zu beseitigen.[11]

Doch wirtschaftliche und politische Zwänge standen den Zielsetzungen des Ersten Ministers entgegen. Sie ließen die von ihm erträumte „Fortsetzung Frankreichs jenseits des Meeres" in weite Ferne rücken. Der Kampf gegen die antizentralistische Adelsopposition, innere Fehden und internationale Konflikte, Missernten und Seuchen setzten einer aktiveren Kolonialpolitik, wie sie vor allem vom Handelsbürgertum der Küstenstädte, von Reedern, aber auch von Abenteurern und Schriftstellern befürwortet wurde, enge Grenzen. Es waren die mit königlichen Privilegien ausgestatteten Handelsgesellschaften, denen im merkantilistischen und machtpolitischen Konzept Richelieus besondere Bedeutung zukam. Doch auch die Gründung und Konsolidierung dieser Gesellschaften stieß auf Hindernisse und scheiterte wiederholt - wie im Fall der 1626 ins Leben gerufenen Compagnie des Cents Associés du Morbihan - an dem Unwillen der Teilhaber, sich für die Interessen der Kro-

---

[10] Testament politique de Richelieu, édité par F. Hildesheimer, Paris 1995, S. 322.
[11] Vgl. ebd.

ne vereinnahmen zu lassen. Der Erste Minister Ludwig XIII. beschränkte die Gründung spezialisierter Handelsgesellschaften jedoch nicht auf das von Champlain verwaltete Nouvelle France. Auch im Bereich der Handels- und Kolonialpolitik ordnete der Kardinal die Wahl seiner Partner den eigenen politischen Leitlinien unter. So schloss sich Richelieu 1626 der Initiative der beiden Freibeuter du Roissey und d'Esnambuc an, ersetzte die von beiden zur Besiedlung der Karibikinseln St.-Christophe und Barbados ins Leben gerufene Handelsgesellschaft durch die Compagnie des Îsles de l'Amérique und ließ diese mit einer bis dahin nicht gekannten staatlichen Förderung operieren.[D3] 1635 wurden Guadeloupe, Martinique und St.-Dominique für Frankreich in Besitz genommen. Die Siedler kultivierten Zuckerrohr, Tabak und Kaffee. Basierend auf der Tätigkeit der aus Afrika importierten Sklaven, prosperierten die karibischen Besitzungen. Sie galten im 18. Jahrhundert als die einträglichsten Kolonien überhaupt. Weitere Versuche, die koloniale Offensive in der Karibik und in Südamerika voranzutreiben, blieben vorerst jedoch bedeutungslos oder scheiterten.

Unter der Schirmherrschaft des Kardinals unternahmen französische Kaufleute auch erste koloniale Schritte auf dem afrikanischen Kontinent. Handelshäuser aus Rouen bekamen, nachdem französische Kaufleute 1620 mit St.-Louis eine erste Niederlassung gegründet hatten, 1634 das königliche Privileg des Handels in Senegal und Gambia. Zwei Pariser Gesellschaften teilten sich die gleichen Rechte an der afrikanischen Westküste, und auch die Compagnie de Madagascar erfreute sich der Unterstützung durch die französische Krone.

Doch dem großen Entwurf einer absolutistisch geprägten Kolonialpolitik standen beim Tode des Kardinals eher spärliche Ergebnisse gegenüber. Einmal mehr klafften Anspruch und Wirklichkeit der kolonialen Ambitionen weit auseinander. Zwar waren in der Amtszeit Richelieus mit Brest, Le Havre und Toulon die für den Überseehandel wichtigsten Häfen ausgebaut und befestigt worden und die Flotte hatte dank seiner Initiativen eine erhebliche Verstärkung erfahren. 1642 verfügte Frankreich über 62 hochseetüchtige Segelkriegsschiffe und 22 Galeeren. Damit schien das Land durchaus in der Lage, wie vom Ersten Minister im Politischen Testament fixiert, jeder Beleidigung des Staates begegnen und Rache nehmen zu können.

Aber die in der gleichen Schrift für unbedingt erforderlich erachteten Kolonien fristeten ein eher kümmerliches Dasein. Eine gezielte Einwanderungspolitik war vernachlässigt worden und so zählte man Mitte der 40er Jahre des 17. Jahrhunderts auf den Antilleninseln nur ca. 5000 Franzosen, in Kanada gar nur 300. Auch die Bemühungen der in die französischen Kolonien entsandten Missionare zeigten geringe, wenn auch unterschiedliche Erfolge. In Neufrankreich, wo sich bereits seit dem Beginn des 17. Jahrhunderts Jesuiten um die Christianisierung der Indianer bemüht hatten, waren erste Bindungen der Eingeborenen an Frankreich entstanden. Doch erst 1635 war es Richelieu gelungen, von Papst Urban VIII. die Entsendung von Missionaren auf die wirtschaftlich wichtigen Antilleninseln zu erwirken. Aber weder die Kapuziner auf St.-Christophe, noch die Jesuiten auf Martinique und auch nicht die Dominikaner auf Guadeloupe konnten beim Tode Richelieus auf messbare Ergebnisse ihrer Tätigkeit verweisen. Eine dünn besiedelte, geographisch weit entfernte und noch nicht fest an das Mutterland gebundene „Fortsetzung jenseits des Meeres" konnte den Interessen des maßgeblich durch Richelieu inthronisierten Zentralstaates nur bedingt von Nutzen sein. Sie war den individuellen Interessen der Einwohnerschaft in hohem Maße unterworfen und zugleich - wie sich bald zeigen sollte - ein permanentes Objekt der Begierde für andere Mächte.

Colberts pacte colonial

Kardinal Mazarin, der Bewunderer und gelehrige Schüler Richelieus, hatte dessen Politik konsequent fortgesetzt, der Monarchie bei seinem Tode 1661 aber nur noch Reste des einstigen französischen Stolzes zur See hinterlassen können. Nach der Niederschlagung der Fronde (1648-1653) war die Macht der absoluten Monarchie im Inneren unangetastet. Mit dem doppelten Triumph über Habsburg im Westfälischen (1648) und im Pyrenäenfrieden (1659) avancierte Frankreich zur stärksten Macht in Europa. Doch diese Erfolge hatten ihren Preis. Die Staatsfinanzen waren zerrütteter denn je. Die notwendige Konzentration auf die Niederwerfung der antimonarchistischen Opposition sowie auf die militärischen Auseinandersetzungen, die mit Spanien auf dem europäischen Kontinent geführt wurden, erzwangen die Vernachlässigung überseeischer Unternehmungen. Frankreichs Flotte, unabdingbares Instrument kolonialer Politik, verkam. Als Ludwig XIV. (1643-1715) die Regierungsgeschäfte selbst in die Hand nahm, verfügte er lediglich über acht Segelkriegsschiffe und sechs Galeeren. Im System zwischenstaatlicher Beziehungen dieser Zeit war das eine fast vernachlässigungsbare Größe.

In dieser schwierigen Situation betraute Ludwig XIV. Jean-Baptiste Colbert mit der Neuordnung der Finanz- und Steuerverwaltung Frankreichs. Der einer Familie von Großkaufleuten entstammende Colbert hatte bereits im Dienste Kardinal Mazarins gestanden und überaus erfolgreich dessen Finanzen verwaltet. Als Merkantilist vertrat Colbert die Überzeugung, Werte und Gewinne entstünden primär in der Warenzirkulation. Als er im September 1661 von Ludwig XIV. zum Generalkontrolleur der Finanzen ernannt wurde, erhielt der loyale Diener des Sonnenkönigs die Möglichkeit, seine wirtschafts- und finanzpolitischen Ideen in die Praxis umzusetzen. Das große Ziel vor Augen, den Reichtum des französischen Königreiches und damit dessen Macht zu mehren, zielten die Maßnahmen Colberts auf die Belebung des Binnenmarktes und die Erhöhung französischer Exporte. Da aber der Handel und die angestrebte aktive Handelsbilanz das Vorhandensein von Waren voraussetzt, widmete Colbert der Steigerung der Produktivität in Handwerksbetrieben und Manufakturen seine Aufmerksamkeit. Schließlich nahm sich der in das höchste Staatsamt aufgerückte Bürgersohn auch der Infrastruktur an, vereinfachte den Warenverkehr und ließ ihn somit profitabler werden. Er demonstrierte damit gleichsam die Zwiespältigkeit des politischen Wirkens absolutistischer Staatsmänner, deren Bemühungen, die Herrschaft der Monarchie zu festigen, Maßnahmen zur Stärkung des Bürgertums unumgänglich machten. Die Gründung staatlicher Manufakturen sollte französische Exporte erhöhen und zugleich die sprunghaft steigenden Bedürfnisse von Heer und Hof befriedigen. Doch die

Meisterung dieser Quadratur des Kreises misslang. Die Kriege Ludwig XIV. und die absolutistische Prachtentfaltung des Sonnenkönigs überforderten die Leistungsfähigkeit der colbertistischen Wirtschaftsmechanismen. Der Minister fiel in Ungnade, wurde entlassen und starb enttäuscht und körperlich verbraucht 1683.

Seinem Wirken war es aber maßgeblich zu danken, dass Frankreich über die bis dahin bedeutsamste Flotte seiner Geschichte verfügte. Doch der Weg von den kläglichen maritimen Hinterlassenschaften Mazarins zu den 120 hochbordigen Kriegsschiffen des Jahres 1685 und zu einer Handelsflotte mit einer Kapazität von über 200.000 Tonnen war kompliziert. Mittels der ihm eigenen Energie und einer gezielten Überhöhung der Dimensionen der englischen und niederländischen Flotte überzeugte Colbert Ludwig XIV., dem Bau von Handels- und Kriegsschiffen sowie der Erweiterung und Befestigung von Hafenanlagen größere Bedeutung beizumessen. Die Häfen und Arsenale von Toulon und Marseille wurden überholt und modernisiert, der von Rochefort erweitert. 1662 erwarb Ludwig XIV. Dünkirchen und ließ es ebenfalls ausbauen und befestigen. Der angesichts der strategischen Lage Dünkirchens an sich schon geringe Kaufpreis von vier Millionen Livres wurde dem englischen König Karl II. zudem nicht voll ausgezahlt. Zum militärisch bedeutsamsten Hafen avancierte das bretonische Brest, dessen Befestigungen, vom legendären Festungsbaumeister Sébastien Le Prestre de Vauban erdacht, die Jahrhunderte überdauert haben. Die parallel zu den Häfen entstehenden Werften erhielten von Colbert die Order, Schiffe ausschließlich aus französischen Materialien zu bauen. Im Gegensatz zu anderen Anweisungen blieb die diesbezügliche Ordonnanz über die Gewässer und Wälder aus dem Jahre 1669 nicht ohne Wirkung und trug zur materiellen Sicherung des Schiffbauprogramms bei. Auch für die Bemannung der Handels- und Kriegsflotte sorgte der vielbeschäftigte Minister. Von den Gerichten forderte Colbert weniger Todes- und mehr Galeerenstrafen zu verhängen, um ausreichend Matrosen für die Schiffsbesatzungen zu erhalten.

Wirtschaftspolitik und Flottenbauprogramm Colberts verbesserten die Bedingungen für eine systematische Fortführung der Kolonialpolitik in Amerika und ihre Ausdehnung auf Afrika und Indien. Dabei sah der Generalkontrolleur der Finanzen in den Kolonien ausschließlich Lieferanten von Rohstoffen und Kolonialwaren für den Eigenbedarf Frankreichs und für dessen Handel mit anderen Ländern. Pfeffer, Gewürze, Rohzucker, Kaffee, Tee, Baumwolle, tropische Hölzer, Harz und natürlich Silber, Gold und Edelsteine sollten die französische Konkurrenzfähigkeit im Welthandel beträchtlich erhöhen. Ein solcher pacte colonial implizierte die Unterordnung der Kolonialgebiete unter die Bedürfnisse des Mutterlandes. Er gestattete lediglich eine begrenzte wirtschaftliche Entwicklung der Kolonien und verwehrte möglichen Konkurrenten, notfalls mit Waffengewalt, jeglichen Zutritt zu französischen Territorien.

Um die kolonialen Aktivitäten zu koordinieren, schuf Colbert 1664 die Compagnie des Indes Oriendentales und die Compagnie des Indes Occidentales.[D4] Den beiden Handelsgesellschaften wurde auferlegt, bei ihrer gesamten Tätigkeit allen denkbaren Erfordernissen Frankreichs im Handel, der Produktion, des Verkehrs und der Verteidigung Priorität einzuräumen. Auch wenn solch weitgespannte Erwartungen sich nicht erfüllten, gaben die staatlich gestützten Gesellschaften der Kolonialpolitik des französischen Absolutismus spürbare Impulse.

Die Westindische Gesellschaft erhielt das Handelsmonopol für Kanada, Westafrika und die Antillen. Mit diesem Privileg ausgestattet, intensivierte man vor allem die Besiedelung Kanadas. 1706 konnte man dort bereits 18.000 französische Siedler zählen. Damit einhergehend trieben Vertreter der Gesellschaft, Missionare und Abenteurer die Erforschung der noch unbekannten Territorien im Inneren Nordamerikas voran. Der Graf von Frontenac, seit 1672 Gouverneur von Neufrankreich, beauftragte den Pelzjäger Louis Jolliet mit der Erkundung des Gebietes der Großen Seen. Geleitet von Jolliet und dem Pater Marquette, erreichte eine kleine Expedition 1673 den Michigansee und gelangte von dort aus bis an die Ufer des Mississippi.[12] Die Bezeichnung, die der große Strom zunächst erhielt - Fleuve Colbert - symbolisierte gewissermaßen das künftige französische Kolonialprogramm in Nordamerika. Konnte die weitere Erforschung des Flusses und die Inbesitznahme der Territorien entlang seiner Ufer nicht der erste Schritt zur Schaffung eines gewaltigen französischen Imperiums auf dem nordamerikanischen Subkontinents sein?

Es war Robert Cavelier de La Salle, der mit seinen Entdeckungsreisen ab 1671 daran ging, das gesamte Mississippi-Missouri-Becken für die französische Krone in Besitz zu nehmen. Der 1643 in Rouen geborene de La Salle war in einem Jesuitenkolleg erzogen worden.

---

[12] Vgl. Marquette, P., Voyages et découvertes de quelques pays et nations de l'Amérique septentrionale, Paris 1681.

Er folgte 1666 seinem Bruder nach Kanada, verkaufte wenig später den erworbenen Grundbesitz und begann ein Leben als Entdecker. Zum Ausgangspunkt seiner Entdeckungsreisen wählte de La Salle das Fort Frontenac. Mit der 1674 erfolgten Gründung dieses Forts am Ufer des Ontariosees hatte Frankreich das Ziel verfolgt, den Pelzhandel zwischen den Großen Seen und den englischen Siedlungen an der Ostküste Nordamerikas abzufangen. Eingereiht in die merkantilistische Politik Colberts, war das Unterfangen nicht nur strategisch bedeutsam. Es erwies sich zudem sehr bald als ausgesprochen gewinnträchtig. Als Kommandant des Forts hatte de La Salle deshalb bei einem Besuch in Frankreich 1677 wenig Mühe, von Ludwig XIV. die Erlaubnis zu erlangen, „westliche Teile Neufrankreichs" zu erkunden, diese für Frankreich in Besitz zu nehmen und zu ihrem Schutz Forts zu bauen.[13]

Nach zwei vorbereitenden Unternehmungen, in deren Verlauf de La Salle die Südspitze des Michigansees erforscht hatte, aber an den Unbilden des Klimas gescheitert war, brach der Franzose im Dezember 1681 erneut zu einer Expedition auf. Mehr als einen Monat brauchten die Männer, auf Schneeschuhen laufend und die mitgeführten Kanus hinter sich herziehend, um den Mississippi zu erreichen. Dessen Lauf folgend, gelangte die Expedition Anfang April 1682 an das Delta des Flusses. In drei Gruppen geteilt, erkundeten die Männer die Mündungsarme des Mississippi. Als sie sich am 9. April 1682 an den Ufern des Golfes von Mexiko wieder vereinigten, hatten zum ersten Mal Europäer das Innere des nordamerikanischen Subkontinents von Nor-

---

[13] Vgl. Conte, A., L'épopée coloniale de la France, a.a.O., S. 54ff.

den nach Süden durchquert. Im Namen des Königs von Frankreich nahm de La Salle Besitz von dem Gebiet und benannte es zu Ehren des Sonnenkönigs Louisiana. Zum Zeichen der Inbesitznahme ließ de La Salle ein Steinkreuz errichten und eine Urkunde verfassen, die kundtat, dass fortan das Lilienbanner der Bourbonen auch über dem Mississippi und allen seinen Nebenflüssen wehen werde.[D5]

Die Berichte de La Salles fanden ein unterschiedliches Echo. Am Hofe von Versailles wurde ihm 1684 ein triumphaler Empfang bereitet und man ernannte ihn zum Gouverneur von Louisiana. Für seinen Vorschlag, zur Entwicklung der neuen französischen Besitzungen und zur Erschließung ihrer Ressourcen zwei Kolonien zu gründen, bekam de La Salle auch die Unterstützung Ludwig XIV. So sollte das Fort St.-Louis, das 1683 am Illinois gegründet worden war, der Sicherung des lukrativen Handels mit Pelzen dienen. Ein an der Mündung des Mississippi zu errichtendes Fort hatte vorrangig strategischen Wert. Es sollte die Gewähr dafür bieten, dass der für die Erschließung des Landesinneren so wichtige Strom fest in französischer Hand blieb. Doch der Gouverneur von Neufrankreich, Antoine de la Barre, verweigerte de La Salle seine Unterstützung. Er fürchtete um die Vorrangstellung der kanadischen Gebiete innerhalb des französischen Kolonialbesitzes, wenn es gelänge, eine direkte Verbindung zwischen Louisiana und dem französischen Mutterland herzustellen. Um seine Pläne Wirklichkeit werden zu lassen, rüstete de La Salle eine neue Expedition aus. Mit vier Schiffen, auf denen sich mehr als 200 Siedler, Soldaten und Missionare befanden, stach er Anfang Juli 1684 von Rochefort aus in See. Das Unternehmen stand jedoch unter keinem glücklichen Stern. Ungünstige Windverhältnisse, eine schwere Krankheit de La Salles, die diesen zeitweise handlungsunfähig machte, konkurrenzbedingte Spannungen zwischen den Kapitänen der kleinen Flotte und schließlich die Unkenntnis der genauen geographischen Lage des Mississippideltas führten dazu, dass die Schiffe ihr Ziel um mehrere hundert Kilometer verfehlten. In der Bucht von Matagorda ging man vor Anker. Doch das Fort, das de La Salle errichten ließ, bestand nur kurze Zeit. Skorbut und Fieber rafften die Franzosen dahin. Mit 16 seiner Männer brach der Gouverneur von Louisiana schließlich auf, um zu Fuß den Mississippi zu erreichen. Der unbekannte Weg durch unwirtliche Gegenden und das Klima forderten ihren Tribut. Der Verzweifelung nahe, kam es zu Streitigkeiten. Jene fünf Männer, die völlig erschöpft Ende 1687 den Illinois erreichten, wussten nicht nur von den Schwierigkeiten des Weges, sondern auch vom Tode de La Salles zu berichten. Bei einer der Auseinandersetzungen war der Entdecker Louisianas, dessen Spuren noch viele Expeditionen folgen sollten, am 19. März 1687 erschossen worden.

Den Leistungen Champlains und de La Salles war es zu danken, dass die französische Krone am Ende des 17. Jahrhunderts formell über ein riesiges Gebiet in Nordamerika herrschte, das sich im Inneren des Subkontinents von Kanada bis an den Golf von Mexiko erstreckte. Die wirtschaftliche Bedeutung dieser noch unerschlossenen und äußerst dünn besiedelten Territorien war jedoch gering.

Als wesentlich einträglicher erwiesen sich die gleichfalls unter der Ägide der Compagnie des Indes Occidentales stehenden französischen Karibikinseln. Hier funktionierte der Colbert'sche pacte colonial. Die vom Generalkontrolleur der Finanzen privilegierten Handelsgesellschaften hatten sich streng an dessen merkantilistische Vorgaben zu halten. Die französischen Kolonialstützpunkte wurden für jeden fremden Handel gesperrt und die Kolonien selbst nur zum Nutzen des Mutterlandes ausgebeutet. Auf dieser Basis prosperierte die Produktion von Zucker, Tabak, Baumwolle, Kaffee, Farbstoffen und Kakao auf den Antilleninseln ebenso wie die Ausfuhr dieser Produkte nach Frankreich. Das verschaffte zugleich den französischen Kontoren an der westafrikanischen Küste einen wachsenden Gewinn, denn als Arbeitskräfte für die Plantagenwirtschaft holte man Sklaven aus Afrika. Als der Nachschub mit den „sprechenden Werkzeugen" der Nachfrage nicht mehr gerecht werden konnte, setzte man ab 1671 auf jeden eingeführten Negersklaven eine Prämie aus. Auch der im März 1685 von Ludwig XIV. erlassene Code Noir[**D6**] war dazu angetan, die für Frankreich so profitable Plantagenwirtschaft sicherzustellen. Auf der einen Seite wurden nach diesem Gesetz jegliche Verstöße der Sklaven gegen das ihnen auferlegte Los unbarmherzig mit schwersten Strafen geahndet.[14] Um aber auch künftig aus dem Handel mit den begehrten Kolonialwaren größtmöglichen Nutzen ziehen zu können, schuf der Sklavenkodex auf der anderen Seite zugleich Regelungen, die unmittelbar dazu dienten, die Arbeitskraft der Sklaven zu erhalten und die auf längere Sicht eine gewisse Bindung der Sklaven an die französische Krone schaffen sollten.

---

[14] Vgl. Etienne, R., La révolution, la traite des noirs et La Rochelle, in: Esclavage, Colonisation, Libérations nationales, Paris 1990, S. 27ff.

Wie schon die 1642 unter Kardinal Richelieu gegründete Orientgesellschaft tat sich auch die Compagnie des Indes Orientales ausgesprochen schwer daran, die kleine Kolonie auf Madagaskar, der Insel, der man zu Ehren des damaligen Thronfolgers den Namen Île-Dauphin gegeben hatte, am Leben zu erhalten oder gar zu erweitern. Der 1666 als Vizekönig eingesetzte Marquis Mondevergue konnte sich der Rebellion seiner Untertanen, die gegen die entwürdigenden Lebensverhältnisse auf der Insel aufbegehrten, nur durch die Flucht entziehen. Als im Jahre 1674 die letzten französischen Kolonisten, von den Aufständen der Einheimischen bedroht, nicht minder fluchtartig die Insel verließen, wurde damit den dreißigjährigen Kolonisierungsbemühungen ein vorläufiges Ende gesetzt.

Auch auf dem indischen Subkontinent war den Anstrengungen der Ostindischen Gesellschaft nur ein mäßiger Erfolg beschieden. Zwar gelang es, in Surate (1667), Masulipatam (1669), Pondichéry (1674) und Chandanagor (1685) dauerhafte Handelsniederlassungen zu gründen, so dass Seide, Baumwolle und Gewürze nach Frankreich geschickt werden konnten. Aber während indischer Salpeter die vielbestaunten Feuerwerke in Versailles ermöglichte, stagnierten die Umsätze der Gesellschaft, die sich einer erdrückenden Konkurrenz gegenübersah.

Das Wirken Colberts hatte Frankreich auf dem Höhepunkt der absolutistischen Machtentfaltung beachtliche koloniale Einflussgebiete erschlossen. Während es im indischen Raum England und Holland waren, die - durchaus nicht zaghaft in der Wahl der Mittel und weitgehend erfolgreich - sich der unliebsamen französischen Konkurrenz erwehrten, taten Spanien und England in

Nordamerika und der Karibik ein Gleiches. Schwerwiegender jedoch als diese koloniale Rivalität der anderen Mächte wog die Tatsache, dass sich der französische Absolutismus mit dem beginnenden 18. Jahrhundert in eine tiefe Krise hineinbewegte. Deren Folgen sollten auch die Grundfesten des ersten französischen Kolonialreiches erschüttern.

Dokumente

[D1] *Pläne für den Ausbau von Québec zum Zentrum Neu-Frankreichs: Memorandum von Samuel Champlain an den französischen König (um 1615)*

Sieur de Champlain möchte im Einvernehmen mit Seiner Majestät und sofern Sie es für gut befindet, das folgende Projekt in Angriff nehmen und vorantreiben: [Er beabsichtigt] in Québec, dem Aufenthaltsort von Sieur de Champlain, in einem 900-1000 Pas[1] großen, am St. Lorenz-Strom gelegenen Gebiet eine Stadt von den Ausmaßen von Saint-Denis aufzubauen. Diese Stadt wird er, wenn es Gott und dem König gefallen sollte, Ludovica nennen. In der Stadtmitte wird man eine schöne Kirche errichten lassen, die dem Heiland gewidmet und Erlöserkirche genannt wird, in Anerkennung und zum Andenken des Heils, das Gott über diese armen Völker bringen möge, die seinen Heiligen Namen nicht kennen. Damit wird dem Willen des Königs Rechnung getragen, sie zum heiligen christlichen Glauben und in den Schoß unserer heiligen Mutter Kirche zu führen.

Es wird neben der genannten Stadt ein aus fünf Wachtürmen bestehendes Fort errichtet werden, an einem an zwei Stellen erhöhten Ort. Dieses wird die Stadt und den Fluß kontrollieren. Gegenüber auf der anderen [Fluß-] Seite wird eine Festung derselben Größe entstehen, um die Fluß-Durchfahrt vollkommen unter Kontrolle zu haben, da sie die einzige Möglichkeit darstellt, weiter ins Landesinnere vorzudringen. Die Entfernung Québecs von der Flußmündung beträgt etwas mehr als 30 Meilen. Das vom Meer etwa 26 Meilen entfernt liegende Land ist zur Linken wie zur Rechten voller Berge, furchterregender Felsen und unwirtlicher Landschaften, die man auf keine Weise durchqueren kann, zumal es dort keinen Fluß- oder Seehafen gibt, um die Schiffe hinzuschleppen, mit Ausnahme von einem, Tadoussac, wohin sich die großen Handelsschiffe zurückziehen. Und dort wird an der höchsten Erhebung eine sehr vorteilhafte Festung zu errichten sein, in die man die Garnison legen wird. Und diese

---

[1] Pas (Schritt), ein altes französisches Längenmaß, entspricht 0,66 m.

34

Garnison wird alle sechs Monate ausgewechselt. Tadoussac liegt unterhalb von Québec. In den 35 Meilen Gebiet zwischen Québec und Tadoussac können sich weder Freund noch Feind aufhalten.

Sieur de Champlain betrachtet es für eine dauerhafte Niederlassung in Neu-Frankreich als notwendig, daß dorthin erstens unverzüglich fünfzehn Franziskaner gesandt werden[2], damit dieses heilige Werk den Segen Gottes erhalte; diese werden in einem Kloster untergebracht, das in der Nähe der erwähnten Erlöserkirche zu errichten sein wird; daß dorthin zweitens 300 Familien gebracht werden, die jeweils aus vier Personen, aus Mann, Frau, Sohn und Tochter oder Diener und Dienerin, jünger als 20 Jahre, bestehen sollen. Und solange alle Gemeinwesen, die es gibt, auf vier Säulen ruhen, auf Militär, Justiz, Handel und Ackerbau, ist es erforderlich, im Anschluß an die Kirche über die militärische Stärke zu sprechen, die durch 300 gut bewaffnete und disziplinierte Soldaten zu erreichen wäre. Nichtsdestoweniger sollten sie abwechselnd zu allen anfallenden Arbeiten herangezogen werden, da es für die Einrichtung von Kolonien von Schaden ist, dort Personen welchen Standes auch immer hinzuschicken, die für ihren Lebensunterhalt nicht sorgen können.

Es ist zu bedenken, daß es, falls die Ansiedlung in Québec nicht aufrechterhalten und befestigt wird und mangels Leuten, die die angrenzenden Gebiete bewohnen und die Stellung der Kolonie verstärken könnten, die Engländer oder Holländer wären, unsere dortigen Nachbarn, die uns von dort vertreiben würden, wie sie es schon den Jesuiten des Sieur de Poutrincourt antaten[3], deren Siedlung sie einnahmen und verbrannten.

Die Holländer haben sich in einem Gebiet niedergelassen, wohin nur noch ihre Landsleute dürfen. Dieser Ort liegt nicht sehr weit von Québec entfernt[4]. Die Engländer haben sich in Virginia angesiedelt, wohin kein Franzose darf. Auch im Norden haben sich

---

[2] Obwohl Champlain zu den ersten gehörte, der die Jesuiten nach Neu-Frankreich bringen sollte, setzte er sich hier noch für die Rekollekten ein, Franziskanermönche besonders strenger Observanz, die bis 1632 die Indianermission leiteten und dann das Monopol an die Jesuiten verloren.

[3] Anspielung auf die Angriffe von Engländern auf Port Royal (Neu-Schottland) im Jahre 1613.

[4] Neu-Amsterdam (New York) und Fort Nassau.

die Engländer festgesetzt[5] und gestatten es nur ihren Landsleuten, aber keinem Ausländer, dort Wale zu fangen. Wenn es ihnen gelänge, sich des St. Lorenz-Stroms und unserer Niederlassung zu bemächtigen, könnten sie jährlich mindestens 600 oder 700 französische Schiffe daran hindern, auf Kabeljaufang zu gehen. Es ist notwendig, auf Abhilfe zu sinnen und die Angelegenheit rechtzeitig in Ordnung zu bringen.

Aus: Les voyages de Samuel Champlain. Saintongeais père du Canada. Introduction, choix de textes et notes par Hubert Deschamps. Paris 1951, S. 272-274.
Zit. nach: Dokumente zur Geschichte der europäischen Expansion, Bd. 3 : Der Aufbau der Kolonialreiche, München 1987, S. 190ff.

---

[5] An der Davis-Straße und der Hudson-Bai.

[D2] *Testament politique de Richelieu 1629 (Auszug)*

Au Roy

Sire,
Aussy tost qu'il a plu à Votre Majesté me donner part au maniement de ses affaires, je me proposay de n'oublier aucune chose
qui pût dépendre de mon industrie pour faciliter les grands desseins qu'Elle avoit, aussy utiles à cet Estat que glorieux à sa personne.
Dieu ayant bény mes intentions jusqu'à tel point que la vertu et le
bonheur de V. M., qui ont estonné le siècle présent, seront en
admiration à ceux de l'advenir, j'estimay que les glorieux succez
qui luy sont arrivez m'obligeroient à luy faire son histoire, tant
pour empescher que beaucoup de circonstances dignes de ne
mourir jamais dans la mémoire des hommes ne fussent ensevelies
dans l'oubli par l'ignorance de ceux qui ne le peuvent sçavoir
comme moy, afin que le passé servît de règle à l'avenir.
Peu de temps après avoir eu cette pensée, je me mis à y travailler,
croyant que je ne pouvois commencer trop tost ce que je ne de-
vois finir qu'avec ma vie.
J'amassay non seulement avec soin la matière d'un tel ouvrage,
mais, qui plus est, j'en réduisis une partie en ordre et mis le cours
de quelques années quasi en l'estat auquel je prétendois le mettre
au jour.
J'avoue qu'encore qu'il y ayt plus de contentement à fournir la
matière de l'histoire qu'à luy donner la forme, ce ne m'estoit pas
peu de plaisir de représenter ce qui ne s'estoit fait qu'avec peine.
Comme je goûtois la douceur de ce travail, les maladies et les
continuelles incommoditez ausquelles la foiblesse de ma com-
plexion et le faiz des affaires m'ont réduit me contraignirent de
l'abandonner pour estre de trop longue haleine.
Estant réduit à cette extrémité de ne pouvoir faire en ce sujet ce
que je désirois avec passion pour la gloire de vostre personne et
pour l'avantage de vostre Estat, j'ay cru qu'au moins je ne pouvois me dispenser de laisser à Vostre Majesté quelques mémoires
de ce que j'estime le plus important pour le gouvernement de ce
Royaume sans en estre responsable devant Dieu.

Deux choses m'obligent à entreprendre cet ouvrage. La première est la crainte et le désir que j'ay de finir mes jours auparavant que le cours des vostres se termine.

La seconde est la fidelle passion que j'ay pour les intérêts de V. M., laquelle me fait non seulement désirer de la voir comblée de prospéritez durant ma vie, mais me fait encore souhaiter ardemment d'avoir lieu d'en pouvoir voir la continuation lorsque le tribut que chacun doit payer à la nature m'empeschera d'en pouvoir estre le témoin.

Cette pièce verra le jour sous le titre de mon testament politique, parce qu'elle est faîte pour servir, après ma mort, à la police et à la conduite de votre royaume, si V. M. l'en juge digne, parce qu'elle contiendra mes derniers désirs à cet esgard, et qu'en vous la laissant, je consigne à V. M. tout ce que je luy puis léguer de meilleur quand il plaira à Dieu m'appeler de cette vie.

Elle sera conçeue en termes les plus courts et les plus nets qu'il me sera possible, tant pour suivre mon génie et ma façon d'escrire ordinaire que pour m'accommoder à l'humeur de V. M. qui a toujours aimé qu'on vînt au fait en peu de mots et qui fait autant d'estat de la substance des choses qu'Elle appréhende les longs discours dont la pluspart des hommes se servent pour les exprimer.

Si mon ombre qui paroîtra dans ces mémoires peut, après ma mort, contribuer quelque chose au règlement de ce grand Estat, au maniement duquel il vous a plu me donner plus de part que je n'en mérite, je m'estimeray extrêmement heureux.

Pour parvenir à cette fin, jugeant avec raison que le succès qu'il a plu à Dieu donner par le passé aux résolutions que V. M. a prises avec ses plus fidèles créatures est un très puissant motif pour la convier à suivre les avis que je luy veux donner pour l'avenir, je commenceray cet ouvrage en luy mettant devant les yeux un tableau racourcy de ses grandes actions passées qui la comblent de gloire et peuvent estre dites à juste titre le fondement solide de la félicité future de son royaume.

Ce raport sera fait avec tant de sincérité au jugement de ceus qui sont fidèles témoins de l'histoire de nostre temps qu'il donnera lieu de croire à tout le monde que les conseils que je donne à V.

M. n'auront autre motif que les intérêts de l'Estat et l'avantage de votre personne, de laquelle je seray éternellement,
Sire,
très humble et très fidelle, très obéissant, très passioné et très obligé sujet et serviteur.

Armand, cardinal duc de Richelieu

(...)

Section 4^e
Qui traite de la puissance qu'un Estat doit avoir par la force [des armes] dessus terre

Cette section a, pour l'abondance de sa matière, plusieurs subdivisions qui seront marquées à la marge.

L'Estat le plus puissant du monde ne sçauroit se vanter de jouir d'un repos asseuré s'il n'est en estat de se garantir de tout temps d'une incursion imprévue et d'une surprise inopinée.

Pour cet effet, il est nécessaire qu'un grand royaume comme celuy-ci ayt tousjours un corps de gens d'armes entretenu suffisant pour prévenir les desseins que la haine et l'envie pourroient former contre sa prospérité et sa grandeur lorsqu'on l'estime dans un repos asseuré, ou, au moins, pour les estoufer dans leur naissance.

Qui a la force a souvent la raison en matière d'Estat, et celuy qui est foible peut difficilement s'exempter d'avoir tort au jugement de la plus grande partie du monde.

Comme il arrive beaucoup d'inconvéniens au soldat qui ne porte pas toujours son espée, le royaume qui n'est pas toujours sur ses gardes et en estat de se garantir d'une surprise inopinée a beaucoup à craindre.

Les intérêts publics obligent ceux qui ont la conduite des Estats à les gouverner en sorte qu'ils puissent non seulement les garantir de tout le mal qui se peut éviter, mais encore de l'appréhension qu'ils en pourroient avoir.

En marge: La puissance des princes est le seul moyen qui peut produire cet effet et, partant, il ne reste seulement à sçavoir quelles forces doivent estre entretenues dans ce royaume.

La raison voulant qu'il y ait une proportion géométrique entre ce qui soutient et ce qui est soutenu, il est certain qu'il ne faut pas de médiocres forces pour soustenir un si grand corps que celuy de ce royaume.

Celles qui sont nécessaires à une fin si importante peuvent et doivent estre de différente nature, c'est-à-dire qu'entre les gens de guerre destinés pour la conservation de cet Estat, les uns doivent estre enrôlés pour estre tout prests toutes les fois qu'il en sera besoin, et les autres continuellement sur pied pour n'estre jamais un moment sans estre en estat d'une bonne défense.

En marge: **Nombre des gens de guerre qui doivent estre entretenus en ce royaume.**

Pour bien garnir les villes frontières et tenir un corps en estat de s'opposer à tout dessein inopiné, il faut au moins entretenir quatre mille chevaux et quarante mille hommes d'infanterie continuellement sur pied, et l'on peut, sans charger l'Estat, tenir dix mille gentilshommes et cinquante mille hommes de pied errés et prests à estre levés toutes les fois que l'occasion le requerra.

On dira peut-estre que la deffense de l'Estat ne requiert pas de si grands préparatifs, mais, outre que tant s'en faut que cet establissement soit à charge à la France qu'au contraire la noblesse et le peuple en recevront de l'avantage, je dis qu'il est nécessaire pour estre capable de faire la guerre lorsque le bien de l'Estat le demandera.

En marge: **La guerre est quelquefois nécessaire.**

Au jugement des mieux censez, la guerre est quelquefois un mal inévitable et, en d'autres rencontres, il est absolument nécessaire et tel que l'on en peut tirer du bien.

Les Estats en ont besoin en certains temps pour purger leurs humeurs, pour recouvrer ce qui leur appartient, pour vanger une injure dont l'impunité en attireroit une autre, pour garantir d'oppression leurs alliez, pour arrester le cours et l'orgueil d'un conquérant, pour prévenir les maux dont on est apparemment menacé et dont on ne sçauroit s'exempter par d'autres voyes, et enfin pour divers autres accidens.

Je soutiens, et c'est chose véritable, qu'il n'y en peut arriver d'heureuse qui ne soit juste, parce que, si elle ne l'estoit pas, quand l'événement en seroit bon selon le monde, il en faudroit rendre compte au tribunal de Dieu.

(...)

Section 5ᵉ
Qui traite de la puissance sur la mer

La puissance des armes requiert non seulement que le Roy soit fort sur la terre, mais aussy qu'il soit puissant sur la mer.

Lorsqu'Antonio Perez fut receu en France par le feu Roy, vostre Père, et que, pour luy faire passer sa misère avec douceur, il luy eust asseuré un bon appointement, cet estranger, désirant reconnoistre l'obligation qu'il avoit à ce grand Roy et faire voir que, s'il estoit malheureux, il n'estoit pas ingrat, donna en trois mots trois conseils qui ne sont pas de petite considération: Roma, conseio y mar.

L'avis de ce vieil Espagnol consommé dans les afaires d'Estat ne doit pas tant estre considéré par l'authorité de celuy qui le donne que par son propre poids.

Nous avons desjà parlé du soin que l'on doit avoir d'estre pourveu d'un bon conseil et authorisé à Rome. Reste à présenter l' intérest que le Roy a d'estre puissant sur mer.

La mer est celuy de tous les héritages sur lequel tous les souverains prétendent plus de part, et cependant c'est celuy sur lequel les droits d'un chacun sont moins esclaircis.

L'empire de cet élément ne fut jamais bien asseuré a personne; il a esté sujet à divers changemens selon l'inconstance de sa nature, si sujet au vent qu'il s'abandonne à celuy qui le flate le plus, et dont la puissance est si déréglée qu'il se tient en estat de le posséder par violence contre tous ceux qui pouroient luy disputer.

En un mot, les titres de cette domination sont la force et non la raison: il faut estre puissant pour prétendre à cet héritage.

Pour agir avec ordre et méthode en ce point, il faut considérer l'Océan et la Méditerranée séparément et faire distinction des vaisseaux ronds et utiles en ces deux mers et des galères dont l'usage n'est bon qu'en celle que la nature semble avoir réservé expressément entre les terres pour l'exposer à moins de tempeste et luy donner plus d'abry.

41

Jamais un grand Estat ne doit estre en estat de pouvoir recevoir une injure sans pouvoir en prendre revanche.

Et, partant, l'Angleterre estant scituée comme elle est, si la France n'estoit puissante en vaisseaux, elle pourroit entreprendre à son préjudice ce que bon luy sembleroit sans crainte de retour.

Elle pouroit empescher nos pesches, troubler nostre commerce et faire, en gardant les embouchures de nos grandes rivières, payer tels droits que bon luy sembleroit à nos marchands.

Elle pourroit descendre impunément dans nos isles, et mesme dans nos costes.

Enfin, la scituation du pays natal de cette nation orgueilleuse luy ostant tout lieu de craindre les plus grandes puissances de la terre et l'ancienne envie qu'elle a contre ce royaume luy donneroi[en]t apparemment lieu de tout oser lorsque nostre foiblesse nous osteroit tout moyen de rien entreprendre à son préjudice.

L'insolence qu'elle fit du temps du feu roy au duc de Sully oblige à se mettre en estat de n'en souffrir plus de pareille.

Ce duc, choisy par Henry le grand pour faire une ambassade extraordinaire en Angleterre, s'estant embarqué à Calais dans un vaisseau françois qui portoit le pavillon françois au grand mast, ne fut pas plutôt à my-canal que, rencontrant une roberge qui venoit pour le recevoir, celuy qui la commandoit fit commandement au vaisseau françois de mettre le pavillon bas.

Ce duc, croyant que sa qualité le garantissoit d'un tel affront, le refusa avec audace, mais, ce refus estant suivi de trois coups de canon à boulets qui, perçant le vaisseau, perçèrent le coeur aux bons François, la force le contraignit à ce dont la raison le devoit deffendre et, quelque plainte qu'il peust faire, il n'eut jamais d'autre raison du capitaine anglois, sinon que, comme son devoir l'obligeoit à honorer sa qualité d'ambassadeur, il l'obligeoit aussy à faire rendre au pavillon de son maistre l'honeur qui estoit deu au souverain de la mer.

Si les paroles du roy Jacques furent plus civiles, elles n'eurent pourtant pas d'autre effet que d'obliger le duc à tirer satisfaction de sa prudence, feignant estre guéry lorsque son mal estoit plus grand et que sa playe estoit incurable.

Il falut que le Roy, vostre Père, usât de dissimulation en cette occasion, mais avec résolution une autre fois de prenne comme il faut, et par conséquent, quand mesme on n'auroit pas dessein de luy faire de mal, au moins faut-il estre en estat de leur donner un contre-coup si près du coeur, quand ils voudront faire quelque entreprise contre la France, que leurs bras n'ayent plus assez de forces pour exécuter des malicieux desseins contre elle.

Cette force ne tiendra pas seulement l'Espagne en bride, mais elle fera que le Grand Seigneur, qui ne mesure la puissance des roys esbignez que par celle qu'ils ont à la mer, [et ses sujets] seront plus soigneux qu'ils n'ont esté jusqu'à présent d'entretenir les traitez faits [avec] eux.

Alger, Tunis et toute la coste de Barbarie respectera et craindra *(sic)* vostre puissance, au lieu que, jusqu'à présent, ils l'ont mesprisée avec une infidélité incroyable.

Et en cas où ces barbares vivront volontairement en paix avec les sujets de V. M., ou s'ils ne sont pas assez sages pour venir à ce point, on les contiendra par la force à ce à quoy ils n'auront pas voulu condescendre par raison.

Au lieu qu'à présent, lorsque nous pensons n'avoir pas la guerre, nous en recevons tous les maux et nous ne jouissons pas de la paix, de la moisson qu'elle nous devroit causer, nous trouverons le calme et la seureté dans la guerre très avantageuse avec des gens dont l'infidélité naturelle est si grande qu'on ne peut s'en garantir que par la force.

Il me reste à voir la despense nécessaire à l'entretien du nombre des vaisseaux projettez cy-dessus: pour grande qu'elle soit, elle doit estre estimée petite en comparaison des avantages que nous en recevrons. Cependant elle peut estre faite avec tant d'avantage et de ménage qu'on pourra la soutenir avec deux millions cinq cens mille livres, selon que les estats qui seront insérés à la fin de cet ouvrage le vérifient.

Section 6^e
Qui traite du commerce comme une dépendance de la puissance de mer et spécifie ceux qu'on peut faire commodément

C'est un dire commun mais véritable qu'ainsy que les Estats augmentent souvent leur estendue par la guerre, ils s'enrichissent ordinairement dans la paix par le commerce.

L'opulence des Holandois, qui, à proprement parler, ne sont qu'une poignée de gens réduits en un coin de terre où il n'y a que des eaux et des prairies, est un exemple et une preuve de l'utilité du commerce, qui ne reçoit point de contestation.

Bien que cette nation ne tire de son pays que du beurre et du fromage, elle fournit presques à toutes les nations de l'Europe la plus grande partie de ce qui luy *(sic)* est nécessaire.

La navigation l'a rendue si célèbre et si puissante par toutes les parties du monde qu'après s'estre rendue maîtresse du commerce aux Indes orientales au préjudice des Portugais qui y estoient dès longtemps establis, elle ne donne pas peu d'affaires aux Espagnols dans les Indes occidentales où elle occupe la plus grande partie du Brésil.

Comme en Angleterre, le plus grand nombre de ceux qui sont le moins accommodés se maintiennent par les pêches ordinaires, les plus puissans font un grand trafic en toutes les parties de la terre par la manufacture de leurs draps et par le débit du plomb, de l'estain et du charbon de terre que produit leur pays. Il n'y a que le seul royaume de la Chine, dont l'entrée n'est permise à personne, auquel cette nation n'a point de lieu estably pour son trafic.

La ville de Gennes qui n'a que deux rochers en partage fait si bien valoir son négoce qu'on peut sans contredit la dire la plus riche ville d'Italie.

La seule France, pour estre trop abondante en elle-mesme, a jusqu'à présent négligé le commerce, bien qu'elle le puisse faire aussy commodément que ses voisins et se priver par ce moyen de l'assistance qu'ils ne luy donnent qu'à ses propres despens.

Les pesches de la mer océane sont le plus facile et le plus utile commerce qui puisse estre fait en ce royaume. Il est d'autant plus nécessaire qu'il n'y a point d'Estat au monde si peuplé que la France,

que le nombre de ceux qui s'y trouvent dévoyés du chemin du salut est fort petit à proportion des catholiques qui, vivans sous les loix de l'Eglise romaine, s'abstiennent un tiers de l'année de l'usage des viandes. On ne s'y sert point de dispenses pratiquées en Espagne pour manger en tout temps de la viande sous un titre spécieux.

Le commerce est d'autant plus aisé que nous avons un grand nombre de matelots qui, jusqu'à présent, ont esté chercher employ chez nos ennemis pour n'en trouver pas en leur pays, et nous n'en tirerons pas seulement le fruit des morues et des harangs, mais, ayant de quoy occuper nos mariniers au lieu d'estre contraints de fortifier nos ennemis en nous affoiblissant, nous pourrons porter en Espagne et autres pays estrangers ce qu'ils nous ont apporté jusqu'à présent par le moyen des nostres qui les servent.

La France est si fertile en bled, si abondante en vins et si remplie de lins et de chanvres pour faire les toiles et cordages nécessaires à la navigation que l'Espagne, l'Angleterre et tous les autres voisins ont besoin d'y avoir recours et, pourveu que nous sachions nous bien aider des avantages que la nature nous a procurés, nous tirerons l'argent de ceux qui voudront avoir nos marchandises qui leur sont si nécessaires et nous ne nous chargerons point beaucoup de leurs denrées qui nous sont si peu utiles.

Les draps d'Espagne, d'Angleterre et de Hollande ne sont nécessaires que pour le luxe. Nous en pouvons faire d'aussy beaux qu'eux, tirant les laines d'Espagne, comme ils font; nous pouvons mesme les avoir plus commodément par le moyen de nos grains et de nos toiles, si nous voulons les prendre en eschange pour faire double gain.

Nos pères s'estant bien passés des draps de Berry, nous pouvons bien maintenant nous contenter des draps du sceau et de meunier qu'on fait présentement en France, sans recourir à ceux des estrangers dont, par ce moyen, on abolira l'usage, ainsy que les ras de Châlons et de Chartres ont aboly ceux de Milan. *En marge:* Les draps du sceau se font à Rouen; les draps meunier se font à Romorantin.

En effet, les draps du sceau sont si bien receus en Levant qu'après ceux de Venise faits de laine d'Espagne, les Turcs les préfèrent à tous autres, et les villes de Marseille et de Lion en ont toujours fait jusqu'à présent un fort grand trafic.

La France est assez industrieuse pour se passer, si elle veut, des meilleures manufactures de ses voisins. On fait a Tours des pannes si belles qu'on les envoye en Italie, en Espagne et autres pays estrangers.

Les taffetas unis qu'on y fait aussy ont un si grand débit par toute la France qu'il n'est pas besoin d'en chercher ailleurs; les velours rouges, violets et tannés s'y font maintenant plus beaux qu'à Gennes; c'est quasi le seul endroit où il se fait des serges de soye; la moire s'y fait aussy belle qu'en Angleterre; les meilleures toiles d'or s'y font plus belles et à meilleur marché qu'en Italie.

Ainsy il nous sera fort aisé de nous priver de ce commerce qui ne peut nous servir qu'à fomenter nostre fainéantise et nourir nostre luxe, pour nous attacher solidement à celuy qui peut augmenter nostre abondance et occuper nos mariniers, de telle sorte que nos voisins ne se prévalent plus de nos travaux à [nos] despens.

Outre ceux cy-dessus spécifiés, qui sont les meilleurs de la mer océane, on en peut faire plusieurs autres:

Celuy des pelleteries de Canada est d'autant plus utile que l'on n'y porte point d'argent et qu'on le fait en contre-échange de denrées qui ne dépendent que de l'art des ouvriers, comme sont les estuys de ciseaux, couteaux, canivets, aiguilles, épingles, serpes, coignées, monstres, cordons de chapeaux, aiguilètes et toute sorte de merceries du Palais.

Celluy de la coste de Guinée en Afrique, où les Portugais ont longtemps occupé une place nommée Carel de Mino que les Holandois de la Compagnie des Indes occidentales leur ont enlevé depuis deux ou trois ans, est de semblable nature en ce qu'on n'y porte que de la quincaillerie, des canevas et des méchantes toiles, et on en tire de la poudre d'or que les nègres donnent en échange.

Les marchands de Rouen ont autrefois fait un commerce de toile et de drap dans le royaume de Fez et de Maroc, par le moyen duquel on tiroit une grande quantité d'or.

Si les sujets du Roy estoient forts en vaisseaux, ils pourroient faire tout le trafic du nord, que les Flamands et Holandois ont attiré à eux, parce que, tout le nord ayant absolument besoin de vin, de vinaigre, d'eau de vie, de châtaignes, de prunes et de noix, toutes denrées dont le royaume abonde et qui ne s'y peuvent consommer, il est aisé d'en faire un commerce d'autant meilleur qu'on peut raporter des bois, des cuivres, du bray et du goldron, choses non seulement utiles à nostre usage, mais nécessaires à nos voisins qui ne les sçauroient tirer d'eux sans nos marchandises, s'ils ne veullent perdre le fret de leurs vaisseaux en y allant.

Je n'entre point dans le détail du commerce qui se peut faire aux Indes orientalles et en Perse, parce que, l'humeur des François estant si prompte qu'elle veut la fin de ses désirs aussytost qu'elle les a conçeus, les voyages qui sont de longue haleine sont peu propres à leur naturel.

(...)

Aus :Testament politique de Richelieu, édité par F. Hildesheimer, a.a.O., S. 347ff. (Zitiert ohne Anmerkungen)

[D3] *Patentbrief Richelieus für die Kapitäne d'Esnambuc und du Rossey (1626)*

Armand Jean du Plessis de Richelieu, Kardinal, Ratgeber des Königs in seinen Räten, Chef, Großmeister und Oberintendant des Handels von Frankreich *(Grand-Maître, Chef et Surintendant du Commerce de France)*, an alle, die dieses Schriftstück sehen werden: Gruß. Wir geben kund, daß die [edlen] Herren *(sieurs)* d'Esnambuc und du Rossey, Kapitäne der Marine des Atlantik, Uns zu verstehen gegeben haben, daß sie seit 15 Jahren mit der Erlaubnis des Königs und des obengenannten Admirals von Frankreich [gemeint ist wohl Richelieu] große Ausgaben für die Ausstattung und Versorgung von Fregatten und anderen Seeschiffen getätigt haben, um fruchtbare und in gutem Klima gelegene Länder zu entdecken, die von den Franzosen ohne weiteres besetzt und bewohnt werden können. Sie haben mit so viel Fleiß gearbeitet, daß sie vor einiger Zeit die Inseln St.-Christophe und Barbados, die eine von 35, die andere von 45 Meilen Umfang, entdeckt haben, sowie andere benachbarte Inseln bei der Einfahrt von Peru[1] vom 11. bis zum 18. Grad nördlich vom Äquator. Diese bilden einen Teil von Westindien und sind [bisher] von keinem König oder christlichen Fürsten in Besitz genommen worden. Dort sind sie an Land gegangen und haben sich ein Jahr lang aufgehalten, um sich vollständige und detaillierte Kenntnisse zu verschaffen. Sie haben gesehen und tatsächlich festgestellt, daß die Luft dort sehr milde und gemäßigt und der Boden fruchtbar und von hohem Ertrag ist. Daraus kann man Nutzen und sehr viele Annehmlichkeiten für den Lebensunterhalt der Menschen gewinnen.

Die Indios, die die Inseln bewohnen, haben sogar angegeben, daß es dort Gold- und Silberminen gäbe. Das hat sie [d'Esnambuc und du Rossey] veranlaßt, die genannten Inseln von einer Anzahl

---

[1] Gemeint ist die Einfahrt vom Atlantik in das Karibische Meer durch die Kette der Kleinen Antillen, welche die spanischen Flottenkonvois regelmäßig passierten, um sich dann zu teilen: Ein Verband segelte nach Neu-Spanien (Vera Cruz), der zweite (die eigentliche Peru-Flotte) nach Porto-Belo am Isthmus von Panamá: Sämtliche für das Vizekönigreich Peru bestimmten und von dort kommenden Güter wurden offiziell auf diesem Weg befördert (Anm. Sch).

von Franzosen besiedeln zu lassen[2], um die Einwohner in der katholischen, apostolischen und römischen Religion zu unterweisen und dort den christlichen Glauben zum Ruhme Gottes und zur Ehre des Königs zu verankern. Unter Seiner [des Königs] Autorität und Herrschaft, so begehren sie [d'Esnambuc und du Rossey], sollten die Einwohner leben, und die genannten Inseln sollten in Gehorsam zu Seiner Majestät gehalten werden. Zu diesem Zweck und in der Erwartung, daß es Seiner Majestät gefallen möge, es dergestalt anzuordnen, haben die genannten [edlen] Herren d'Esnambuc und du Rossey auf der Insel St.-Christophe zwei Forts und Häfen erbauen und fertigstellen lassen[3]. Und sie haben 80 Männer mit einem Kaplan dort zurückgelassen, um den Gottesdienst zu feiern und die Sakramente zu spenden. Und [sie haben] Kanonen und andere Kriegsmunition zu ihrer [der Siedler] Verteidigung und Erhaltung für den Fall zurückgelassen, daß die Indios, die Ureinwohner der genannten Inseln, oder irgendwelche andere [Gruppen][4] sie angreifen sollten, um sie zu vertreiben. Und sie [d'Esnambuc und du Rossey] haben ihnen versprochen, daß sie unverzüglich zurückkehren würden, um die benötigte Hilfe und [die benötigten] Gebrauchsgegenstände zu bringen oder um sie [die französischen Kolonisten] wieder mit zurückzunehmen, ganz wie es Seiner Majestät gefällt. Darum haben sie Uns ersucht, und es hat Uns gefallen, es ihnen auf Grund Unseres Amts als Chef und Oberintendant des Handels, mit dem Uns Seine Majestät zu ehren geruht hat, zu gewähren. Weil Wir der Verbreitung der Religion und des katholischen Glaubens dienen wollen und der Ausbreitung von Handel und Wandel in jedem nur möglichen Umfang und da diese Inseln außerhalb der Friedenslinien[5] liegen, haben Wir gegeben und erteilt, geben und

---

[2] In Wirklichkeit handelte es sich um französische Flibustiers, die sich lange vor d'Esnambuc dort niedergelassen hatten.

[3] Entsprach nicht der Realität: Diese Behauptung sollte die Koloniegründung erleichtern helfen.

[4] Hier wird angedeutet, daß sich neben Franzosen auch andere - nämlich englische - Siedler auf der Insel befanden.

[5] Bezugnahme auf eine möglicherweise im Frieden von Vervins zwischen Spanien und Frankreich (1598) enthaltene Geheimklausel, wonach sog. „Friedens-" oder „Freundschaftslinien" den Atlantik in zwei Zonen teilten: Diesseits sollten die europäischen Verträge Gültigkeit besitzen, jenseits sollte das Faustrecht bzw. das Recht des Stärkeren gelten. Als „Linien" wurden zunächst von Frankreich der Wendekreis des Krebses sowie

erteilen den genannten d'Esnambuc und du Rossey unter Ausschluß aller anderen Interessenten Auftrag und Ermächtigung, die genannten Inseln St.-Christophe und Barbados und die Nachbarinseln zu bevölkern, sie zu befestigen und dorthin Priester und Ordensleute zu bringen und zu senden, um die Indios und Ureinwohner und alle anderen in der katholischen, apostolischen und römischen Religion zu unterweisen, um dort den Gottesdienst abzuhalten und die Sakramente zu spenden. Und sie sollen dort den Boden bearbeiten und [neue] Minen aller Art anlegen lassen, wobei sie von allen Funden und Gewinnen an den König ohne jede Säumigkeit den zehnten Teil abtreten müssen, worüber sie ausreichende Nachweise beizubringen haben. Dies alles soll 20 Jahre lang mit der Auflage gelten, die angegebenen Inseln in der Gewalt und Herrschaft des Königs zu halten und die Einwohner zum Gehorsam gegenüber Seiner Majestät zu zwingen.

Und aus diesem Grund sind so viele Boote, Schiffe, Geleitschiffe und Waffen wie nötig bereitzustellen, in Verteidigungszustand zu halten und mit Mannschaften, Kanonen, Lebensmitteln und Munition auszustatten [in dem Maße], wie es nötig und erforderlich ist, um die genannten Reisen zu unternehmen. Und sie haben sich gegen die Gefahren, Machenschaften und Streifzüge der Piraten zu wappnen, die das Meer unsicher machen und die Handelsschiffe plündern, gegen welche [die Piraten] sie, wo auch immer sie auf sie treffen, Krieg führen können, ebenso gegen all jene, die den Verkehr und die Handelsfreiheit der französischen Handelsschiffe und die der Verbündeten behindern. Sie werden diese [Gegner und deren Schiffe] mit ganzem Eifer und Fleiß bekämpfen, verfolgen, entern und angreifen, besiegen, beschlagnahmen und in Besitz nehmen durch jede Art von Waffengewalt und Feindseligkeit. Diese Schiffe werden von Havre de Grâce[6] und dem Hafen Saint-Louis[7] in der Bretagne auslaufen, wo sie [d'Esnambuc und du Rossey] ihre Erklärung über die Anzahl der

---

der Meridian, der durch die westlichste Azoren-Insel lief, betrachtet; Richelieu veranlaßte 1634 die Festsetzung letzterer Linie auf den alten ptolemäischen Nullmeridian, d.h. auf den Längengrad, der durch die westlichste Kanaren-Insel Ferro lief (Anm. Sch).

[6] Heute: Le Havre; von Franz I. 1517 als Ersatz für den versandeten Hafen von Harfleur angelegt.

[7] An der Reede von Lorient: Es war Ausgangs- und Endhafen der ersten, von Richelieu ins Leben gerufenen Ostindien-Kompanie.

Schiffe, die sie für die genannten Reisen seetüchtig machen, abgeben müssen und darüber, was sie geladen haben. Sie selbst befolgen die Marinevorschriften und veranlassen ihre Bediensteten, sie einzuhalten, und sie werden mit ihren Schiffen wieder Havre de Grâce anlaufen. Und sie werden das aushändigen, was sie den Piraten und dem Gesindel sowie jenen abgenommen haben, die die französischen und verbündeten Kaufleute daran hindern, sich in südlicher Richtung über den Äquator hinaus und vom ersten Meridian der Azoren aus westlich zu bewegen. Und vor dem Löschen der Schiffe, die sie übergeben werden, berichten sie Uns über alles, was unternommen wurde und was sich ereignet hat, woraufhin Wir das, was Wir für nützlich, dem Dienst des Königs dienlich und für Seine Untertanen und die Öffentlichkeit für vorteilhaft halten, anordnen werden. [Die zuständigen Stellen werden angewiesen, das hier erteilte Privileg zu befolgen.]

Aus: Dutertre, J. B., Histoire générale des Antilles. 4 vol. Rééd. d'après l'ed. de Th. Jolly de 1667-1671. Fort-de-France (Martinique) 1973. Vol. I, S. 1-14.
Zit. nach : Dokumente zur Geschichte der europäischen Expansion, Bd. 3 : Der Aufbau der Kolonialreiche, a.a.O., S.53ff.

[D4] *Charte de la Compagnie des Indes Occidentales 1664 (Auszug)*

Art. 1.- Comme nous regardons dans l'établissement desdites colonies principalement la gloire de Dieu en procurant le salut des Indiens et sauvages auxquels nous désirons faire connaître la vraie religion, ladite Compagnie, présentement établie sous le nom de Compagnie des Indes occidentales, sera obligée de faire passer aux pays ci-dessus concédés le nombre d'ecclésiastiques nécessaires peur y prêcher le saint Evangile et instruire ces peuples en la créance de la religion catholique, apostolique et romaine ; comme aussi de bâtir des églises, d'y établir des curés et des prêtres, dont elle aura la nomination pour faire le service divin aux jours et heures ordinaires, et administrer les sacrements aux habitants; lesquelles églises, curés et prêtres, ladite Compagnie sera tenue d'entretenir décemment et avec honneur en attendant qu'elle les puisse fonder raisonnablement, sans toutefois que ladite Compagnie puisse changer aucun des ecclésiastiques qui sont à présent établis dans lesdits pays, sur lesquels elle aura néanmoins les mêmes pouvoir et autorité que les précédents gouverneurs et propriétaires d'icelles îles.

Art. 2.- Ladite Compagnie sera composée de tous ceux de nos sujets voudront y entrer de quelque qualité et condition qu'ils soient, sans que pour cela ils dérogent à leurs noblesse et privilèges, dont nous les dispensons; dans laquelle Compagnie pourront pareillement entrer les étrangers et sujets de quelque prince et État que ce soit.

Art. 3.- Tous ceux qui voudront entrer en ladite Société, soit *Français ou étrangers*, seront reçus pendant quatre mois, à compter du premier jour du mois de juin de la première année, pour telle somme qu'il leur plaira, qui ne pourra néanmoins être moindre de 3.000 livres, après lequel temps passé aucune personne n'y sera admise.

Art. 4.- Ceux qui mettront dans ladite Compagnie depuis 10 jusqu'á 20.000 livres, soit Français ou étrangers, pourront assister aux assemblées générales, et y avoir voix délibérative, et ceux qui y mettront 20.000 livres et au-dessus pourront être élus directeurs généraux à leur tour, ou selon l'ordre qui sera arrête par

ladite Compagnie et acquerront, ceux qui y seront intéressés ladite Compagnie pour 20.000 livres, le droit de bourgeoisie dans
les villes du royaume où ils feront leur résidence.

Art. 5.- Les *étrangers* qui entreront dans ladite Compagnie pour
ladite somme de 20.000 livres seront réputés Français et régnicoles pendant le temps qu'ils demeureront et seront intéressés
pour lesdites 20.000 livres en ladite Compagnie et après le temps
de 20 années expiré ils jouiront dudit privilège incommutable-
ment sans avoir besoin d'autres lettres de naturalité; et leurs parents, quoique étrangers, leur pourront succéder en tous les biens
qu'ils auront en ce royaume, leur déclarant que nous renonçons
dès à présent pour ce regard à tout droit d'aubaine.

Art. 6.- Les *officiers* qui entreront en ladite Compagnie pour
20.000 livres seront dispensés de la résidence à laquelle Sa Majesté les oblige par sa déclaration du mois de décembre dernier,
et jouiront de leurs gages et droits comme s'ils étaient présents
aux lieux de leur résidence.

Art. 7.- Les intéressés en ladite Compagnie pourront vendre, cé-
der et transporter les actions qu'ils auront en icelle, et ainsi que
bon leur semblera.

Art. 8.- Sera établie en la ville de Paris une *chambre de direction
générale,* composée de neuf directeurs généraux, élus par la
Compagnie, et dont il y en aura au moins trois de marchands,
lesquels directeurs exerceront ladite direction pendant trois années; et où les affaires de ladite Compagnie requerraient des
chambres de direction particulière dans les provinces, il en sera
établi par ladite Compagnie, avec le nombre de directeurs qu'elle
jugera à propos, lesquels seront pris du nombre des marchands
desdites provinces, et non d'autres; lesquels marchands pourront
entrer dans lesdites directions particulières, bien qu'ils ne soient
intéressés que pour 10.000 livres, et ne pourront lesdits directeurs
généraux et *particuliers être inquiétés en leurs personnes, ni en
leurs biens, pour raison des affaires de ladite Compagnie.*

Art. 9.- Sera tenue tous les ans une *assemblée générale*, au premier jour de juillet, pour délibérer sur les affaires générales de la
Compagnie, où tous ceux qui auront voix délibérative pourront
assister; en laquelle assemblée seront *nommés lesdits directeurs
généraux et particuliers*, à la pluralité des voix; et, comme ladite

Compagnie ne peut être entièrement formée avant le premier jour d'octobre prochain, sera, le 15 dudit mois, fait une assemblée générale pour la nomination des neuf premiers directeurs généraux, dont trois sortiront après trois années expirées, et en leur place il en entrera trois nouveaux; la même chose se fera l'année suivante, et ainsi, toutes les années, il en sortira et entrera pareil nombre; en sorte que ladite chambre de direction générale sera toujours composée de neuf directeurs, savoir six anciens et trois nouveaux, qui exerceront trois années, à la réserve de neuf premiers directeurs, dont trois exerceront quatre années, et les trois autres cinq, afin que les affaires de ladite Compagnie soient conduites avec plus de connaissance; la même chose se pratiquera pour l'élection des directeurs particuliers, et, en cas de mort d'aucun des directeurs, il en sera réélu d'autres par ladite Compagnie, audit jour 1er juillet.

Art. 10.- *Le secrétaire et caissier général* de la Compagnie en France seront nommés par icelle, à la pluralité des voix, et ne pourront être destitués qu'en la même manière.

Art. 11.- *Les effets* de ladite Compagnie, ni les parts et portions qui appartiendront aux intéressés en icelle, *ne pourront être saisis* pour nos affaires pour quelque cause, prétexte ou occasion que soit, et même les parts qui appartiendront aux étrangers, pour raison ou sous prétexte de guerre, représailles ou autrement, que nous pourrions avoir contre les princes et Etats dont ils sujets.

Art. 12.- *Ne pourront pareillement être saisis les effets de* ladite Compagnie *par les créanciers d'aucun des intéressés pour raison de leurs dettes particulières*, et ne seront tenus les directeurs de ladite Société de faire voir l'état desdits effets ni rendre aucun compte aux créanciers desdits intéressés; sauf auxdits créanciers à faire saisir et arrêter entre les mains du caissier général de ladite Compagnie, ce qui pourra revenir auxdits intéressés par les comptes qui seront arrêtés par la Compagnie, auxquels ils seront tenus de se rapporter, à la charge que lesdits saisissants feront vuider lesdites saisies dans les 6 mois du joui qu'elles auront été faites, après lesquelles elle seront nulles et comme non avenues, et la dite Compagnie pleinement déchargée.

Art. 13.- *Les directeurs généraux* à *Paris nommeront les officiers, commandants et commis* nécessaires pour le service de ladite Compagnie, soit dans les royaumes ou dans les pays concédés, et ordonneront des achats de marchandises, équipement de vaisseaux, paiement des gages des officiers et commis et généralement de toutes les choses qui seront pour le bien et utilité de ladite Compagnie; lesquels directeurs pourront agir les uns en l'absence des autres; à la charge toutefois que les ordonnances pour les dépenses seront signées au moins par quatre desdits directeurs.

Art. 14.- *Les comptes* des chambres de direction particulière ou des commissaires qui seront établis dans les provinces seront rendus à la chambre de direction générale à Paris, de six mois en six mois, et ceux de ladite chambre de direction générale à Paris, arrêtés d'année en année, et les profits partagés, à la réserve des deux premières années pendant lesquelles il ne sera fait aucun partage; lesquels comptes ne seront rendus à la manière des marchands, et les livres de raison de ladite Compagnie, tant de ladite direction générale que des particulières, tenus en parties doubles, auxquels livres sera ajouté foi en justice.

Art. 15.- *La Compagnie fera seule*, à l'exclusion de tous nos autres sujets qui n'entreront en icelle, *tout le commerce et navigation dans lesdits pays concédés,* pendant *quarante années;* et à cet effet nous faisons défense à tous nosdits sujets qui ne seront de ladite Compagnie d'y négocier, à peine de confiscation de leurs vaisseaux et marchandises, applicable au profit de la dite Compagnie, à la réserve de la pêche qui sera libre à tous nos dits sujets.

Art. 16.- Et pour donner moyen à ladite Compagnie de soutenir les grandes dépenses qu'elle sera obligée de faire pour l'entretien des Colonies et du grand nombre de vaisseaux qu'elle envoyera auxdits pays concédés, nous promettons à ladite Compagnie de lui *faire payer pour chacun voyage* de sesdits vaisseaux qui feront leurs équipements et cargaisons dans les ports de France, iront décharger et rechargeront dans lesdites îles et terre ferme, où les colonies françaises seront établies, et feront leurs retours dans les ports du royaume, *30 livres pour chacun tonneau* de marchandises *qu'ils porteront* dans lesdits pays, *et 40 livres pour chacun tonneau de celles qu'ils en rapporteront* et qu'ils en déchargeront, ainsi qu'il est dit, dans les ports du royaume, dont, à quelque somme que chaque voyage puisse se monter, nous leur avons fait et faisons don, sans que pour cela il soit besoin d'autres lettres que la présente concession ; voulons et ordonnons que lesdites sommes soient payées à ladite Compagnie par le garde de notre trésors royal, sur les certifications deux des directeurs, et passées dans ses comptes sans aucune difficulté.

Art. 17.- *Les marchandises venant desdits* pays, qui seront apportées en France sur les vaisseaux de ladite Compagnie, pour être transportées par mer ou par terre dans les pays étrangers, *ne payeront aucun droit d'entrée ni de sortie,* en donnant par les directeurs particuliers qui seront sur les lieux ou leurs commissionnaires, *des certificat* aux bureaux de nos fermes, comme lesdites marchandises ne sont point pour consommer en France, et seront lesdites marchandises mises en dépôt dans les douanes et magasins jusqu'à ce qu'elles soient enlevées.

Art. 18.- Les marchandises qui auront été déclarées pour être consommées dans le royaume et acquittées des droits d'entrée, et que la *Compagnie voudra renvoyer aux pays étrangers,* ne paieront *aucun droit de* sortie, non plus que les sucres qui auront été raffinés an France dans les raffineries que la Compagnie fera établir, lesquels nous déchargeons pareillement de tous droits de sortie, pourvu qu'ils soient chargés sur des vaisseaux français pour être transportés hors du royaume.

Art. 19.- Ladite Compagnie sera pareillement *exempte* de tous droits *d'entrée et de sortie* sur les munitions de guerre, vivres et autres choses nécessaires pour l'avitaillement et armement des vaisseaux qu'elle équipera, même de tous les bois, cordages, canons de fer et de fonte, et autres chose qu'elle fera venir dés pays étrangers pour la construction des :navires qu'elle fera bâtir en France.

Art. 20.- *Appartiendront à ladite Compagnie en toute seigneurie, propriété et justice, toutes es terres qu'elle pourra conquérir et habiter pendant lesdites 40 années,* et l'étendue des territoires ci-devant exprimés et concédés, comme les isles de l'Amérique appelées Antilles, habitées par des Français, qui ont été vendues à plusieurs particuliers par la Compagnie desdites isles formée en 1642, en remboursant les seigneurs propriétaires d'icelles des sommes qu'ils dot payées pour l'achat, conformément à leur contrat d'acquisition; et des améliorations et augmentations qu'ils y ont faites, suivant la liquidation qu'en feront les commissaires par nous députés, en les laissant jouir des habitations qu'ils y ont établies depuis l'acquisition desdites isles.

Art. 21.- Tous lesquels pays, isles et terres, places et forts qui peuvent avoir été construits et établis par nos sujets, nous avons donné, octroyé et concédé, donnons, octroyons et concédons à ladite Compagnie pour en jouir à perpétuité, en toute propriété, seigneurie et justice, ne nous réservant autre droit ni devoir que la seule foi et hommage-lige que ladite Compagnie sera tenue de nous rendre et à nos successeurs rois, à chaque mutation de roi, avec une couronne d'or du poids de trente marcs.

Art. 22.- Ne sera tenue ladite Compagnie d'aucun remboursement ni dédommagement envers les compagnies auxquelles nous ou nos prédécesseurs rois ont concédé lesdites terres et isles, nous chargeant d'y satisfaire si aucun leur est dû; (...)

Art. 23.- Jouira ladite Compagnie en qualité de Seigneur des dites terres et isles, *des droits seigneuriaux qui sont présentement établis* sur les habitants desdites terres et isles, ainsi qu'ils se lèvent à présent par les Seigneurs propriétaires, si ce n'est que La Compagnie ne trouve à propos de les commuer en d'autres droits pour le soulagement desdits habitants.

Art. 24.- *Ladite Compagnie pourra rendre ou inféoder les terres*, soit dans les dites isles, terre ferme de l'Amérique ou ailleurs dans lesdits pays concédés, à tel cens, rentes et droits seigneuriaux qu'elle jugera bon et à telles personnes qu'elle trouvera à propos.

Art. 25.- *Jouira ladite Compagnie de toutes les mines et minières,* caps, golfes, havres, ports, fleuves, rivières, isles et islots, étant dans l'étendue desdits pays concédés, sans être tenue de nous payer pour raison desdites mines et minières aucuns droit de souveraineté, desquels nous lui, avons fait don.

Art. 26.- Pourra, ladite Compagnie, faire construire *des forts* en tous les lieux qu'elle jugera nécessaire pour la défense dudit pays, *faire fondre du canon à nos armes*, au-dessous desquelles elle pourra mettre celles que nous lui accordons ci-après, *faire poudre,* fondre boulets, forger armes, et lever gens de guerre dans le royaume pour envoyer auxdits pays en prenant permission en la forme ordinaire et accoutumée.

Art. 27.- Ladite Compagnie pourra aussi établir *tels gouverneurs* qu'elle- jugera à propos soit dans la terre ferme, par provinces et départements séparés, soit dans lesdites isles, lesquels gouverneurs seront nommés et présentés par les directeurs de ladite Compagnie pour leur être expédié nos provisions et pourra ladite Compagnie *les destituer* toutes fois et quantes que bon lui semblera et en établir d'autres on leur place, auxquels nous ferons pareillement expédier nos lettres sans aucune difficulté, en attendant l'expédition desquelles, ils pourront commander le temps de 6 mois ou un an au plus sur les commissions des directeurs.

Art. 28.- Pourra ladite Compagnie *armer et équiper en guerre tel nombre de vaisseaux* qu'elle jugera à propos pour la défense desdits pays et la sûreté dudit commerce, sur lesquels vaisseaux elle pourra mettre tel nombre de canons de fonte que bon lui semblera, arborer le pavillon blanc avec les armes de France et établir tels capitaines, officiers, soldats et matelots, qu'elle trouvera bon, sans que lesdits vaisseaux puissent être par nous employés, soit à l'occasion de quelque guerre ou autrement sans le consentement de ladite Compagnie.

Art. 29.- S'il est fait aucunes *prises* par les vaisseaux de ladite Compagnie sur les ennemis de l'État dans les mers des pays concédés, elles lui appartiendront, et seront jugées par les officiers qui seront établis dans lesdits pays où elles pourront être menées plus commodément, suivant les ordonnances de la marine, nous réservant sur icelles *le droit de l'amiral,* lequel donnera sans difficulté les commissions et congés pour la sortie desdits vaisseaux des ports de France.

Art. 30.- *Pourra ladite Compagnie traiter de paix et alliance en notre nom , avec les rois et princes des* pays où elle voudra faire ses habitations de commerce et convenir avec eux des conditions desdits traités qui seront par nous approuvées, et, en cas d'insulte, leur déclarer la guerre, les attaquer et se défendre par la voie des armes.

Art. 31.- Et, en cas que ladite Compagnie fût troublée en la possession desdites terres et dans le commerce par les ennemis de notre État, nous promettons de les défendre et assister de nos armes et de nos vaisseaux, à nos frais et dépens.

Art. 32.- Pourra ladite Compagnie prendre pour ses armes un écusson en champ d'azur semé de fleurs de lys d'or sans nombre, deux sauvages pour support et une couronne tréflée; lesquelles armes nous lui concédons pour s'en servir dans ses sceaux et cachets, et que nous lui permettons de mettre et apposer aux édifices publics, vaisseaux, canons et partout ailleurs qu'elle jugera à propos.

Art. 33.- *Pourra ladite Compagnie, comme seigneur haut .justicier* de tous lesdits pays, y établir des *juges et officiers* partout où besoin sera et où elle trouvera à propos, et les déposer et destituer quand bon lui semblera, lesquels connaîtront de toutes affaires de justice, police, commerce et navigation, tant civiles que criminelles, et où il sera besoin d'établir des conseils souverains; les officiers dont ils seront composés nous seront nommés et présentés par les directeurs généraux de ladite Compagnie, et sur lesdites nominations les provisions leur seront expédiées.

Art. 34.- Seront les juges établis en tous lesdits lieux tenus de juger suivant les *lois et ordonnances du royaume*, et les officiers de suivre et se conformer *à la coutume de la prévôté et vicomté de Paris*, suivant laquelle les habitants pourront contracter *sans que l'on y puisse introduire aucune autre coutume pour éviter la diversité.*

Art. 35.- Et pour favoriser d'autant plus les habitants desdits pays concédés et porter nos sujets à s'y habituer, nous voulons que *ceux qui passeront* dans lesdits pays *jouissent des mêmes libertés et franchises* que s'ils étaient demeurant en ce royaume, et que ceux qui naîtront d'eux et les *sauvages convertis* à la foi catholique, apostoliques et romaine, soient *censés et réputés régnicoles* et naturels français, et comme tels capables de toutes succession, dont, legs et autres dispositions, sans être obligés d'obtenir aucunes lettres de naturalité, et que les *artisans* qui auront exercé leurs arts et métiers auxdits pays pendant dix années consécutives, en rapportant certificats des officiers des lieux où ils auront demeuré, attestés des gouverneurs et certifiés des directeurs de ladite Compagnie, soient *réputés maîtres* de chefs-d'œuvre en toutes les villes de notre royaume où ils voudront s'établir, sans aucune exception.

Art. 36.- *Permettons à ladite Compagnie de dresser et arrêter tels statuts et règlements que bon lui semblera pour la conduite et la direction de ses affaires,* tant en Europe que dans lesdits pays concédés, lesquels statuts et règlements nous confirmerons par lettres patentes, afin que les intéressés en ladite Compagnie soient obligés de les observer selon leur forme et teneur sous les peines portées par iceux, que les contrevenants subiront comme arrêt de cour souveraine.

Art. 37.- *Tous différends entre des directeurs et intéressés de ladite Compagnie,* ou d'associés avec associés pour raisons d'icelles, seront jugés à l'amiable par trois autres directeurs dont sera convenu, et où les parties n'en voudront convenir il en sera nommé d'office sur-le-champ par les autres directeurs pour juger l'affaire dans le mois ; et, au cas où lesdits arbitres ne rendraient leur programme dans ledit temps, il en sera nommé d'autres, afin d'arrêter par ce moyen la suite des procès et divisions qui pourraient arriver en ladite Compagnie, auxquels jugements les parties seront tenues d'acquiescer comme si c'était arrêt de notre cour souveraine, à peine contre les contrevenants de perte de leur capital qui tournera au profit de l'acquiesçant.

Art 38.- Et à l'égard des procès et différends qui pourraient naître entre lés directeurs de ladite Compagnie et les particuliers non intéressés pour raisons des affaires d'icelle, seront jugés et terminés par les juges consuls dont les sentences et jugements s'exécuteront souverainement jusqu'à la somme de 1000 livres et au-dessus de ladite somme par provision, sauf appel par devant les juges qui en devront connaître.

Art. 39.- Et quant *aux matières criminelles* dans lesquelles aucun de ladite Compagnie sera partie, soit en demandant ou défendant, elles seront jugées par les juges ordinaires, sans que pour quelque cause que ce soit le criminel puisse attirer le civil, lequel sera jugé comme il est dit ci-dessus.

Art. 40.- Ne sera par nous accordé aucunes lettres d'Etat, ni de répy, évocation ou surséance, à ceux qui auront acheté des effets de la Compagnie; lesquels seront contraints au payement de ce qu'ils devront parles voies et ainsi qu'ils s'y seront obligés.

Art. 41.- Après lesdites quarante années expirées, s'il n'es jugé à propos de continuer le privilège du commerce, toutes les terres et isles que la Compagnie aura conquises, habitées ou fait habiter avec les droits seigneuriaux et redevances qui seront dus par lesdits habitants, lui demeureront à perpétuité en toute propriété, seigneurie et justice, pour en faire et disposer ainsi que bon lui semblera comme de son propre héritage; comme aussi des forts, armes et munitions, meubles, ustensiles, vaisseaux et marchandises qu'elle aura dans lesdits pays, sans y pouvoir être troublée, ni que nous puissions retirer lesdites terres et isles pour quelque cause, occasion ou prétexte que ce soit, à quoi nous avons renoncé dès à présent, à condition que ladite Compagnie ne pourra vendre lesdites terres à aucun étranger sans notre permission expresse.

Art. 42.- Et pour faire connaître à ladite Compagnie, comme nous tirons la favoriser par tous moyens, contribuer de nos deniers à son établissement et à l'achat des vaisseaux et marchandises dont elle a besoin pour envoyer auxdits pays, *nous promettons de fournir le dixième de tous les fonds qui seront faits par ladite Compagnie et ce pendant quatre années,* après lesquelles ladite Compagnie nous rendra lesdites sommes sans aucun intérêt, et en cas que pendant lesdites quatre années elle souffre quelque *perte,* en la justifiant par les comptes, *nous consentons qu'elle soit prise sur les deniers que nous aurons avancés,* si mieux nous ne voulons laisser ledit dixième ainsi avancé dans la caisse de ladite Compagnie, encore pour quatre autres années, le tout sans intérêt, pour être en fin desdites huit années fait un compte général de tous les effets de ladite Compagnie; et en cas qu'il se trouve de la perte du fonds social, nous consentons que ladite perte soit prise sur ledit dixième et jusqu'à concurrence d'icelui.

Art. 43.- En attendant que ladite Compagnie soit antérieurement formée, ce qui ne peut être qu'après le temps accordé à toutes personnes d'y entrer, ceux qui y seront présentement intéressés nommeront six d'entre ceux pour agir dans les affaires de ladite Compagnie et travailler incessamment à faire équiper les vaisseaux et aux achats des marchandises qu'il convient envoyer dans lesdits pays, auxquels directeurs ceux qui voudront entrer en ladite Compagnie s'adresseront, et ce qui aura été géré et négocié par eux sera approuvé.

Toutes lesquelles conditions ci-dessus exprimées, nous promettons exécuter de notre part et faire exécuter partout où besoin sera et en faire jouir pleinement et paisiblement ladite Compagnie, sans que, pendant le temps de la présente concession, il puisse y être apporté aucune diminution, altération ni changement.

Et donnons en mandement, etc.

Donné à Paris le 28 du mois de mai, l'an de grâce 1664 et de notre règne le 22ᵉ.

Signé: Louis.

Aus: Benoit du Rey, E., Recherches sur la politique coloniale de Colbert, Paris 1902, S. 256ff.

[D5] *Protokoll der Inbesitznahme von Louisiana an der Mündung (des Mississippi) in das Meer oder den Golf von Mexiko vom 9. April 1682 (Auszug)*

Jacques de la Méthairie, Notar von Fort Frontenac in Neu-Frankreich, eingesetzt und bestallt zur Wahrnehmung der besagten Funktion eines Notars während der Reise in Louisiana in Nordamerika durch Herrn de La Salle, Gouverneur des Königs von Fort Frontenac und Kommandant bei besagter Entdeckung, beauftragt durch den König zu Saint-Germain en Laye am 12. Mai 1678: Allen, die dieses Schriftstück sehen, Gruß zuvor. Wir tun kund, daß wir durch besagten Sieur de La Salle aufgefordert worden sind, Urkunde zu geben, unterzeichnet durch uns und die dafür benannten Zeugen, über die von ihm vollzogene Inbesitznahme des Landes Louisiana, welche erfolgte am 9. April 1682 nahe den drei Mündungen des Stroms Colbert [Mississippi] in den Golf von Mexiko *(fleuve Mexique)* im Namen des höchsten, mächtigsten, unbesiegbarsten und siegreichen Fürsten Ludwig des Großen, von Gottes Gnaden König von Frankreich und Navarra, des vierzehnten dieses Namens, sowie im Namen seiner Erben und Nachfolger in seiner Krone. Wir, unterzeichneter Notar, haben besagte Urkunde für besagten Sieur de La Salle ausgefertigt, deren Inhalt wie folgt lautet:
Am 27. Dezember 1681 gewann Herr de La Salle, der zu Fuß aufgebrochen war, um mit Herrn de Tonty, welcher mit seinen Leuten und der ganzen Ausrüstung vorausgezogen war, zusammenzutreffen, vierzig Meilen vom Land der Miami entfernt Anschluß an diesen. (...) Schließlich waren am 25. Januar 1682 alle Franzosen in Pimitéoui versammelt. Da der Fluß nur noch an einigen Stellen vereist war, setzte man die Reise bis zum Strom Colbert fort, der von Pimitéoui ungefähr sechzig Meilen und, vom Dorf der Illinois ungefähr neunzig Meilen weit entfernt ist. Man erreichte den Strom Colbert am 6. Februar und hielt sich dort bis zum 13. Februar auf. Dort erwartete man die Wilden, die der Eisgang daran gehindert hatte, sich uns anzuschließen. Am 13. hatte sich alles versammelt. So brach man auf, der Zahl nach zweiundzwanzig Franzosen, die mit Waffen versehen waren, de-

nen als Beistand der R. P.[1] Zénobe, Mitglied des Ordens der
Récollets[2] und Missionar, beigegeben war, und begleitet von
achtzehn Wilden aus Neu-England und ein paar Algonkin-, Ot-
chipoesen- und Huronenfrauen. (...)
Man schlug zwei Meilen unterhalb davon Lager auf. Dann fuhr
man weiter bis zum 6. [April]: An diesem Tag stieß man auf drei
Kanäle, durch die der Strom Colbert ins Meer fließt. (...) Am 7.
ließ Herr de La Salle ihn erkunden und dabei die Küsten des na-
heliegenden Meers aufsuchen, während Herr de Tonty den großen Kanal in der Mitte rekogniszierte. Diese beiden Mündungsarme erwiesen sich als gut, breit und tief. Daraufhin fuhr man am
8. [April] etwas bis über ihre Gabelung zurück, um einen trocke-
nen Ort, der auch nicht [von der Flut] überschwemmt wurde, zu
finden. In ungefähr 27 Grad Höhe, vom Pol aus gerechnet, ließ
man eine Säule und ein Kreuz herrichten, und auf besagte Säule
malte man das Wappen von Frankreich und, diese Inschrift:
„Unter der Herrschaft Ludwigs des Großen, des Königs von
Frankreich und Navarra, am 9. April 1682". Jedermann trat in
Waffen an, man sang das *Te Deum,* das *Exaudiat* und das *Domi-
ne, salvum fac regem;* dann, nach einigen Musketensalven und
Rufen „Es lebe der König", richtete Herr de La Salle die Säule
auf und sagte aufrechtstehend nahe bei der Säule mit erhobener
Stimme auf französisch:
„Im Namen des höchsten, mächtigsten, unbesiegbarsten und
siegreichen Fürsten Ludwig des Großen, von Gottes Gnaden König von Frankreich und Navarra, vierzehnten dieses Namens:
Heute, am 9. April 1682, habe ich kraft des Auftrags Seiner Majestät, den ich in Händen halte, bereit, ihn jedermann zu zeigen,
dem Einsichtnahme zukommt, im Namen Seiner Majestät sowie
der Nachfolger in Seiner Krone Besitz ergriffen und ergreife Besitz von Meeren, Häfen, Anlaufstellen, Buchten, angrenzenden
Meerengen und allen Nationen, Völkern, Provinzen, Städten,

---

[1] R. P. = Révérend Père (ehrwürdiger oder verehrungswürdiger Pater).
[2] Beim Orden der Récollets handelt es sich um einen französischen Zweig des Franziska-
ner-Ordens von besonders strenger Observanz; die Indianer nannten seine Angehörigen
wegen der Farbe ihrer Kutten „Grauröcke", auch „Barfüßler", weil sie das Tragen von
Schuhen ablehnten.

Marktflecken, Dörfern, Minen, Erzlagern, Fischgründen, Strömen und Flüssen, welche in dem Gebiete des besagten Louisiana liegen, von der Mündung des großen Stroms Saint-Louis im Osten, der auch Ohio, Olighinsipou oder Chukagoua heißt, unter Zustimmung der Chaouesnons, Chicachas und der anderen Stämme, die dort wohnen und mit uns Bündnisse geschlossen haben, wie entlang des Stromes Colbert oder Mississippi und aller Flüsse, die in ihn münden, von seiner Quelle jenseits des Landes der Sioux oder Nadouesioux, unter ihrer Zustimmung wie unter Zustimmung der Ototantas, Islinois [Illinois], Matsigamea, Akansas, Natchez, Koroas, welche die bedeutendsten Nationen sind, die dort wohnen, und mit denen wir selber oder Leute in unserem Auftrag ein Bündnis geschlossen haben, bis zu seiner Mündung in das Meer oder den Golf von Mexiko, die auf ungefähr 27 Grad Höhe vom Nordpol aus liegt[3], bis zur Palmenmündung *(emboucheure des Palmes*[4]*)*. Wie uns alle Nationen, die wir angetroffen haben, versichert haben, sind wir die ersten Europäer, die den besagten Strom Colbert herunter- und hinaufgefahren sind. Und es wird hiermit Verwahrung eingelegt gegen alle, die in Zukunft den Plan ins Werk setzen wollen, sich aller oder eines der genannten Länder, Völker, Gebiete, die oben aufgeführt sind, zum Schaden Seiner Majestät und in Schmälerung des Rechts, das Sie dort unter Zustimmung der oben aufgeführten Nationen erworben haben, zu bemächtigen, sei es aus welchem Grunde und Bedürfnis auch immer. Ich benenne als Zeugen diese Zuhörer hier und fordere den anwesenden Notar auf, darüber Urkunde zu erstellen, um der Billigkeit Genüge zu tun."
Alle antworteten hierauf mit Rufen „Es lebe der König" und mit Musketensalven. Darüber hinaus ließ der besagte Sieur de La Salle am Fuß eines Baumes, an dem das Kreuz befestigt worden war, eine Plakette aus Blei eingraben, auf der auf der einen Seite das Wappen von Frankreich eingraviert war mit dieser lateini-

---

[3] Gemeint ist 27° n. Br.; diese Angabe ist erstaunlich ungenau, gemessen an den technischen
Möglichkeiten, die La Salle zur Verfügung standen: tatsächlich liegt die Mississippi-Mündung auf etwa 29° n. Br.
[4] Der Sinn von *emboucheure des Palmes* ist unklar.

schen Inschrift: *Ludovicus Magnus regnat nono Aprilis 1682*[5]
und auf dessen anderer Seite stand: *Robertus Cavelier, cum do-
mino de Tonty, legato R. P. Zenobio Membre Recollecto, et vi-
ginti Gallis, primus hoc flumen, inde ab Ilineorum pago enaviga-
vit, eiusque ostium fecit pervium nono Aprilis anni 1682*[6]. Darauf
sagte der genannte Sieur de La Salle, daß es Seiner Majestät als
ältestem Sohn der Kirche - falls Sie ein Land erwürben - Haupt-
anliegen sei, dort das Christentum fest einzuführen, und deshalb
müsse man das Zeichen dafür einpflanzen, was auch sofort ge-
schah, indem man dort ein Kreuz errichtete (...) Darüber und über
alles Vorangegangene hat der genannte Sieur de La Salle Urkunde zu erstellen gefordert, die wir angefertigt haben, unterzeichnet
von uns und den unterzeichneten Zeugen am 9. April 1682:
De La Salle, F. Zénobe, Missionar der Récollets, Henry de Tonty, François de Boisrondet, Jean Bourdon, sieur d' Autray,
Jacques Cauchois, Gilles Meneret, Jean Michel, Arzt, Jean Mas,
Jean du Lignon, Nicolas de La Salle, La Métairie, Notar.

*Aus: Pierre Margry (ed.): Découvertes et établissements des Français dans
l'Ouest et dans le Sud de l'Amerique septentrionale 1614-1754. 6 vol. Paris
1879-1888 (Ndr. New York 1974). 2ème partie: Lettres de Cavelier de La
Salle et correspondance relative à ses entreprises (1678-1685). Paris 1879,
S.186-193.*
*Zit. nach: Dokumente zur Geschichte der europäischen Expansion, Bd. 3 :
Der Aufbau der Kolonialreiche, a.a.O., S. 478ff.*

---

[5] Deutsch: Unter der Herrschaft Ludwigs des Großen am 9. April 1682.
[6] Deutsch: *Robert Cavelier fuhr mit Herrn de Tonty, Leutnant, mit R. P. Zenobe, Missionar
der Récollets, und zwanzig Franzosen als erster diesen Fluß herab, vom Land der Illinois
an, und erreichte die Küste am 9. April 1682.*

[D6] *Le Code Noir 1685 (Auszug)*

Article 1. - Voulons et entendons que l'édit du feu roi de glorieuse mémoire notre très honoré seigneur et père, du 23 avril 1615, soit exécuté dans nos îles. Ce faisant, enjoignons à tous nos officiers de chasser hors de nos les tous les juifs qui y ont établi leur résidence, auxquels, comme aux ennemis déclarés du nom chrétien, nous commandons d'en sortir dans trois mois, à compter du jour de la publication des présentes, à peine de confiscation de corps et de biens.

Article 2. - Tous les esclaves qui seront dans nos îles seront baptisés et instruits dans la religion catholique, apostolique et romaine. Enjoignons aux habitants qui achèteront des nègres nouvellement arrivés d'en avertir les gouverneur et intendant des dites îles dans huitaine au plus tard, à peine d'amende arbitraire; lesquels donneront les ordres nécessaires pour les faire instruire et baptiser dans le temps convenable.

Article 3. - Interdisons tout exercice public d'autre religion que de la catholique, apostolique et romaine; voulons que les contrevenants soient punis comme rebelles et désobéissants à nos commandements. Défendons toutes assemblées pour cet effet, lesquelles nous déclarons conventicules, illicites et séditieuses, sujettes à la même peine, qui aura lieu même contre les maîtres qui les permettront ou souffriront à l'égard de leurs esclaves.

Article 4. - Ne seront préposés aucuns commandeurs à la direction des nègres, qui ne fassent profession de la religion catholique, apostolique et romaine, à peine de confiscation des dits nègres contre les maîtres qui les auront préposés et de punition arbitraire contre les commandeurs qui auront accepté la dite direction.

Article 5. - Défendons à nos sujets de la religion prétendue réformée d'apporter aucun trouble ni empêchements à nos autres sujets, même à leurs esclaves, dans le libre exercice de la religion catholique, apostolique et romaine, à peine de punition exemplaire.

Article 6. - Enjoignons à tous nos sujets, de quelque qualité et condition qu'ils soient, d'observer les jours de dimanche et fêtes qui sont gardés par nos sujets de la religion catholique, apostolique et romaine. Leur défendons de travailler, ni faire travailler leurs esclaves aux dits jours, depuis l'heure de minuit jusqu'à l'autre minuit, à la culture de la terre, à la manufacture des sucres, et à tous autres ouvrages, à peine d'amende et de punition arbitraire contre les maîtres, et de confiscation tant des sucres que des dits esclaves qui seront surpris par nos officiers dans leur travail.

Article 7. - Leur défendons pareillement de tenir le marché des nègres et de toutes autres marchandises les dits jours sur pareille peine de confiscation des marchandises qui se trouveront alors au marché, et d'amende arbitraire contre les marchands.

Article 8. - Déclarons nos sujets, qui ne sont pas de la religion catholique, apostolique et romaine incapables de contracter à l'avenir aucuns mariages valables. Déclarons bâtards les enfants qui naîtront de telles conjonctions, que nous voulons être tenues et réputées, tenons et réputons pour vrais concubinages.

Article 9. - Les hommes libres qui auront eu un ou plusieurs enfants de leurs concubinages avec leurs esclaves, ensemble les maîtres qui les auront soufferts, seront chacun condamné en une amende de deux mille livres de sucre. Et s'ils sont les maîtres de l'esclave de laquelle ils auront eu les dits enfants, voulons qu'outre l'amende, ils soient privés de l'esclave et des enfants, et qu'elle et eux soient confisqués au profit de l'hôpital, sans jamais pouvoir être affranchis. N'entendons toutefois le présent article avoir lieu, lorsque l'homme libre qui n'était point marié à une autre personne durant son concubinage avec son esclave, épousera dans les formes observées par l'Eglise sa dite esclave, qui sera affranchie par ce moyen, et les esclaves rendus libres et légitimes.

Article 10. - Les dites solennités prescrites par l'ordonnance de Blois et par la déclaration du mois de novembre 1639, pour les mariages, seront observées tant à l'égard des personnes libres que des esclaves, sans néanmoins que le consentement du père et de la mère de l'esclave y soit nécessaire, mais celui du maître seulement.

Article 11. - Défendons très expressément aux curés de procéder aux mariages des esclaves, s'ils ne font apparoir du consentement de leurs maîtres. Défendons aussi aux maîtres d'user d'aucunes contraintes sur leurs esclaves pour les marier contre leur gré.

Article 12. - Les enfants qui naîtront de mariages entre esclaves seront esclaves et appartiendront aux maîtres des femmes esclaves, et non à ceux de leur mari, si le mari et la femme ont des maîtres différents.

Article 13. - Voulons que si le mari esclave a épousé une femme libre, les enfants tant mâles que filles suivent la condition de leur mère et soient libres comme elle nonobstant la servitude de leur père; et que si le père est libre et la mère esclave, les enfants soient esclaves pareillement.

Article 14. - Les maîtres seront tenus de faire mettre en terre sainte dans les cimetières destinés à cet effet leurs esclaves baptisés; et à l'égard de ceux qui mourront sans avoir reçu le baptême, ils seront enterrés la nuit dans quelque champ voisin du lieu où ils seront décédés.

Article 15. - Défendons aux esclaves porter aucune arme offensive, ni de gros bâtons, à peine de fouet et de confiscation des armes au profit de celui qui les en trouvera saisis; à l'exception seulement de ceux qui seront envoyés à la chasse par leurs maîtres, et qui seront porteurs de leurs billets ou marques connues.

Article 16. - Défendons pareillement aux esclaves appartenant à différents maîtres de s'attrouper le jour ou la nuit, sous prétexte de noces ou autrement, soit chez l'un de leurs maîtres ou ailleurs, et encore moins dans les grands chemins ou lieux écartés, à peine de punition corporelle, qui ne pourra être moindre que du fouet et de la fleur de lis; et en cas de fréquentes récidives et autres circonstances aggravantes, pourront être punis de mort, ce que nous laissons à l'arbitrage des juges. Enjoignons à tous nos sujets de courir sus aux contrevenants, et de les arrêter et de les conduire en prison, bien qu'ils ne soient officiers et qu'il n'y ait contre eux aucun décret.

Article 17. - Les maîtres qui seront convaincus d'avoir permis ou toléré telles assemblées composées d'autres esclaves que de ceux qui leur appartiennent, seront condamnés en leurs propres et privés noms de réparer tout le dommage qui aura été fait à leurs voisins à l'occasion des dites assemblées, et en dix écus d'amende pour la première fois, et au double en cas de récidive.

Article 18. - Défendons aux esclaves de vendre des cannes de sucre pour quelque cause et occasion que ce soit, même avec la permission de leurs maîtres, à peine de fouet contre les esclaves, et de dix livres tournois contre leurs maîtres qui l'auront permis, et de pareille amende contre l'acheteur.

Article 19. - Leur défendons aussi d'exposer en vente au marché, ni de porter dans les maisons particulièères pour vendre aucune sorte de denrées, même des fruits, légumes, bois à brûler, herbes pour la nourriture des bestiaux et leurs manufactures, sans permission expresse de leurs maîtres par un billet ou par des marques connues, à peine de revendication des choses ainsi vendues, sans restitution du prix par leurs maîtres, et de six livres tournois d'amende à leur profit contre les acheteurs.

Article 20. - Voulons à cet effet que deux personnes soient préposées par nos officiers dans chacun marché pour examiner les denrées et marchandises qui y seront apportées par les esclaves, ensemble les billets et marques de leurs maîtres, dont ils seront porteurs.

Article 21. - Permettons à tous nos sujets habitants de nos îles de se saisir de toutes les choses dont ils trouveront les esclaves chargés lorsqu'ils n'auront point de billets de leurs maîtres, ni de marques connues, pour être rendues incessamment à leurs maîtres, si les habitations sont voisines du lieu où les esclaves auront été surpris en délit; sinon elles seront incessamment envoyées à l'hôpital pour y être en dépôt jusqu'à ce que les maîtres en aient été avertis.

Article 22. - Seront tenus les maîtres de faire fournir, par chacune semaine, à leurs esclaves âgés de dix ans et au-dessus pour leur nourriture, deux pots et demi, mesure du pays, de farine de manioc, ou trois cassaves pesant deux livres et demie chacun au moins, ou choses équivalentes, avec deux livres de bœuf salé ou trois livres de poisson ou autres choses à proportion; et aux enfants, depuis qu'ils sont sevrés jusqu'à l'âge de dix ans, la moitié des vivres ci-dessus.

Article 23. - Leur défendons de donner aux esclaves de l'eau-de-vie de canne guildent pour tenir lieu de la subsistance mentionnée au précédent article.

Article 24. - Leur défendons pareillement de se décharger de la nourriture et subsistance de leurs esclaves, en leur permettant de travailler certain jour de la semaine pour leur compte particulier.

Article 25. - Seront tenus les maîtres de fournir à chacun esclave par chacun an deux habits de toile ou quatre aulnes de toile, au gré des dits maîtres.

Article 26. - Les esclaves qui ne seront point nourris, vêtus et entretenus par leurs maîtres selon que nous l'avons ordonné par ces présentes pourront en donner l'avis à notre procureur général et mettre les mémoires entre ses mains, sur lesquels et même d'office, si les avis lui en viennent d'ailleurs, les maîtres seront poursuivis à sa requête et sans frais, ce que nous voulons être observé pour les crimes et traitements barbares et inhumains des maîtres envers leurs esclaves.

Article 27. - Les esclaves infirmes par vieillesse, maladie ou autrement, soit que la maladie soit incurable ou non, seront nourris et entretenus par leurs maîtres; et en cas qu'ils les eussent abandonnés, les dits esclaves seront adjugés à l'hôpital; auquel les maîtres seront condamnés de payer six sols par chacun jour pour la nourriture et entretien de chaque esclave.

Article 28. - Déclarons les esclaves ne pouvoir rien avoir qui ne soit à leur maître; et tout ce qui leur vient par industrie ou par la libéralité d'autres personnes ou autrement à quelque titre que ce soit, être acquis en pleine propriété à leur maître, sans que les enfants des esclaves, leur père et mère, leurs parents et tous autres libres ou esclaves puissent rien prétendre par succession, disposition entre vifs ou à cause de mort. Lesquelles dispositions nous déclarons nulles, ensemble toutes les promesses et obligations qu'ils auraient faites, comme étant faites par gens incapables de disposer et contracter de leur chef.

Article 29. - Voulons néanmoins que les maîtres soient tenus de ce que leurs esclaves auront fait par leur commandement, ensemble de ce qu'ils auront géré et négocié dans les boutiques, et pour l'espèce particulière de commerce à laquelle leurs maîtres les auront préposés; et en cas que leurs maîtres n'aient donné aucun ordre et ne les aient point préposés, ils seront tenus seulement jusqu'à concurrence de ce qui aura tourné à leur profit; et si rien n'a tourné au profit des maîtres, le pécule des dits esclaves que leurs maîtres leur auront permis d'avoir en sera tenu, après que leurs maîtres en auront déduit par préférence ce qui pourra leur en être dû sinon, que le pécule consistât en tout ou partie en marchandises dont les esclaves auraient permission de faire trafic à part, sur lesquelles leurs maîtres viendront seulement par contribution au sol la livre avec leurs autres créateurs.

Article 30. - Ne pourront les esclaves être pourvus d'offices ni de commissions ayant quelques fonctions publiques, ni être constitués agents par autres que leurs maîtres pour gérer ni administrer aucun négoce, ni être arbitres, experts ou témoins tant en matière civile que criminelle. Et en cas qu'ils soient ouïs en témoignage, leurs dépositions ne serviront que de mémoires pour aider les juges à s'éclaircir ailleurs, sans que l'on en puisse tirer aucune présomption, ni conjecture, ni adminicule de preuve.

Article 31. - Ne pourront aussi les esclaves être partie ni être en jugement ni en matière civile, tant en demandant qu'en défendant, ni être parties civiles en matière criminelle, sauf à leurs maîtres d'agir et de défendre en matière civile, et de poursuivre en matière criminelle la réparation des outrages et excès qui auront été commis contre leurs esclaves.

Article 32. - Pourront les esclaves être poursuivis criminellement sans qu'il soit besoin de rendre leur maître partie, sinon en cas de complicité; et seront les dits esclaves jugés en première instance par les juges ordinaires et par appel au Conseil souverain sur la même instruction, avec les mêmes formalités que les personnes libres.

Article 33. - L'esclave qui aura frappé son maître, sa maîtresse ou le mari de sa maîtresse ou leurs enfants avec contusion ou effusion de sang, ou au visage, sera puni de mort.

Article 34. - Et quant aux excès et voies de fait qui seront commis par les esclaves contre les personnes libres, voulons qu'ils soient sévèrement punis, même de mort s'il y échet.

Article 35. - Les vols qualifiés, même ceux des chevaux, cavales, mulets, bœufs et vaches qui auront été faits par les esclaves, ou par les affranchis, seront punis de peines afflictives, même de mort si le cas le requiert.

Article 36. - Les vols de moutons, chèvres, cochons, volailles, cannes à sucre, pois, mil, manioc ou autres légumes faits par les esclaves, seront punis selon la qualité du vol, par les juges, qui pourront s'il y échet les condamner à être battus de verges par l'exécuteur de la haute justice, et marqués d'une fleur de lis.

Article 37. - Seront tenus les maîtres en cas de vol ou d'autre dommage causé par leurs esclaves, outre la peine corporelle des esclaves, de réparer le tort en leur nom, s'ils n'aiment pas mieux abandonner l'esclave à celui auquel le tort a été fait; ce qu'ils seront tenus d'opter dans les trois jours, à compter du jour de la condamnation, autrement ils en seront déchus.

Article 38. - L'esclave fugitif qui aura été en fuite pendant un mois à compter du jour que son maître l'aura dénoncé en justice, aura les oreilles coupées et sera marqué d'une fleur de lis sur une épaule; et s'il récidive une autre fois à compter pareillement du jour de la dénonciation, aura le jarret coupé et il sera marqué d'une fleur de lis sur l'autre épaule; et la troisième fois il sera puni de mort.

Article 39. - Les affranchis qui auront donné retraite dans leurs maisons aux esclaves fugitifs seront condamnés par corps envers leurs maîtres en l'amende de trois cents livres de sucre par chacun jour de rétention; et les autres personnes libres qui leur auront donné pareille retraite, en dix livres tournois d'amende pour chaque jour de rétention.

Article 40. - L'esclave puni de mort sur la dénonciation de son maître, non complice du crime par lequel il aura été condamné, sera estimé avant l'exécution par deux principaux habitants de l'île qui seront nommés d'office par le juge; et le prix de l'estimation sera payé au maître; et pour à quoi satisfaire, il sera imposé par l'intendant sur chacune tête des nègres payant droits la somme portée par l'estimation, laquelle sera régalée sur chacun des dits nègres, et levée par le fermier du Domaine royal d'Occident pour éviter à frais.

Article 41. - Défendons aux juges, à nos procureurs et aux greffiers de prendre aucune taxe dans les procès criminels contre les esclaves, à peine de concussion.

Article 42. - Pourront seulement les maîtres, lorsqu'ils croiront que leurs esclaves l'auront mérité, les faire enchaîner et les faire battre de verges ou de cordes leur défendons de leur donner la torture, ni de leur faire aucune mutilation de membre, à peine de confiscation des esclaves et d'être procédé contre les maîtres extraordinairement.

Article 43. - Enjoignons à nos officiers de poursuivre criminellement les maîtres ou les commandeurs qui auront tué un esclave sous leur puissance ou sous leur direction, et de punir le meurtre selon l'atrocité des circonstances; et en cas qu'il y ait lieu de l'absolution, permettons à nos officiers de renvoyer tant les maîtres que les commandeurs absous sans qu'ils aient besoin d'obtenir de nous les lettres de grâce.

Article 44. - Déclarons les esclaves être meubles, et comme tels entrer en la communauté, n'avoir point de suite par hypothèque, se partager également entre les cohéritiers sans préciput ni droit d'aînesse, ni être sujets au douaire coutumier, au retrait féodal et lignager, aux droits féodaux et seigneuriaux, aux formalités des décrets, ni aux retranchements des quatre quints, en cas de disposition à cause de mort ou testamentaire.

Article 45. - N'entendons toutefois priver nos sujets de la faculté de les stipuler propres à leurs personnes et aux leurs de leur côté et ligne, ainsi qu'il se pratique pour les sommes de deniers et autres choses mobiliaires.

Article 46. - Dans les saisies des esclaves seront observées les formalités prescrites par nos Ordonnances et les coutumes pour les saisies des choses mobiliaires. Voulons que les deniers en provenant soient distribués par ordre de saisies, ou, en cas de déconfiture, au sol la livre, après que les dettes privilégiées auront été payées, et généralement que la condition des esclaves soit réglée en toutes affaires, comme celle des autres choses mobiliaires, aux exceptions suivantes.

(...)

Zit. nach : Esclavage, Colonisation, Libérations nationales, a.a.O., S. 105ff.

2. Kapitel
Von der absolutistischen Krise zum kolonialen Desaster

(Der Zusammenbruch des ersten französischen Kolonialreiches)

Krieg um das spanische Erbe

Mit dem Ende des Pfälzischen Krieges (1688-1697) war der Zenit der französischen Expansionspolitik überschritten. Das Bündnis der Generalstaaten und Englands, die seit der Glorreichen Revolution von 1688 beide unter der Herrschaft Wilhelm von Oraniens standen, mit Spanien, Österreich, den deutschen Reichsfürsten, Schweden und Savoyen erzwang im Frieden von Rjiswijk 1697 den Verzicht Ludwig XIV. auf alle pfälzischen Erbansprüche. Die größte Befürchtung der gegen Frankreich vereinten Mächte bewahrheitete sich jedoch sehr bald. Der Pfälzische Krieg bildete lediglich das Vorspiel für die Auseinandersetzung um das Erbe Karl II. von Spanien.

Als dieser 1700 kinderlos starb, erhob Ludwig XIV. für seinen Enkel Philipp von Anjou Anspruch auf den vakanten Madrider Thron. Die drohende Vereinigung Spaniens und Frankreichs unter dem weißen Lilienbanner der Bourbonen rief eine neue Koalition auf den Plan. Getreu dem Wahlspruch des Sonnenkönigs „Seule contre tous" stand Frankreich allein gegen alle. Unterschiedlich in ihren Zielen, setzten Österreich, Holland, Dänemark, Portugal und einige deutsche Staaten unter der Ägide Englands dem französischen Anspruch die Macht ihrer Waffen entgegen. Dieser Krieg (1701-1714), der um die Hegemonie in Europa ebenso geführt wurde wie um das Erbe des spanischen Kolonialimperiums, jenes Reiches, „in dem die Sonne niemals unterging", hatte die völlige Erschöpfung Frankreichs zur Folge. Felder blieben brach liegen, Manufakturen verfielen, der Handel stagnierte und eine Kette von Bauernaufständen rüttelte an der inneren Stabilität des Landes. Da England eine Vereinigung Spaniens mit Österreich genauso verhindern wollte wie die Vereinigung mit Frankreich, willigte es - im Bewusstsein der eigenen Stärke - in Separatverhandlungen ein, die 1713 zum Frieden von Utrecht führten. Dieser leitete den Zerfall des ersten französischen Kolonialreiches ein. Zwar behielt der Sonnenkönig seinen Enkel Philipp von Anjou als Philipp V. auf dem spanischen Thron und dieser blieb im Besitz der spanischen Hauptlande sowie der Kolonien. Auf die erstrebte Vereinigung von Spanien und Frankreich musste Ludwig XIV. jedoch verzichten.

Darüber hinaus war man genötigt, strategisch wichtige Kolonialpositionen an England abzutreten. Über Gibraltar und der Insel Menorca wehte nun der Union Jack, die Macht seiner Flotte und die mediterranen Ansprüche Englands gleichsam symbolisierend. Die Antilleninsel St.-Christophe, die von einem englischen Flottenkommando unter Admiral Benbow bereits am 16. Juli 1702 eingenommen worden war, verblieb nach dem Utrechter Frieden in englischem Besitz. Schwer wog auch der Verlust des äußerst profitablen Monopols auf die Einfuhr afrikanischer Sklaven nach Amerika. Angesichts der militärisch katastrophalen Lage, in der sich Frankreich befand, sahen sich die Diplomaten des Sonnenkönigs genötigt, dem Asiento-Vertrag von 1713 und damit dem Übergang des Monopols für den Sklavenhandel an England ihre Zustimmung zu geben. Peinlich genau wurden Anzahl, Geschlecht, Alter, Größe und Preis des in den nächsten dreißig Jahren zu liefernden schwarzen „Elfenbeins" festgelegt. Und mit der Arroganz des Siegers bestimmte England auch die Diktion des Papiers, in dem lapidar festgehalten wurde, dass „der Asiento-Vertrag mit der französischen ‚Königlichen Guinea-Kompanie' beendet ist und die Königin von Großbritannien es wünscht, in diesen Handel einzutreten ..."[1]

Die kolonialstrategisch gravierendsten Veränderungen fixierte der Utrechter Frieden jedoch in Nordamerika. Ludwig XIV., der versucht hatte, die Hegemonie Frankreichs in Europa durchzusetzen und dabei die Bedeutung des Krieges für die künftige koloniale Hegemonie nicht erkannte, trat die Hudson-Bai, Neufundland und Akadien ebenso an England ab wie einige strategisch wichtige Punkte am Zugang des St.-Lorenz-Stromes. Kanada war isoliert und die mehr als 18.000 Franzosen, die zu diesem Zeitpunkt dort lebten, waren noch mehr vom Mutterland abgeschnitten.

Der Spanische Erbfolgekrieg leitete eine grundlegende Veränderung des politischen Kräfteverhältnisses ein. Während Frankreich seine außenpolitische Hegemonie verloren hatte, avancierte England unbestritten zur ersten Seemacht. Bei jenen Auseinandersetzungen um die Erweiterung des kolonialen Einflusses in Asien, Afrika und Amerika, die das Verhältnis beider Staaten im Laufe der folgenden Jahrzehnte bestimmten, sollte sich dieser Umstand als der strategisch gewichtigste Vorteil auf englischer Seite erweisen.

---

[1] Asiento von 1713; zit. nach: Browning, A. ed., English Historical Documents 1660-1714, London 1953, S. 883.

Nordamerikanisches Eldorado

Ludwig XIV. hinterließ bei seinem Tode 1715 ein erschöpftes Land, das sich in einer tiefen politischen und vor allem finanziellen Krise befand. Der Staatshaushalt war um achtzehn Jahresbudgets überzogen. Ein Bevölkerungsrückgang von drei Millionen allein in den Jahren des Spanischen Erbfolgekrieges verringerte die potentiellen Steuereinnahmen zusätzlich. So nimmt es wenig wunder, dass dem Herzog von Orleans, der bis 1723 die Staatsgeschäfte für den noch unmündigen Ludwig XV. (1715-1774) führte, die Ideen des schottischen Finanzmannes und Wirtschaftstheoretikers John Law als der Stein der Weisen erschienen. Dieser hatte dem Regenten im Dezember 1715 in einem Brief vielversprechend erklärt, er sei in der Lage, eine Institution zu schaffen, die Europa durch die Veränderungen in Erstaunen versetzen wird, die sie zugunsten Frankreichs bewirkt. „Seine Königliche Hoheit können das Königreich aus jenem traurigen Zustand befreien, in den es geraten ist, es mächtiger als je zuvor machen, Ordnung in die Finanzen bringen, Landwirtschaft, Industrie und Handel beleben, unterstützen und entwickeln."[2]

Zwei Jahre später begann Law damit, sein Vorhaben Realität werden zu lassen. Der Schotte, der als Ausländer und Protestant in Paris zunächst unter Polizeiaufsicht stand, setzte auf das Vertrauen der Menschen, die sich durch die Anlage ihrer Gelder in der von ihm 1716 gegründeten Bank Spekulationsgewinne erhofften. Als diese zwei Jahre später zur Königlichen Bank wurde und Staatsbankfunktionen erhielt, erhöhte das den Wert

---

[2] Law, J., Oeuvres complètes, publ. par P. Harsin, tome 2, Paris 1934, S. 266.

der ausgegebenen Aktien um ein Vielfaches. Die Edition von Aktien, Papiergeld und Staatsschuldscheinen, für deren Wertdeckung koloniale Unternehmungen dienen sollten, lenkte immer größere Kapitalien in die von Law geleitete Bank. Die Spekulation florierte. Der Gebrauch von Edelmetallen zu Zahlungszwecken wurde zunächst erschwert, dann gänzlich verboten. Dem bankrotten französischen Staat sollte das eingehende Hartgeld zur Deckung seiner Schulden zur Verfügung gestellt werden, während man den Gläubigern für die erworbenen Aktien und Schuldverschreibungen immense Zinsen suggerierte.

Mit einem Kapital von 100 Millionen Livres gründete Law am 5. September 1717 die als Instrument zur Kapitalanlage gedachte Compagnie d'Occident. Die Gesellschaft, deren deklariertes Ziel in der wirtschaftlichen Erschließung Louisianas und in der Ausbeutung der vermeintlich dort befindlichen Gold- und Silberminen bestand, erhielt für fünfundzwanzig Jahre alle Privilegien für das von de La Salle erforschte Gebiet. Als Gegenleistung für die der Gesellschaft eingeräumten Vorzugsbedingungen, zu denen das Monopol der Ausfuhr von Biberfellen aus Kanada, das alleinige Recht auf Tabakanbau, das Münzmonopol und später auch das Monopol auf den Seehandel mit Louisiana gehörten, sollte die Compagnie d'Occident für die Ansiedlung von Franzosen und Negern im Mississippibecken sorgen.[3]

Hatten die Unternehmungen Laws aufgrund seiner engen Verbindung zum Herzog von Orleans bis dahin schon ein hohes Ansehen genossen, was seinen Nieder-

---

[3] Vgl. Pluchon, P., Histoire de la colonisation française, Tome premier, a.a.O., S. 130ff.

schlag in den Kursen der vertriebenen Aktien fand, so stieg dieses Ansehen noch mehr, als 1719 die Königliche Bank mit der Compagnie d'Occident, damals auch Mississippi-Gesellschaft genannt, verschmolz, Law zum Katholizismus übertrat und als Franzose naturalisiert wurde. Der Nennwert der Law'schen Aktien erreichte schwindelerregende Höhen. Die Gesellschaft erwarb mit dem südbretonischen Lorient einen eigenen Hafen und entsandte Ende 1717 die ersten Siedler nach Louisiana. Es waren 64 Salzschmuggler mit ihren Familien, die sich, wie die meisten Siedler dieser Zeit, im Delta des Mississippi niederließen. Im Jahr darauf wurde an der Mündung des riesigen Stromes eine Siedlung gegründet, die man zu Ehren des französischen Regenten Nouvelle-Orléans nannte. Ab 1722 war das heutige New Orleans die Hauptstadt der französischen Kolonie Louisiana.

Die Berichte über Kämpfe mit den Indianern, über Hungersnöte, Nachschubsorgen und Seuchen in der Neuen Welt gelangten trotz Briefzensur nach Frankreich. Sie bremsten zwar das Karussell der Spekulation noch nicht, aber die Zahl freiwilliger Übersiedler drohte zu versiegen. Zeitgenössischen Beobachtern schien es so, als wollte ganz Frankreich mit Louisiana-Aktien spekulieren. In das Gebiet auswandern wollten jedoch nur wenige. Als auch die Werbeschriften der Compagnie, die in Wort und Bild Goldminen, Tabakpflanzungen, Weinberge und Weizenfelder - eben ein nordamerikanisches Eldorado - versprachen, nicht den erwünschten Strom von Auswanderern erzeugten, nutzte der am 5. Januar 1720 zum Generalkontrolleur der Finanzen avancierte Law seine engen Verbindungen zum französischen Staat. Gefängnisse wurden geöffnet und

Betrüger, Wilddiebe und Schmuggler landeten ebenso auf den Schiffen der Compagnie d'Occident, um an den Mississippi gebracht zu werden, wie Freudenmädchen, Taschendiebe und Landstreicher. Bewaffnete Werber der Law'schen Compagnie, die damals berüchtigten „bandouliers de Mississippi" - die Schnapphähne vom Mississippi - suchten in der Schweiz, in deutschen Staaten und selbst in Schweden nach Kolonisten.

Doch alle verzweifelten Rettungsversuche konnten den Zusammenbruch des spekulativen Unternehmens nicht verhindern. Als die Gläubiger der Law'schen Unternehmungen im Frühjahr 1720 begannen, ihre Einlagen zurückzufordern, brach die Compagnie d'Occident innerhalb weniger Monate zusammen. Bereits im November 1720 galten die von Law edierten Banknoten nicht mehr als gesetzliches Zahlungsmittel. Der gewesene Generalkontrolleur der Finanzen hatte sich - mit Billigung des Regenten - den aufgebrachten Gläubigern durch die Flucht entzogen. Ohne Zweifel hatten die Aktivitäten des Schotten der Kolonisierung Louisianas gewisse Impulse verliehen. Geld und Siedler waren in die Neue Welt gelangt und hatten dazu beigetragen, die französischen Besitzansprüche - stets mit dem Blick auf die prosperierenden englischen Kolonien in Nordamerika - zu festigen. In der Resultante jedoch hatte das Unternehmen nicht nur das absolutistische System, das durch die einsetzende Inflation ein Drittel seiner Schulden begleichen konnte, weiter in Verruf gebracht, sondern in der breiten Öffentlichkeit auch den Glauben an die mannigfaltigen Vorteile einer aktiven französischen Kolonialpolitik zerstört.[4]

---

4 Vgl. Conte, A., L'Épopée coloniale de la France, a.a.O., S. 71.

Gegen die englische Konkurrenz

Der Spanische Erbfolgekrieg hatte den kolonialen Positionen Frankreichs erheblich geschadet, eine eindeutige Überlegenheit der Engländer jedoch noch nicht geschaffen. In Nordamerika beherrschten die Briten die Küsten, während die Franzosen das Innere des Subkontinents für sich behaupten konnten. Mit der Île Royal in der Mündung des St.-Lorenz-Stromes hatte Frankreich nach 1713 eine strategisch wichtige Position behalten, die es gestattete, die Verbindungen nach Kanada aufrechtzuerhalten. Mit dem Einsatz von mehr als 30 Millionen Livres wurde auf der Île Royal der befestigte Hafen von Louisburg ausgebaut. Dieser entwickelte sich - als Sicherung des Transportweges nach Montreal und Quebec - zu einer ernsthaften Konkurrenz für Boston, dem englischen Haupthafen an der Ostküste. Der von dieser Konstellation genährte jahrelange Kleinkrieg mündete 1745 in die Eroberung von Louisburg durch eine von Boston aus operierende Flotte. Der Fall von Louisburg engte nicht nur die französischen Verbindungen zu Kanada und damit den potentiellen Nutzen der Kolonie weiter ein. Er ließ in seinen Auswirkungen auch bereits das militärische Desaster erahnen, in das sich Frankreich bei der Verteidigung seiner Kolonien hineinbewegte. Die Kunde vom Verlust des auch für die Nutzung der lukrativen Fischgründe um Neufundland wichtigen Hafens hatte Frankreich in Aufregung versetzt und zur Entsendung eines Expeditionskorps von über 3000 Mann geführt. Doch das unter dem Oberkommando des Herzogs von d'Anville stehende Geschwader benötigte für die Atlantiküberquerung mehr als drei Monate - Jacques Cartier hatte 200 Jahre zuvor ganze zwanzig

Tage gebraucht - und landete die Hälfte der Mannschaft krank an. Nachdem Typhus und Skorbut die Mannschaften dezimiert hatten, d'Anville einem Schlaganfall erlegen war und sein Nachfolger Estournelles angesichts der sich abzeichnenden Katastrophe Selbstmord begangen hatte, bereitete es seinem Nachfolger Marquis de La Jonquière große Mühe, wenigstens einen Teil der Männer wieder nach Frankreich zurückzubringen.

Während England in der Folgezeit seine Überlegenheit zur See weiter ausbauen konnte, bemühte sich Frankreich, seine Positionen im Innern des Kontinents zu festigen und zu erweitern. Dabei blieben die Expeditionen von Pierre Gautier de Varennes und seinen Söhnen, die diese zwischen 1731 und 1742 unternahmen, auf der Suche nach einem Weg zum Pazifik von den Großen Seen aus bis an die Rocky Mountains gelangten und damit gleichsam den Schlusspunkt unter das französische Kapitel der Erforschung Nordamerikas setzten, eine historische Episode. Dominierend war vielmehr das systematische Vorrücken französischer Waldläufer und Siedler, die, von Kanada kommend, ihren Weg durch den Bau neuer befestigter Ansiedlungen sicherten, während gleichzeitig Siedler aus Louisiana den Mississippi aufwärts drängten.

Es zeigte sich sehr bald, dass Großbritannien nicht gewillt war, der Entwicklung eines großen französischen Kolonialbesitzes im Rücken der eigenen Kolonien an der Ostküste des nordamerikanischen Subkontinents tatenlos zuzusehen. Der Kette von französischen Forts setzten die Engländer ihre eigenen Befestigungen entgegen. Nahezu jede Neugründung wurde zum Ausgangspunkt zahlloser Kämpfe. Beide Kolonialmächte ließen auch die Indianer für sich kämpfen und so traten nicht selten Huronen gegen Irokesen an, um die französischen Interessen gegen die der Engländer zu behaupten.

Das Hauptaugenmerk sowohl der Engländer als auch der Franzosen galt dem Besitz des strategisch wichtigen Ohiobeckens. Während es für Frankreich das notwendige Bindeglied zwischen Kanada und Louisiana bildete, sollte es England den Zugang zum Mississippi eröffnen. Als der zum Gouverneur von Kanada berufene Marquis de Duquesne de Menneville 1753 in einer strategisch optimalen Lage am Zusammenfluss von Ohio und Monongahela ein Fort errichten ließ und es mit der ihm eigenen aristokratischen Bescheidenheit nach sich selbst benannte, gewann die jahrzehntelange englischfranzösische Kolonialrivalität in Nordamerika eine neue Qualität. Sie mündete schließlich in den French and Indian War, der gewissermaßen die „Ergänzung" zum Siebenjährigen Krieg (1756-1763) bildete, und endete für die französische Seite mit dem im Frieden von Paris (1763) fixierten Verlust ganz Kanadas und großer Teile von Louisiana.

Die Errichtung des Forts Duquesne hatte in den englischen Kolonien Virginia und Pennsylvania einen Aufschrei der Empörung verursacht. Durch den Adjutanten des englischen Gouverneurs von Virginia, den späteren Präsidenten der Vereinigten Staaten, George Washington, wurden die Franzosen ultimativ aufgefordert, das Fort Duquesne aufzugeben. Als Antwort auf die ebenso höfliche wie bestimmte französische Ablehnung errichteten die Engländer unweit der französischen Befestigung ein eigenes Fort, dem sie - programmatisch und provozierend zugleich - den Namen „Necessity" gaben. Als es den Franzosen gelang, die Besatzung des

unter dem Kommando von Washington stehenden englischen Forts zur Kapitulation zu zwingen, war der
Krieg zwischen beiden Staaten unausweichlich. In diesem erkämpfte die französische Seite im August 1756
ihren letzten großen Sieg. Eine vom Marquis de Mont-
calm kommandierte Armee schlug am Ufer des Ontariosees die englischen Truppen, machte dabei mehr als
1600 Gefangene und erbeutete 120 Kanonen. Trotz dieses Erfolges wurde die Lage der Franzosen in Kanada
immer komplizierter. Die englische Seeherrschaft störte
in wachsendem Maße den französischen Nachschub
und isolierte die „Fortsetzung Frankreichs jenseits des
Meeres" zunehmend.

Die koloniale Rivalität zwischen Frankreich und
England bestimmte parallel zum Kriegsgeschehen in
Amerika auch die Entwicklung auf dem indischen Subkontinent. Dort hatte es der 1742 zum Generalgouverneur der französischen Besitzungen in Indien ernannte
Joseph François Dupleix verstanden, mit Hilfe der nach
dem Law'schen Desaster zu neuer Selbständigkeit gelangten Compagnie des Indes Oriendentales faktisch
den gesamten Handel unter französische Kontrolle zu
bringen. Begünstigt wurde dieses Unterfangen durch
den Prozess der Auflösung des Mogulreiches, der nach
dem Tode des Großmoguls Aurangseb 1707 begonnen
hatte. Die von den Zeitgenossen als „indisches Protektorat Dupleix" titulierten französischen Einflussgebiete
lieferten Baumwolle und Salpeter aus Bengalen, Web-
waren von der Coromandelküste, Seide aus Surat und
Indigo, Pfeffer und andere Gewürze von der Malabar-
küste. Dabei gestaltete sich die französische Bilanz im
Kolonialhandel dieser Zeit passiv, überstiegen die Kosten für den Aufbau der kolonialen Positionen deren

momentanen Nutzen.[5] Die 1600 gegründete englische East Indian Company trat in Indien als der direkte Rivale Frankreichs auf. Die von ihr verfolgte Strategie zur Liquidierung des unliebsamen Konkurrenten, nach dem das Protektorat Dupleix von englischen Besitzungen zunächst eingekreist und dann übernommen werden sollte, ging erst nach langen und für beide Seiten verlustreichen Kämpfen auf. 1761 gelang es den Briten, alle französischen Niederlassungen zu besetzen.

Da die englische Admiralität der Auffassung war, man könne den empfindlichen Störungen der eigenen Seeverbindungen und der ständigen Bedrohung durch französische Korsaren nur durch wirksame Maßnahmen gegen deren Ausgangsbasen begegnen, griffen Marineverbände im Verlaufe des Siebenjährigen Krieges wiederholt die in französischem Besitz befindlichen Karibikinseln an. Zwar vermochten die Bewohner von Martinique einen ersten britischen Angriff im Herbst 1758 zurückzuschlagen, doch ihre Überlegenheit zur See ermöglichte es den Engländern, nach monatelangen Kämpfen zunächst Guadeloupe und in der Folge auch die kleineren französischen Karibikinseln einzunehmen.

Am 10. Februar 1763 beendete der Frieden von Paris die englisch-französischen Auseinandersetzungen im Siebenjährigen Krieg. Der Friedensvertrag besiegelte zugleich das Ende des ersten französischen Kolonialreiches. Von dem einstigen Kolonialreich verblieben der französischen Krone lediglich Bruchstücke. In Indien konnte man mit Pondichéry, Chandernagor, Karikal, Mahé und Yanaon über Handelsniederlassungen verfügen, verlor jedoch das Recht, Befestigungen anzulegen

---

[5] Vgl. Mukherjee, R., The Rise and Fall of the East Indian Company, Berlin 1958, S. 111f.

und Truppen zu unterhalten. Mauritius (damals: Île de France) und Réunion (damals: Île de Bourbon) blieben in französischem Besitz. Der Vertrag vom Februar 1763 verbriefte der französischen Krone zudem ihre Rechte auf Madagaskar. Die Bestimmungen des Pariser Friedens beendeten das machtpolitische Auftreten Frankreichs in dieser Region und ließen ihm lediglich kommerzielle Rechte.

In der Karibik erhielt Frankreich die im Krieg annektierten Inseln Saint-Domingo, Martinique und Guadeloupe zurück, die beiden letzteren in einem kolonialen Tauschhandel zwischen den beiden großen Rivalen. Die französische Krone überließ den Briten die Mittelmeerinsel Minorca und bekam als Ausgleich ihre Besitzungen in der Karibik wieder. Für das unwirtliche und ertraglose Guayana interessierte sich am Ende des Siebenjährigen Krieges niemand. Es verblieb ebenso bei Frankreich wie die beiden kargen Fischerinseln St.-Pierre-et-Miquelon vor der neufundländischen Küste.

Für die französische Krone am schwersten wogen ohne Zweifel der Verlust Kanadas und Louisianas. Während man die gesamten kanadischen Besitzungen an England abtreten musste, fielen nach dem Pariser Frieden lediglich die östlich des Mississippi gelegenen Teile Louisianas an die siegreichen Briten. Ein geheimes Zusatzpapier übergab Spanien den westlichen Teil der ehemals französischen Kolonie. Um sich die spanische Unterstützung im Siebenjährigen Krieg zu sichern, hatte Ludwig XV. sich verpflichtet, den Spaniern etwaige Verluste zu ersetzen. Nun erhielten diese den westlichen Teil Louisianas als Kompensation für das im Krieg an England verlorene Florida. Doch beide Seiten hatten es nicht eilig, den Besitzwechsel auch tatsächlich

zu vollziehen. Erst 1768 landete mit Don Antonio der
erste spanische Gouverneur in Louisiana. Er sah sich
mit seinen neunzig Soldaten einer erdrückenden französischen Übermacht gegenüber, die nicht gewillt war,
den ausgehandelten Machtwechsel zu akzeptieren. Sie
widersetzten sich dem neuen Gouverneur und schickten
ihn unter Androhung von Gewalt zurück nach Spanien.
Erst im Juli 1769 erzwang eine spanische Flotte die
Durchsetzung der vertraglichen Vereinbarung.

Wider den Verfall

Die Krise des absolutistischen Systems hatte im
18. Jahrhundert eine allmähliche Schwächung und
letztlich den Zusammenbruch der einstmals so gewichtigen kolonialen Positionen Frankreichs bewirkt. Bevor
unter der legendären Losung „Freiheit, Gleichheit, Brüderlichkeit" das System des Absolutismus nur eine Ge-
neration später selbst prinzipiell in Frage gestellt wurde,
mangelte es nicht an Versuchen, den internationalen
Bedeutungsverlust der französischen Krone durch die
Festigung und den Ausbau der verbliebenen kolonialen
Positionen auszugleichen.

Unmittelbar nach dem Siebenjährigen Krieg war es
der damalige Marineminister Herzog Étienne François
de Choiseul, der die Initiative ergriff. Als Mitunter-
zeichner des Pariser Friedens hatte er dessen Bedingungen auch als persönliche Demütigung empfunden. Prinzipiell die richtigen Schlussfolgerungen aus dem
kolonialen Desaster ziehend, plante der Minister den
Aufbau einer Musterkolonie. Sie sollte wirtschaftlich
profitabel, militärstrategisch nützlich und in der Lage
sein, sich gegen ausländische Angriffe zur Wehr zu set-

zen. Obwohl sich in Guayana schon im 17. Jahrhundert verschiedene Handelsgesellschaften an der wirtschaftlichen Nutzung des Gebietes versucht hatten und am Klima, der Feindseligkeit der eingeborenen Stämme und an der wenig förderlichen kolonialen Nachbarschaft von Briten, Holländern und Portugiesen gescheitert waren, bestimmte man dieses Gebiet zum Ort für den Aufbau der Musterkolonie. Choiseul und sein Vetter Choiseul-Praslin wurden von Ludwig XV. als oberste Lehnsherren für die größten Teile Guayanas eingesetzt. Sie erhielten die volle Gerichtsbarkeit für die Gebiete, waren unabhängig in der Verwaltung und hatten zudem weitestgehende Verfügungsgewalt über die staatlichen Gelder, mit denen das Vorhaben finanziert wurde. Guayana schien Choiseul günstige Voraussetzungen zu besitzen, den Antilleninseln jene Rohstoffe zu liefern, die diese bis dahin aus Louisiana bezogen hatten. Aber die Vorstellung, in unbekannten und weit entfernten Gebieten zu siedeln, war im Frankreich des ausgehenden 18. Jahrhunderts ebenso wenig populär wie zu Zeiten Colberts. Wie der Generalkontrolleur der Finanzen ein Jahrhundert vor ihm bemühte sich deshalb auch Choiseul mit einer Propagandaoffensive die notwendigen Siedler zu finden. Obwohl Tausende Schriften den Kolonisten das Eldorado versprachen, blieb die Resonanz in Frankreich gering. Doch der Minister suchte und fand Siedler in deutschen Ländern, in der Schweiz und auf Malta. Mit falschen Versprechungen gelockt, wurden mehr als 14.000 über den Atlantik gebracht. Der Intendant Thibault de Chanvalon und der Gouverneur Turgot, ein Bruder des späteren Finanzministers, waren mit der Zahl der Menschen, die in die südamerikanische Kolonie strömten, bald überfordert und warnten Choiseul.[D1] Dieser hielt jedoch unverändert an seinem Prestigevorhaben fest. In der Folgezeit verursachten unzureichende Ernährung, fehlende ärztliche Versorgung, das Klima und ausbrechende Epidemien den Tod von mehr als der Hälfte der Siedler. Der Minister sah sich veranlasst, die Kolonisten nach Frankreich zurückzuholen. Lediglich zwanzig Familien waren es, die in Guayana verblieben. Neben all dem menschlichen Leid hinterließ die geplante Musterkolonie in der ohnehin schon überbeanspruchten Staatskasse ein klaffendes Loch.[6] Während mit Choiseul und den Beamten des Marineministeriums die wahren Schuldigen dieses Desasters straffrei ausgingen und sich Gouverneur Turgot ins Exil absetzte, stempelte man den Intendanten Chavalon zum Sündenbock. 1767 wurde er unter Einziehung seines gesamten Besitzes zu lebenslänglicher Festungshaft verurteilt. Dem Engagement seines Bruders und dem Wechsel auf dem französischen Thron hatte er es zu verdanken, dass das Urteil 1776 revidiert und er fünf Jahre später rehabilitiert wurde.

Marineminister Choiseul, unverändert darum bemüht, die territorialen und Prestigeverluste von 1763 vergessen zu machen, ließ sich weder durch die toten Siedler von Guayana noch durch die ohnehin chronisch leere Staatskasse in seiner Politik beeinflussen. Als der Comte de Modave, der im Dienste der Ostindischen Kompagnie koloniale Erfahrungen gesammelt hatte, ihm 1767 vorschlug, Madagaskar zu kolonisieren, fand er beim Minister Gehör und Unterstützung. Die Insel, die sich zwar unter französischer Souveränität befand, aber wirtschaftlich und strategisch bislang ungenutzt

---

[6] Vgl. Pluchon, P., Histoire de la colonisation française, Tome premier, a.a.O., S. 272ff.

war, böte - so Modave - alle Voraussetzungen, zu einer einträglichen Kolonie entwickelt zu werden. Dafür sei lediglich ein geringer finanzieller und personeller Aufwand erforderlich. Als sich wenig später zeigte, dass Modave die Schwierigkeiten unterschätzt hatte, die der Erschließung Madagaskars entgegenstanden, wurde ihm die Leitung des Unternehmens entzogen. Sie ging an einen ungarischen Abenteurer, den Grafen Benyowsky, über. Am Hofe von Versailles hatte der Graf nicht mit Versprechungen gegeizt und auch nach dem Sturz Choiseuls (1770) die notwendige Lobby für sich gefunden. Mit dem Auftrag versehen, „in Madagaskar eine Kolonie von Europäern zu schaffen, um die Eingeborenen der Insel zu zivilisieren", verließen die Schiffe Benyowskys im Februar 1774 Frankreich.

Dem Abenteurer standen bei seiner Tätigkeit auf Madagaskar bald mehr entgegen als nur die Unbilden der Natur, die fehlenden Gelder und die ausbleibenden Siedler. Mit der Thronbesteigung Ludwig XVI. (1774) wurde Anne Robert Jacques Turgot in das Amt des Marineministers berufen und avancierte wenig später zum Finanzminister. Der Mitautor der Enzyklopädie galt als einer der führenden Wirtschaftstheoretiker Frankreichs. Kolonialen Ideen gegenüber wenig aufgeschlossen, sah er in dem Unternehmen Benyowskys ein unnützes Wagnis und eine Verschwendung von Ressourcen. Er forderte deshalb den ungarischen Grafen auf, die begonnene Kolonisierung einzustellen, keine weiteren Eroberungen vorzunehmen und sich auf die Sicherung eines Stützpunktes für die französische Flotte zu beschränken. Benyowsky widersprach dem Minister, setzte den einträglichen Sklavenhandel, den er gemeinsam mit Holländern betrieb, fort und rief sich selbst zum Kaiser des Madagassischen Reiches aus. Als er Anstalten machte, die Kolonisation im Dienste des österreichischen Kaisers Joseph II. fortzusetzen, ließ Versailles den Worten Taten folgen. Im Juni 1785 warfen französische Schiffe vor Madagaskar Anker. Die an Bord befindlichen Soldaten konnten ihren Befehl, den selbst ernannten Kaiser festzunehmen, jedoch nicht erfüllen. Der Tod Benyowskys, der sich der Gefangennahme widersetzte, beendete im Mai 1786 diese koloniale Episode des absolutistischen Frankreichs im Indischen Ozean.

Trotz der intensiven Verhandlungen war es mit dem Pariser Frieden nicht gelungen, das Gewirr der kolonialen Besitzansprüche europäischer Mächte vollends zu entflechten. Nachweislich hatten Engländer die Falklandinseln als erste Europäer betreten. Aber nur Monate nach dem Ende des Siebenjährigen Krieges unternahm mit Louis-Antoine de Bougainville ein Franzose den ersten Siedlungsversuch auf dem Eiland im Südpazifik. Mit Siedlern, die er auf eigene Kosten aus Kanada holen ließ, gründete er Anfang 1764 Port Louis. Das Unternehmen hatte die wohlwollende Billigung des Versailler Hofes besessen, beschwor jedoch schwerwiegende diplomatische Konsequenzen herauf. Spanien, verbündete Macht Frankreichs im Siebenjährigen Krieg, forderte die Übergabe der Inseln. Offiziell berief sich Madrid auf den Vertrag von Tordesillas. Inoffiziell waren die Inseln bei Briten, Franzosen und Spaniern so begehrt, weil sie als optimaler Ausgangspunkt für die Entdeckung des „Südlandes" galten. Von dessen Existenz und von den dort vorhandenen Reichtümern war damals jedermann überzeugt. Marineminister Choiseul sah sich jedoch veranlaßt, im August 1765 die Übergabe der französischen Besitzungen anzuordnen. Bougainville selbst führte die dazu notwendigen Verhandlungen und unterzeichnete im Oktober 1766 in Madrid den entsprechenden Vertrag.

Zeitgleich gelang es dem zielstrebigen Offizier, Minister Choiseul, der für Ideen, die einen Ausgleich für die Verluste von 1763 erwarten ließen, stets empfänglich war, zur Unterstützung einer ersten französischen Weltumsegelung zu bewegen. Die Instruktionen, die Bougainville erhielt, offenbarten die doppelte Zielstellung der Reise. Nach der offiziellen Übergabe der französischen Besitzungen auf den Falklandinseln an Spanien sollte Bougainville mit zwei Schiffen Südamerika umfahren und von dort zunächst in Richtung China segeln. Ihm wurde aufgetragen, sich dann zu den Philippinen zu begeben, diese in Richtung Mauritius zu verlassen und in spätestens zwei Jahren wieder nach Frankreich zurückzukehren. Wissenschaftlich sollte er während dieser Fahrt die „zwischen Ostindien und der Westküste Amerikas gelegenen Küsten entdecken ... und so umfassend wie möglich erforschen ... Land, Bäume und die wichtigsten Produkte untersuchen ... Exemplare und Zeichnungen von allem, was er der Aufmerksamkeit werthält, mitbringen ..."[7] Für die kolonialpolitischen Ambitionen der französischen Krone war jener Teil der Instruktionen von größerer Bedeutung, in dem festgehalten wurde, dass sobald „Herr von Bougainville bei diesen unbekannten Orten an Land gegangen ist, wird er an verschiedenen Stellen Pfähle mit dem französischen Wappen einschlagen, im Namen Seiner Majestät Besitzergreifungsakte aufsetzen, ohne

---

[7] Zit. nach: Bougainville, L.-A. de, Reise um die Welt, hrsg. v. K.-G. Popp, Berlin 1980, S. 421.

jedoch Personen zur Gründung von Kolonien zurückzulassen."[8] Für die französische Flotte brachte die dreijährige Fahrt Bougainvilles eine Fülle nautischer, versorgungs- und schiffstechnischer Erkenntnisse. Sie schuf die Grundlage für neue Seekarten und ließ die Vermutung keimen, dass der Südkontinent in unzugänglichen und damit kolonialpolitisch uninteressanten Regionen liegen müsse.

Die Entdeckung bzw. Wiederentdeckung einer Reihe von Inseln in den tropischen Zonen blieb für die französische Krone vorerst bedeutungslos, legte jedoch den Grundstein für die späteren französischen Besitzungen in Ozeanien. Für die Realisierung seines Wunsches, Gouverneur von Tahiti zu werden, fehlte es dem fähigen Offizier trotz der gezeigten Leistungen an der notwendigen Lobby. Während Millionen in die geplante Musterkolonie Guayana flossen und nicht wenige nach Madagaskar, versagte ihm das Ministerium mit dem Hinweis auf die leere Staatskasse seine Ernennung.

Auch die Unterstützung der nach Unabhängigkeit strebenden dreizehn englischen Kolonien an der Ostküste Nordamerikas entsprang dem Bemühen der französischen Diplomatie, die im Vertrag von 1763 besiegelte Niederlage vergessen zu machen. Unmittelbar nach der Unterzeichnung dieses Papiers begann man unter der Ägide von Minister Choiseul mit Planungen für einen erneuten Waffengang gegen Großbritannien. In Paris ging man von der Annahme aus, dass der wachsende wirtschaftliche und finanzielle Druck, den London auf seine amerikanischen Kolonien ausübte, deren Haltung gegenüber dem Mutterland diversifizieren

---

[8] Ebd.

würde. Das wiederum sollte der französischen Politik Möglichkeiten verschaffen, in Nordamerika wieder wirtschaftlichen und kolonialpolitischen Einfluss zu gewinnen.

Im Jahre 1768 entsandte Paris mit dem Baron de Kalb seinen ersten Geheimagenten in die englischen Kolonien in Nordamerika. Er und seine Nachfolger waren mit dem Auftrag versehen, über die politische Entwicklung in den Kolonien genauestens zu berichten. Doch die Schlussfolgerungen, die alle französischen Geheimagenten zogen, erwiesen sich als falsch. In Nordamerika arbeitete die Zeit nicht - so die Resultante ihrer Berichte - für die französischen Interessen. Mit dem spektakulären Akt vom 4. Juli 1776 hatten vielmehr alle dreizehn Kolonien die nationale Unabhängigkeit auf ihre Fahnen geschrieben. Diese Entwicklung erzwang auch ein Umdenken in der französischen Politik. Ab 1778 unterstützte Frankreich die Vereinigten Staaten offiziell. In dem zwischen beiden Ländern abgeschlossenen Bündnis-, Handels- und Freundschaftsvertrag verzichtete die französische Krone auf alle kanadischen Gebiete und ließ den Amerikanern dort freien Raum für Eroberungen. Als Ausgleich für ihre militärische Unterstützung sicherten die Vereinigten Staaten der französische Krone die Inbesitznahme der britischen Besitzungen in Westindien zu. In dem 1783 in Versailles unterzeichneten Friedensvertrag, der den Unabhängigkeitskrieg der Amerikaner beendete, erhielt Frankreich jedoch lediglich die Insel Tobago und die Bestätigung seiner Fischereirechte vor Neufundland. Die Vereinigten Staaten erhoben sich auf den Trümmern der beiden großen Kolonialreiche in Nordamerika und prägten von nun an die Geschicke des Subkontinents.

Freiheit, Gleichheit, Brüderlichkeit

Im dramatischen Revolutionsgeschehen der Jahre 1789 bis 1795 spielten koloniale Fragen eine vergleichsweise untergeordnete Rolle. Die in den einzelnen Abschnitten der Revolution jeweils dominanten Akteure fanden zudem unterschiedliche Antworten auf die Frage nach dem künftigen Verhältnis Frankreichs zu den ihm verbliebenen kolonialen Besitzungen. Die Widersprüchlichkeit der Situation, vor der das zur politischen Macht gelangte französische Bürgertum stand, verdeutlichte bereits die berühmte Erklärung der Rechte des Menschen und des Bürgers vom 26. August 1789.[9] Mit dem Satz „Frei und gleich an Rechten werden die Menschen geboren und bleiben es" in Artikel 1 des Dokuments wurden Hoffnungen geweckt, die nicht an den französischen Grenzen Halt machten. Eine Veränderung der Beziehungen zwischen weißen und farbigen Bewohnern der Kolonien - rechtlich noch immer durch den Code Noir Ludwig XIV. geregelt - schien damit prinzipiell möglich. Der Artikel 17 des Dokuments vom Sommer 1789 hielt hingegen fest, dass „das Eigentum ein unverletzliches und heiliges Recht ist", das niemandem genommen werden dürfte. Besonders die Besitzer der auf den Plantagen der Karibikinseln arbeitenden „sprechenden Werkzeuge" konnten ihre Rechte bestätigt sehen.

---

[9] Vgl. Erklärung der Rechte des Menschen und des Bürgers, in: Markov, W., Revolution im Zeugenstand, Bd. II, Leipzig 1982, S. 105ff.

In den zum Teil sehr heftig geführten Debatten stellte man den Besitz von Kolonien in den seltensten Fällen prinzipiell in Frage. Selbst führende französische Aufklärer wie Montesquieu und Diderot hatten Kolonialbesitz als notwendig und legitim betrachtet.[D2] An der Haltung zum Fortbestand oder zur Abschaffung der Sklaverei in den Kolonien jedoch und damit an der Frage nach der Allgemeingültigkeit fundamentaler Menschenrechte schieden sich die Geister. So erwuchs der im Februar 1788 von Jaques Pierre Brissot gegründeten Société des Amis des Noirs, die sich die Abschaffung des Sklavenhandels zum Ziel gesetzt hatte, in Gestalt des 1789 entstandenen Club Massiac der politische Gegenspieler. Die Gesellschaft der Freunde der Schwarzen, zu deren Gründungsmitgliedern unter anderem der Mathematiker Condorcet, der Marquis de La Fayette und der Chemiker Lavoisier gehörten, ergriff bis 1792 wiederholt Initiativen zur Beendigung des Sklavenhandels.[D3] Der Club Massiac vertrat, weniger die politische Öffentlichkeit in dieser bewegten Zeit suchend, die Interessen der in Frankreich lebenden Plantagenbesitzer von St.-Domingue.[10] Doch während im Gewirr der revolutionären Ereignisse über die Sklaverei zwar erhitzt gestritten wurde, beschloss man mit der Gewährung der politischen Rechte für alle freien Farbigen spürbare Veränderungen erst am 15. Mai 1791. Es sollte noch fast drei weitere Jahre dauern, bis das Dekret vom 4. Februar 1794 die Abschaffung der Sklaverei verkündete.[11]

---

[10] Vgl. Le Cour Grandmaison, O., Le discours esclavage pendant la Révolution, in: Esclavage, Colonisation, Libérations nationales, a.a.O., S. 124f.
[11] Vgl. Dekret über die Abschaffung der Sklaverei, in: Markov, W., Revolution im Zeugenstand, a.a.O., S. 580.

Die Entwicklung auf der Antilleninsel Haiti, deren Westteil St.-Domingue nach dem Frieden von Rijswijk (1697) aus spanischem in französischen Besitz übergegangen war, eilte den revolutionären Ereignissen in Frankreich aber voraus. Auf der Basis einer schnell aufblühenden Plantagenwirtschaft produzierte man auf der Insel Indigo, Kaffee, Zucker, Baumwolle und Kakao. Am Vorabend der Revolution hatte ein Viertel des gesamten französischen Handels hier seinen Ursprung. Die wirtschaftliche Entwicklung war ein kolonialer Erfolg und der Reichtum der Plantagenbesitzer von St.-Domingue wurde sprichwörtlich. Nicht wenige strebten in dieser Zeit danach „riche comme un domingo" zu sein. Und die Reichen der Insel, stets gut informiert und vertreten durch den Club Massiac, ihre politische Lobby in Paris, sahen ihren Besitz und ihre Rechte durch die revolutionären Ereignisse gefährdet. Sie begannen eine selbständige Verwaltung aufzubauen und verstärkten zudem die Repression gegenüber den Schwarzen und den Mulatten. Der am 22. August 1791 begonnene Aufstand entlaufener Sklaven, deren erste Angriffe sich gegen Plantagen, Amtsgebäude und Militärunterkünfte richtete, traf die weißen Plantagenbesitzer nicht völlig unerwartet, überraschte aber durch seine Gerichtetheit und seine Stärke. Unter Führung von Toussaint Louverture, einem ehemaligen Haussklaven, proklamierten die Aufständischen bereits Monate vor dem Dekret des jacobinischen Nationalkonvents die Abschaffung der Sklaverei auf der Insel.[12]

Nach wechselvollen und blutigen Kämpfen hatten die Einheiten Toussaint Louvertures bald die ganze Insel in

---

[12] Vgl. James, C.L.R., Die schwarzen Jacobiner, Berlin 1984, S. 136ff.

ihren Besitz gebracht. Er verkündete eine Verfassung, die alle Bürger rechtlich gleichstellte und man begann damit, den ehemaligen Sklaven Land zuzuteilen. Es waren die Briten, die sich in wohl verstandenem Eigeninteresse bereit zeigten, den Aufstand zu unterstützen. Als ab 1793 starke britische Geschwader unter den Admiralen Gardner und Jervis in den Gewässern vor der Insel kreuzten, sah man sich in Paris zum Handeln gezwungen. Der Konventskommissar Santhonax wurde nach St.-Domingue entsandt, erklärte die Neger am 29. August 1793 für frei und gewann auf diese Weise die notwendigen Verbündeten, um die Angriffe der Engländer auf den französischen Besitz zurückzuschlagen. Die Kolonie, der ein Jahr später die Selbstverwaltung sowie ein eigenes Steuer- und Zollrecht gewährt wurden, erfuhr 1795 noch eine territoriale Erweiterung. Truppen Touissant Louvertures hatten den spanischen Teil der Insel erobert und mit dem Vertrag von Basel ging dieser 1795 offiziell in französischen Besitz über. Das Direktorium in Paris belohnte die Erweiterung französischen Kolonialbesitzes mit der Ernennung Toussaint Louvertures zum Generalgouverneur auf Lebenszeit. Die Insel erhielt offiziell den Status eines autonomen Bestandteils der französischen Republik.

Der Handel zwischen Frankreich und der Insel kam in den letzten Jahren des 18. Jahrhunderts fast zum Erliegen. Trotzdem zeigte das mittlerweile fest an der politischen Macht befindliche französische Bürgertum keine Neigung, auf den Besitz und die wirtschaftliche Nutzung der „Perle der französischen Antillen" zu verzichten. Auf Befehl Napoleon Bonapartes landete im Februar 1802 eine Armee von 20.000 Mann, die unter dem Befehl von General Charles Leclerc stand, auf St.-

Domingue. Den Soldaten gelang es, Toussaint Louverture gefangen zu nehmen. Dieser wurde nach Frankreich deportiert, wo er im April 1803 im Gefängnis starb. Doch der Versuch, die Kolonialherrschaft wiederzuerrichten und die Sklaverei wiedereinzuführen, scheiterte. Vielmehr zwang der militärische Widerstand der ehemaligen Sklaven die Franzosen im Dezember 1803 zur Räumung der Insel und am 1. Januar 1804 zur Proklamation der unabhängigen Republik Haiti, gleichsam die Umsetzung der verkündeten Ideale von Freiheit, Gleichheit und Brüderlichkeit symbolisierend.

Die ersten Versuche des französischen Bürgertums, eine eigenständige Kolonialpolitik zu betreiben, endeten sämtlich in einem Debakel. Zwar musste Spanien das im Siebenjährigen Krieg gewonnene Louisiana 1801 an Frankreich zurückgeben, doch nach dem Sieg der englischen Flotte bei Trafalgar am 21. Oktober 1805 fehlte dem Ersten Kaiserreich jedwede Möglichkeit zu einer aktiven Kolonialpolitik. Der Verkauf Louisianas an die Vereinigten Staaten beendete die Periode französischer Kolonialpolitik in Nordamerika endgültig.

Dem Geschick des französischen Verhandlungsführers auf dem Wiener Kongress 1815, Charles Mauric de Talleyrand-Périgord, war es zu danken, dass nach den bewegten Jahrzehnten von Revolution und Kaiserreich nicht alle Kolonien Frankreichs von der Landkarte verschwanden. Doch mit den fünf Handelsniederlassungen in Indien, der Île de Bourbon, Martinique und Guadeloupe, Guayana und St.-Pierre-et-Miquelon waren es nur kärgliche Reste des ehemals so großen Kolonialreiches.

Dokumente

[D1] *Warnungen des Intendanten Chanvalon vor einem staatlich verordneten Wachstum der Kolonie (1764)*

Ich darf nicht zögern, Ihnen mitzuteilen, daß ohne jeden Nachschub [aus Frankreich] alles verloren sein wird, wenn Sie nicht schnellstens gezielte Vorkehrungen treffen, um die gewaltigen Transporte von Menschen aufzuhalten, die man uns alle auf einmal hierher schickt. Ich habe die Ehre gehabt, Ihnen durch Mr. [Monseigneur] d'Amblimonts zu schreiben. Ich habe ihn darum gebeten, mit Ihnen persönlich zu sprechen. Ich kann es nicht oft genug wiederholen: Es wird nur der Schmerz bleiben, Sie später daran zu erinnern, daß ich Ihnen dies bereits in Frankreich vorausgesagt hatte, wo ich mir die Freiheit genommen hatte, Sie davor [vor der übereilten Bevölkerungspolitik] zu warnen. Monseigneur, es ist vollends um diese Kolonie geschehen, wenn die Transporte von Menschen in so großer Zahl auf Kriegs- und Handelsschiffen anhalten, und wenn jeder von denen, die man schickt, nicht nur keine Nahrung mit sich führt, sondern auch keine Kleidung, keine Ausrüstungsgegenstände und keinerlei Arzneimittel gegen Krankheiten und für andere Bedürfnisse. Man kann sich in einem unbewohnten Land und inmitten des Urwaldes nur allmählich, nach und nach niederlassen. Und dabei haben wir, ich wage es zu sagen, alle Erwartungen hinsichtlich der Bereitstellung von Unterkünften übertroffen, die wir haben ausbauen und erweitern lassen, soweit es seit unserer Ankunft während der Regenzeit zu bewerkstelligen war.
Unabhängig von den 1650 Personen, die mit dem letzten Transport gekommen sind[1], treffen mit jedem Schiff, aus welchem Hafen Frankreichs auch immer, weitere Menschen ein. Und M. Choquet kündigt mir für die nächsten Tage einen ebenso umfangreichen Transport an.

---

[1] Chanvalon bezieht sich auf die Ankunft eines Schiffes mit unerwarteten Kolonisten am 19. März 1764. Es handelte sich nach dem Transport unter Préfontaine, der Fregatte Fortuna und dem allgemeinen Konvoi unter Chanvalon um das vierte Landungsunternehmen im Rahmen der Guayana-Kolonisation.

Bereits jetzt sind mehrfach Unruhen und Aufstände auf den Isles du Salut[2] ausgebrochen, obwohl die königlichen Schiffe eine Wache an Land postiert haben. Mit dem Ziel, die [Arbeits-]Lager in Frankreich zu leeren, erhöht man die Zahl der Passagiere auf den Schiffen. Dadurch ist eine sehr große Zahl von Kranken bei uns angekommen, über 150 befinden sich schon auf den kleinen Inseln[3]. Ihre Anzahl steigt ständig weiter. Wir verfügen dort über kein Krankenhaus. Das hiesige Lazarett und das Lager[4] sind mit denen, die wir dorthin haben bringen lassen, und mit denen, die erst kürzlich angekommen sind, völlig überfüllt.

[Es folgen Angaben, daß bislang erst ein Sechstel der ausstehenden Geldbeträge eingegangen sei und das Versprechen, selbst unter schwierigsten Bedingungen die übernommene Aufgabe erfüllen zu wollen.]

Zit. nach: Dokumente zur Geschichte der europäischen Expansion, Bd. 3 : Der Aufbau der Kolonialreiche, a.a.O., S. 370ff.

---

[2] Es handelt sich um drei kleinere Inseln (Île du Diable, Isle Royale, Île Saint-Joseph), die Inselgruppe hatte von den Jesuiten, die seit den zwanziger Jahren das Kourou-Gebiet erkundet hatten, den Namen Îles du Diable, nach der größten Insel, erhalten. Chanvalon taufte sie kurzerhand - wohl aus psychologischen Gründen - in Îles du Salut um.

[3] Gemeint sind die Îles du Salut.

[4] Chanvalon bezieht sich auf die Niederlassung, die der Vortrupp unter Préfontaine mit Hilfe von Indios aus den jesuitischen Missionsstationen seit Mitte Juli im Bereich des Kourou-Deltas errichtet hatte.

[D2] *Definition des Begriffs Kolonie nach Diderots Enzyklopädie (Auszug)*

Kolonie - Colonie (Alte und neue Geschichte, Handel): (...)
Die Entdeckung Amerikas gegen Ende des fünfzehnten Jahrhunderts hat die europäischen *Kolonien* vervielfacht und zeigt uns eine sechste Gattung von *Kolonien.*
Alle diese *Kolonien* unseres Kontinents haben zugleich den Handel und die Bodenbestellung zum Hauptzweck ihrer Niederlassung gemacht oder sich ihnen zugewandt, sobald es notwendig war, neue Gebiete zu erobern und ihre früheren Bewohner zu vertreiben, um sie durch andere zu ersetzen.
Da diese *Kolonien* nur zum Nutzen des Mutterlandes gegründet worden sind, so folgt daraus: 1. daß sie unter seiner unmittelbaren Oberhoheit und damit unter seinem Schutz stehen;
2. daß der Handel dort ausschließlich den Gründern zusteht.
Eine solche *Kolonie* erfüllt ihren Zweck um so besser, je mehr sie den Bodenertrag des Mutterlandes vermehrt, je größer die Zahl der Menschen ist, die sie ernährt, und je mehr sie zum Gewinn im Handel mit den anderen Nationen beiträgt. Diese drei Vorteile können nur unter besonderen Umständen zusammentreffen; aber der eine dieser drei Vorteile muß zumindest die anderen beiden bis zu einem gewissen Grade ausgleichen. Wenn der Ausgleich nicht vollständig ist oder wenn die *Kolonie* keinen der drei Vorteile bietet, so kann man feststellen, daß sie für das Mutterland schädlich ist und es schwächt.
So umfaßt der Gewinn aus dem Handel und aus der Bodenbestellung unserer *Kolonien* erstens den größten Ertrag, den der Absatz ihrer Erzeugnisse, abzüglich der Unkosten für den Anbau, den Grundbesitzern einbringt, zweitens das, was unsere Handwerker und unsere Seeleute, die für die *Kolonien* arbeiten, jeweils dafür erhalten; drittens all das, was sie für die Befriedigung unserer Bedürfnisse liefern; viertens den ganzen Überfluß, den sie uns für die Ausfuhr verschaffen.
Aus dieser Rechnung kann man mehrere Folgerungen ziehen:
Die erste ist, daß die *Kolonien* nicht mehr nützlich wären, wenn sie ohne das Mutterland auskommen könnten. So ist es ein aus der Natur der Sache selbst abgeleitetes Gesetz, daß man in einer

Kolonie die Gewerbe und die Bodenbestellung gemäß den Bedürfnissen des Mutterlandes auf bestimmte Erzeugnisse beschränken muß.

Die zweite Folgerung lautet: Wenn die *Kolonie* Handel mit dem Ausland treibt oder wenn man in ihr ausländische Waren verbraucht, so ist der Erlös dieses Handels und dieser Waren ein Diebstahl am Mutterland, ein häufiger, aber nach den Gesetzen strafbarer Diebstahl, durch den die reale und relative Macht eines Staates um so viel verringert wird, wie das Ausland gewinnt.

Das heißt, nicht einen Anschlag auf die Freiheit dieses Handels verüben, sondern ihn nur in diesem Falle einschränken; denn jede Polizei, die aus Gleichgültigkeit einen solchen Handel dulde oder die gewissen Häfen die Möglichkeit läßt, das Grundprinzip der Errichtung der *Kolonien* zu verletzen, ist eine Polizei, die den Handel und den Reichtum einer Nation untergräbt.

Die dritte Folgerung ist, daß eine *Kolonie* um so nützlicher ist, je dichter sie bevölkert ist und je mehr ihre Ländereien bestellt sind.

Um mit Sicherheit dahin zu gelangen, muß die erste Niederlassung auf Kosten des Staates entstehen, der sie gründet, und die Aufteilung des Erbes unter die Kinder gleichmäßig sein; um durch die Aufteilung der Vermögen eine größere Besiedelung der *Kolonie* zu gewährleisten, muß die Konkurrenz im Handel vollständig entwickelt sein, weil dann der Ehrgeiz der Kaufleute den Bewohnern mehr Vorschüsse für ihre Bodenbestellung verschaffen wird, als das Monopolhandelsgesellschaften tun würden, die sowohl den Preis der Waren als auch den Termin der Zahlungen willkürlich festlegen können. Es ist auch notwendig, daß das Los der Bewohner zum Entgelt für ihre Arbeit und ihre Treue sehr erfreulich ist; deshalb erheben die geschickten Nationen von ihren *Kolonien* höchstens die Unkosten für ihre Festungen und ihre Garnisonen; zuweilen begnügen sie sich auch mit dem allgemeinen Handelsgewinn.

Die Ausgaben eines Staates für seine *Kolonien* beschränken sich nicht auf die ersten Unkosten für ihre Gründung. Solche Unternehmen erfordern Beständigkeit, ja sogar Hartnäckigkeit, es sei denn, der Ehrgeiz der Nation ersetze sie durch außergewöhnliche Anstrengungen; aber die Beständigkeit hat zuverlässigere Wirkungen und solidere Prinzipien: So bedürfen die *Kolonien* bis zu dem Zeitpunkt, in dem die Macht des Handels ihnen eine gewisse Stabilität verliehen hat, je nach der Art ihrer Lage und ihres Bodens einer ununterbrochenen Förderung. Wenn man sie vernachlässigt, so setzt man sie, ganz abgesehen vom Verlust der ersten Vorschüsse und der Zeit, der Gefahr aus, zur Beute von Völkern mit mehr Ehrgeiz und Tatkraft zu werden.

Es hieße allerdings gegen den Zweck der *Kolonien* handeln, wenn man bei ihrer Gründung das Mutterland entvölkerte. Die einsichtigen Nationen schicken nach und nach ihren Überschuß an Menschen oder die, welche der Gesellschaft zur Last fallen, in die *Kolonien:* So besteht die wichtigste Frage einer ersten Besiedlung in der Zahl der Bewohner, die notwendig sind, um das besiedelte Gebiet gegen die Feinde zu verteidigen, die es angreifen könnten; die weitere Besiedlung dient der Erweiterung des Handels. Als Überschuß der Bevölkerung wäre die Menge der unnützen Menschen anzusehen, die sich in den *Kolonien* befänden, oder die Menge, die dem Mutterland fehlen würde. Es können also Umstände eintreten, unter denen es nützlich wäre, die Bürger des Mutterlandes daran zu hindern, dieses nach ihrem Belieben zu verlassen, um ganz allgemein in die *Kolonien* zu gehen oder nach einer bestimmten *Kolonie* auszuwandern.

Da die *Kolonien* in Amerika eine neue Form der Abhängigkeit und des Handels geschaffen hatten, war es notwendig gewesen, dort neue Gesetze zu erlassen. Die geschicktesten Gesetzgeber sahen ihr Hauptziel darin, die Besiedlung und die Bodenbestellung zu fördern; aber wenn beide eine gewisse Vollkommenheit erlangt haben, so kann es vorkommen, daß diese Gesetze dem Zweck der Gründung von *Kolonien,* nämlich dem Handel, entgegenwirken. In diesem Fall sind sie sogar ungerechtfertigt, da es doch der Handel ist, der sie durch seine Aktivität allen einigermaßen blühenden *Kolonien* gegeben hat. Es würde also zweckmäßig erscheinen, sie zu ändern oder zu modifizieren, je weiter sie sich von ihrem Sinn entfernen. Wenn die Bodenbestellung mehr gefördert wurde als der Handel, so kam das auch dem Handel zugute; aber sobald die Gründe der Bevorzugung nicht mehr bestehen, muß das Gleichgewicht wiederhergestellt werden.

Wenn ein Staat mehrere *Kolonien* hat, die miteinander in Verbindung treten können, so besteht das wahre Geheimnis, Macht und Reichtum jeder einzelnen *Kolonie* zu vermehren, darin, einen regelmäßigen Handels- und Schiffsverkehr in ihnen einzurichten. Dieser besondere Handel hat dieselbe Macht und dieselben Vorteile wie der Binnenhandel eines Staates, vorausgesetzt, daß die Waren aus den *Kolonien* niemals von solcher Art sind, daß sie mit den Waren des Mutterlandes in Konkurrenz treten können. Er vermehrt dessen Reichtum wirklich, da der Wohlstand der *Kolonien* ihm durch den Verbrauch, den er hervorruft, immer zugute kommt. Aus demselben Grund ist der rege Warenhandel, den sie für den eigenen Bedarf mit den fremden *Kolonien* treiben, vorteilhaft, wenn er in den rechtmäßigen Grenzen gehalten wird.

(...) (Véron de Forbonnais.)

Zit. nach: Diderots Enzyklopädie, Leipzig 1972, S. 241ff.

[D3] *Schreiben der Gesellschaft der Negerfreunde an Necker*
Paris, 6. Juni 1789

Die Gesellschaft der Negerfreunde würde meinen, der von ihr
eingegangenen heiligen Verpflichtung, die Sache der unglückli-
chen Afrikaner zu verteidigen, nicht nachzukommen, wenn sie
Ihnen nicht in deren Namen ihre lebhafte Dankbarkeit bezeugte
für die Ehrerbietung, die Sie in Ihrer Rede zur Eröffnung der Generalstände ihren Rechten und für die von Menschlichkeit erfüllten Wünsche, die Sie zu ihren Gunsten geäußert haben. Es
war eines Ministers würdig, der sich ganz und gar dem Glück der
Franzosen gewidmet hat, die Blicke dieser milden und edelmüti-
gen Nation auf das schreckliche Los jener Millionen Menschen
zu lenken, die unter dem Vorwand, unsere Genüsse und unsere
Größe zu vermehren, eingefangen und zu ewiger Sklaverei ver-
dammt werden.
Es war Ihrer aufgeklärten Ideen würdig, durchblicken zu lassen,
daß das Gedeihen der Kolonien mit der Abschaffung des Sklavenhandels durchaus in Einklang gebracht werden könnte, und
die von der englischen Nation ergriffenen Maßnahmen zu loben,
um diese Wahrheit festzustellen, deren Nachweis die Abschaffung des Sklavenhandels nach sich ziehen muß.
Die Neuerungen im politischen System der europäischen Finanzen, vornehmlich im englischen, können Frankreich nicht mehr
gleichgültig lassen. Die Sachzwänge, die sie lenken, sind gegenwärtig so stark, daß sich die Wirtschaftsblüte sicherlich nach den
Grundsätzen richten wird, die mit den Menschenrechten übereinstimmen, und daß der Staat, der über die freieste Verfassung verfügt und die aufgeklärteste Politik betreibt, den Sieg über seine
Rivalen davontragen muß. Falls wir dieses Ziel ansteuern, müssen wir also unsere Nachbarn im Auge behalten und von ihnen
alles entlehnen, was dortzulande Gutes getan wird. Auf diese
Weise, wir wagen es gemeinsam mit Ihnen zu hoffen, Monsieur,
wird das Verhalten der englischen Parlamente einen wirksamen
Einfluß auf die Generalstände ausüben und sie veranlassen, in ihrer Mitte einen Ausschuß zu bilden, der dem ähnelt, der vom
Unterhaus ins Leben gerufen worden ist.

Die Zeit drängt. Wenn sich infolge der Beweiskette, die Herr Wilberforce im Parlament vorgelegt hat, nach Prüfung der Tatsachen und der Zeugenaussagen, nach Erörterung der von ihm gesammelten Argumente England für einen festen Standpunkt entscheidet, kann Frankreich nicht untätig bleiben, denn das wäre verhängnisvoll für unser Land. Es kann in seiner Nachbarschaft keine gänzliche Veränderung des Kolonialsystems sich vollziehen lassen, ohne zu prüfen, welche Folgerungen sich für das seinige daraus ergeben könnten.

Durchdrungen von dieser Wahrheit muß die Gesellschaft der Negerfreunde unablässig die Schaffung eines ähnlichen Ausschusses erbitten, um dort mit den Reedern und Pflanzern selber diese wichtige Angelegenheit öffentlich zu erörtern. Sie wagt zu hoffen, daß sie dann in Ihrer Menschen- und Freiheitsliebe einen ständigen Beistand und alle nötige Unterstützung finden wird, um sich die Auskünfte zu verschaffen, deren sie bedürfen wird.

Die Gesellschaft darf Ihnen jedoch nicht verhehlen, Monsieur, an einer anderen Stelle Ihrer Rede voller Sorge wahrgenommen zu haben, daß Sie lediglich eine Verminderung und keine völlige Abschaffung der Prämien, die den Sklavenhandel begünstigen, in Aussicht genommen haben; daraus könnte gefolgert werden, daß seine Abschaffung noch nicht beabsichtigt ist.

Gestatten Sie uns, Ihnen diese Stelle aus Ihrer Rede wieder ins Gedächtnis zu rufen.

„Die Prämien", sagen Sie dort, „die der König zur Förderung des Handels bewilligt, belaufen sich gegenwärtig auf 3,8 Millionen Livres. Die Summe für die Förderung des Sklavenhandels beträgt 2,4 Millionen Livres.

Man hat Ursache zu glauben, daß letztere Ausgabe um fast die Hälfte vermindert werden könnte, würde eine Anordnung erlassen, zu der schon die Menschlichkeit hätte raten müssen. Seine Majestät hat diesbezüglich seine Absichten bereits wissen lassen, und es wird Ihnen darüber noch genauer Bericht erstattet werden."

Wenn die Gesellschaft der Negerfreunde diesen Artikel nicht mißdeutet, glaubt sie herauszulesen, daß erwogen wird, diesen Handel weiterführen zu lassen und lediglich einige Abänderungen vorzunehmen.

Wenn diese Auslegung richtig ist, fühlt sich die Gesellschaft verpflichtet, im Namen der Neger gegen einen solchen Plan Einspruch zu erheben. Sie glaubt wie die Gesellschaft in London und Amerika, daß sich der Sklavenhandel auf Raub, Mord und Erpressung gründet und daß es der Gerechtigkeit wie der Würde einer aufgeklärten Nation zuwiderläuft, einen Handel, der nie anders als grausam und verbrecherisch sein kann, lediglich einzuschränken oder bestimmten Regeln zu unterwerfen. Sie ist außerdem der Ansicht, daß dieser Handel ebenso verderblich wie entehrend für die französische Nation ist und daß es folglich unklug ist, den Sklavenhandel durch Prämien, so mäßig sie auch sein mögen, zu fördern und zu ermuntern. Und zwar unklug aus doppeltem Grunde: Erstens, weil der größte Teil dieser Prämien in die Taschen von Engländern fließt, denen ihre Namen zu leihen sich französische Handelsherren nicht schämen, um die Bestimmungen des Staatsrates zu umgehen; zweitens, weil man dem armen Landmann sein Brot, die Frucht seiner Plackerei, wegnimmt, um diese Prämien zu zahlen. Solcherweise wird sein Elend vergrößert, um andere ins Unglück zu stürzen. Es werden ihm Abgaben auferlegt, um die Engländer und die Händler mit Menschenfleisch zu bereichern. Dieser Bauer, der traurigerweise nicht in der Lage ist, sich an Brot satt zu essen, wird besteuert, um durch barbarische Mittel den Anbau von Zuckerrohr und Kaffee zu fördern - Dinge, die er gar nicht zu sich nimmt.

Diese Kette von Abscheulichkeiten wird die Generalstände zweifellos veranlassen, die Prämie ganz und gar abzuschaffen. Sie werden uns daher verzeihen, Monsieur, daß wir von Ihnen einen solchen Akt der Gerechtigkeit und guten Politik erbitten, und Sie werden uns auch verzeihen, daß wir diesbezüglich gegen eine Milderung des Sklavenhandels, die Ihre Menschlichkeit Ihnen eingegeben hat, Einwände erheben; eine Milderung, die Ihre Humanität im Grunde zu einem Trugbild machen würde.

Da Sie in ein hohes Amt erhoben wurden und mit vollem Recht von allgemeiner Wertschätzung umgeben sind, muß Ihre Ansicht großen Einfluß auf die öffentliche Meinung üben. Wir müssen daher ihren möglichen Auswirkungen vorbeugen. Die Verpflichtung, die wir zugunsten der Neger eingegangen sind, macht es uns zum Gesetz.

Wir hoffen aber, daß Sie, sobald wir Ihrer Weisheit die Tatsachen und Beweggründe unterbreitet haben, die eine Ächtung des Sklavenhandels herbeiführen müssen, den nützen Plan, ihn nur mittels neuer Bestimmungen zu mildern, fallenlassen. Dadurch werden Sie den Ruhm Ihres Namens vermehren, und er wird von den Negern in unseren Kolonien, von den Franzosen und von der ganzen Menschheit gepriesen werden.

Im Auftrag der Gesellschaft der Negerfreunde

Clavière, Präsident

Gramagnac, Sekretär,

de Breban, Schatzmeister

Zit. nach: Markov, W., Revolution im Zeugenstand, Bd. II, a.a.O., S. 65ff.

3. Kapitel
Von den Pflichten der höheren Rasse

(Der Aufbau des zweiten französischen Kolonialreiches)

In einer dramatisch verlaufenden und von seinen politischen Gegnern um Georges Clemenceau geschickt inszenierten Parlamentssitzung war Premierminister Jules Ferry am 30. März 1885 zum Rücktritt gezwungen worden. Infolge der offenen Feindseligkeit der Parlamentarier hielt es der gestürzte Premier sogar für ratsam, das Gebäude durch den Hinterausgang zu verlassen.

Nur vier Monate später brillierte der Sohn eines Beamten aus St. Diè vor der Deputiertenkammer mit einer Rede - nunmehr als einfacher Abgeordneter. In dieser rechtfertigte er einerseits die von ihm als Premier betriebene Politik. Andererseits schuf Ferry mit seinen Darlegungen zur Motivation der Kolonialpolitik zugleich jene Prämissen, an denen sich die koloniale Strategie Frankreichs in den folgenden Jahrzehnten orientierte.[D1] Wirtschaftlich betrachtet müsse das Land eine aktive Kolonialpolitik betreiben, da die Kolonien eine profitable Anlage für Kapital darstellten. Der nationalen Wirtschaft würde zugleich ein vor der Konkurrenz weitgehend geschützter Raum geboten. Moralisch sei Frankreich wie andere europäische Nationen auch zum kolonialen Engagement verpflichtet, denn „... es gibt für die höheren Rassen ein Recht (zur Kolonisation - d. Verf.), weil es für sie eine Pflicht gibt. Sie haben die Pflicht, die niederen Rassen zu zivilisieren."[1] Poli-

---

[1] Journal officiel, Débats parlamentaires, Chambre des députés, séance du 28 juillet 1885, S. 1668.

111

tisch bedeutend schließlich seien Nationen nur durch „die friedliche Ausstrahlung ihrer Institutionen", zu deren Umsetzung es nach Ferry weltweiter Aktionen bedürfe. Erst auf diese Weise könne ein Absinken Frankreichs in der Hierarchie der Großmächte verhindert werden.[2]

Bereits unter Ludwig XIV. hatte la Grandeur de la France Einzug in das politische Vokabular der höchsten Repräsentanten des Hexagons gehalten. Nunmehr implizierte der Begriff auch das Postulat einer moralischen Verpflichtung für Frankreich, eine aktive Kolonialpolitik zu betreiben. Sie sollte dazu beitragen, jenen Verlust an nationalem Selbstwertgefühl und an internationalem Ansehen auszugleichen, den die Niederlage im deutsch-französischen Krieg 1870/71 zur Folge gehabt hatte. In Erfüllung der vermeintlichen besonderen Berufung des Landes, seine laizistisch determinierte Zivilisationsmission weltweit zu erfüllen, begann in der 80er Jahren des 19. Jahrhunderts der Aufbau des zweiten, nunmehr imperialen Kolonialreiches.

Mediterrane Berufung

Seit der Vision Kardinal Richelieus von einer „Fortsetzung Frankreichs jenseits des Meeres" hatte der Gedanke, sich des Maghreb zu bemächtigen und somit den westlichen Teil des Mittelmeeres unter Kontrolle zu bringen, die in Paris Herrschenden nicht mehr losgelassen. In seiner Eigenschaft als Marineminister gab Jean-Baptiste Colbert dem Generalintendanten der Mittelmeerflotte, Louis Testard de La Guette, den Auftrag, „einen Stützpunkt in Afrika einzunehmen, sei dieser

---

[2] Vgl. ebd., S. 1670.

nun befestigt oder sei er doch so gelegen, dass er mühelos befestigt werden kann ..."[3]. Doch alle Bemühungen Ludwig XIV., der „mediterranen Berufung" zu folgen, schlugen fehl.

Die nordafrikanische Küste im Gebiet des heutigen Algerien wurde von den Deys beherrscht. Formell waren diese zwar Vasallen des türkischen Sultans, betrieben jedoch eine weitgehend eigenständige Politik. Der Piraterie vergangener Jahrhunderte war der Weizenhandel als wichtigste Einnahmequelle gefolgt. Im ausgehenden 18. Jahrhundert entwickelte sich Frankreich zum wichtigsten Abnehmer des algerischen Weizens. Die Revolutionsheere und die Armeen Napoleons trieben den Bedarf in die Höhe, die Bezahlung des gelieferten Getreides ließ jedoch auf sich warten. Als die algerischen Forderungen auf mehrere Millionen Franc angewachsen waren, man in Paris aber keine Anstalten machte, diese zu begleichen, reagierte 1802 der neue Dey Mustafa. Er ließ durch ein Piratenschiff den Hafen von St.-Tropez blockieren und verhinderte damit das Auslaufen der französischen Flotte. Napoleon sah die Ehre Frankreichs angegriffen und beschloss, den algerischen Herrschern eine bleibende Lektion zu erteilen. Die gedachte gemeinsame Aktion Russlands, Englands, Österreichs und Frankreichs scheiterte zwar an der zu unterschiedlichen Interessenlage der einzelnen Mächte. Gegen das napoleonische Vorhaben einer Militärexpedition nach Algerien regte sich aber außer dem erwarteten britischen Protest auch kein Widerstand. 1808 beauftragte Napoleon den jungen Kommandeur eines Bataillons der Pioniertruppen Boutin damit, die Möglich-

---

3 Colbert, J.-B., Lettre au Duce de Beaufort (19. Mai 1662), in: Clément, P., Lettres, Instructions et Mémoires de Colbert, Bd. III, Paris 1884, S. 3.

keiten einer Landung in Algerien zu sondieren. Der Plan, den der Offizier nach abenteuerlicher Rückkehr aus Nordafrika seinem Kaiser vorlegte, fand angesichts der immer angespannteren Lage des Kaiserreiches wenig Beachtung und auch die Militärexpedition nach Algerien fiel der Entwicklung auf dem europäischen Kriegsschauplatz zum Opfer.

Niemand konnte zu diesem Zeitpunkt ahnen, dass - dem Vorschlag Boutins folgend - mehr als zwanzig Jahre später 37.000 Mann mit 120 Kanonen und 3500 Pferden am Strand der Halbinsel Sidi-Ferruch, 27 km westlich von Algier anlandeten, die zur See hin stark befestigte Stadt von der Landseite angriffen und innerhalb weniger Tage einnahmen. Das Unternehmen verfolgte zwei Ziele. Zum einen hoffte der französische König Karl X. mit einem demonstrativen außenpolitischen Erfolg von den inneren Spannungen in seinem Königreich ablenken zu können. Zum anderen war es der säumige Schuldner leid, an die noch immer ausstehenden Zahlungen erinnert zu werden. Ein diesbezügliches Schreiben des Dey Hussein wurde als Beleidigung Frankreichs interpretiert und zum Anlass genommen, gegen Algier vorzugehen.

Nur wenige Tage nach der erfolgreichen Militäroperation, in deren Verlauf die französischen Truppen am 5. Juli 1830 Algier einnehmen konnten, änderte sich das politische Umfeld in Frankreich grundlegend. Die Julirevolution hatte den letzten Bourbonenkönig gestürzt. An die Spitze des Staates gelangte der Bürgerkönig Louis-Philippe. Der aus einer jüngeren Seitenlinie der Bourbonen stammende König ernannte General Clauzel zum ersten französischen Generalgouverneur in Algerien. Während sich die neuen Herren in Paris noch im

Unklaren waren, wie mit dem besetzten Teil Nordafrikas weiter verfahren werden sollte, begann der langgediente Kolonialoffizier vollendete Tatsachen zu schaffen. Clauzel wollte realisieren, was auf St.-Domingue, wo er unter General Leclerc gekämpft hatte, misslungen war. Doch nicht nur für Clauzel erwies es sich als äußerst schwierig, das Land zu erobern, eine koloniale Verwaltung aufzubauen und parallel dazu die Besiedelung zu organisieren. Weder mit wachsendem militärischen Aufwand noch durch den wiederholten Wechsel der Oberbefehlshaber gelang es den französischen Truppen, die eroberten Brückenköpfe am Ufer des Mittelmeeres zu erweitern. Unter dem Emir Abd el-Kader hatte sich ein erbitterter und organisatorisch geschickt geführter Widerstand nordafrikanischer Stämme entwickelt. Angesichts hoher Verluste und der strategischen Ausweglosigkeit der eigenen Lage sah sich Louis-Philippe 1834 genötigt, die Herrschaft Abd el-Kaders über jene algerischen Gebiete anzuerkennen, die nicht von französischen Truppen besetzt waren. Nach verlustreichen Kämpfen in den folgenden Jahren unterzeichneten beide Seiten 1837 den Friedensvertrag von Tafna. In diesem Dokument erkannte Abd el-Kader die Souveränität Frankreichs über den Küstenstreifen zwischen Oran und Algier an, während die französische Seite ihm im Gegenzug seine Souveränität über die restlichen Landesteile bestätigte.

Als 1840 General Thomas Bugeaud zum Gouverneur in Algerien ernannt wurde, begann eine neue Phase im Ringen um den Besitz des Landes. Mit der klaren Zielstellung ausgestattet, Abd el-Kader militärisch zu schlagen und die einheimische Bevölkerung dauerhaft zu unterwerfen, forderte und erhielt Bugeaud Truppenverstärkungen. Die Zahl der in Algerien kämpfenden Franzosen erhöhte sich auf 108.000 im Jahre 1846, womit ein Drittel der Armee im Dienste der kolonialen Expansion stand. An der Seite dieser Einheiten kämpften auch die ersten fünf Bataillone der 1831 gegründeten Fremdenlegion.[4] Mittels einer solchen Übermacht und der von Bugeaud reorganisierten Armee, deren taktisches Vorgehen den Bedingungen des Kampfes besser angepasst worden war, gelang es 1847, den algerischen Widerstand zu brechen. Parallel zur militärischen Unterwerfung war die systematische Kolonisierung des Landes betrieben worden. Bugeauds Vorstellung war es, in den eroberten Gebieten Veteranen der Armee ansässig zu machen. Diese sollten ihre militärische Organisation beibehalten und somit in der Lage sein, ihren Besitz zu verteidigen. In den sieben Jahren, die der General als Gouverneur in Algerien verblieb, wuchs dank seiner Bemühungen die europäische Bevölkerung erheblich an. Jedoch nur knapp die Hälfte der Einwanderer waren Franzosen und nur wenige gediente Soldaten zeigten sich bereit, das harte Leben eines Kolonisten zu beginnen.[5]

Unter Louis-Philippe war mit der Ordonnanz vom 27. Juli 1834 - weil es „die Ehre und das Interesse Frankreichs" erfordere - Algerien zum französischen Besitz erklärt worden. Als die Februarrevolution 1848 die Herrschaft des Bürgerkönigs beendete, blieb das Interesse der Politik an einer Konsolidierung des Besitzes in Nordafrika davon unberührt. Die Verfassung der

---

[4] Vgl. Bergot, E., Die Geschichte der Legion, in:Young, J. R., Die Legion im Bild, München 1985, S. 9ff.
[5] Vgl. Bouche, D., Histoire de la colonisation française, Tome second, Paris 1991, S. 150ff.

Zweiten Republik vom 4. November 1848 machte die eroberten Gebiete zum Teil des französischen Territoriums, zu einer „Erweiterung der Metropole". Die Gebiete wurden in die Departements Algier, Constantine und Bône umgewandelt und damit auch administrativ in das französische Staatsgefüge eingegliedert. Die Zweite Republik befürwortete darüber hinaus nicht nur die Fortsetzung der Kolonisierung in Nordafrika, sie beförderte diese, wenn auch mit mäßigem Erfolg, durch Millionenbeträge aus dem Staatshaushalt. Erst unter Napoleon III. (1852-1870), dem zweiten Kaiser der Franzosen, begann die systematische und letztlich erfolgreiche Kolonisierung der neu gewonnenen Departements. Der Neffe des großen Korsen hatte schon als Präsident der Zweiten Republik seine Vorstellungen für die Umgestaltung Algeriens umrissen. „Wir haben, Marseilles gegenüber, ein unermeßliches Reich Frankreich ähnlich zu machen ...", hatte der spätere Kaiser erklärt.[6] Dazu gelte es, Gebiete fruchtbar zu machen und die Infrastruktur zu entwickeln.

In den 50er Jahren begann die wirtschaftliche Erschließung des heutigen Algeriens. Sie ging mit einer gezielten Einwanderungspolitik und der allmählichen territorialen Ausdehnung nach Süden in die Sahara und durch die Eroberung der Kabylei nach Westen einher.

Für die europäischen Einwanderer, die in der Mehrheit aus Frankreich, aber auch aus Spanien, Italien, Malta und Deutschland kamen, wurden allein zwischen 1851 und 1861 85 neue Siedlungen errichtet, denen

---

[6] Zit. nach: Rieder, H., Napoleon III. Abenteurer und Imperator, München 1989, S. 187.

zwischen 1871 und 1895 nochmals 300 folgten.[7] Nach dem kaiserlichen Dekret vom 8. April 1857 hatte man mit dem Bau der ersten Eisenbahnlinien begonnen. Von der öffentlichen Hand finanzierte Straßen, Bewässerungssysteme und Telegrafenleitungen, die bereits in den Jahren des Kaiserreiches entstanden, verbesserten die Nutzungsbedingungen für die landbesitzenden Siedler erheblich. Während eine Zwangsbesteuerung immer mehr Araber in den wirtschaftlichen Ruin trieb, erhielten die europäischen Einwanderer bevorzugt Land. Bis 1880 war der Getreideanbau die dominierende Erwerbsquelle der Siedler. Nachdem dann in Frankreich eine Vielzahl der traditionellen und weltberühmten Weinanbaugebiete der Reblaus zum Opfer gefallen waren, wurde die Fläche für den Weinanbau in Algerien in einem solchen Maße erhöht, dass das Land in den 90er Jahren des 19. Jahrhunderts zum weltweit viertgrößten Weinproduzenten wurde.

Als sich nach dem Sturz Napoleon III. die Dritte Republik in Frankreich mit Mühe etablieren konnte, hatte dieser grundlegende Wechsel der Herrschaft keine nennenswerten Auswirkungen auf die Politik gegenüber den algerischen Departements. Aber mit der Stabilisierung des Regimes im Mutterland und der Konsolidierung kolonialer Machtverhältnisse in Algerien richtete sich das Interesse der Politik zunehmend auf die an Algerien grenzenden Territorien. Die Schaffung eines mediterranen Reiches wurde nicht nur als eine Befriedigung französischen Stolzes angesehen, sondern zugleich als Mittel und Ausdruck der Grandeur de la

---

[7] Vgl. De Caix, R., L'oeuvre de la colonisation officielle en Algérie, le rapport de M. Peyerimhoff, in: Renseignements coloniaux, Nr. 2, mars 1907.

118

France.[8] Aber Marokko und Tunesien weckten auch das koloniale Verlangen anderer Staaten. Die äußerst günstige strategische Lage und die reichen Vorkommen an Bodenschätzen, über die Tunesien verfügte, riefen die englische und italienische Konkurrenz auf den Plan. So nimmt es nicht wunder, wenn die Beys aus der Dynastie der Hussainiden, die bemüht waren, ihr Reich dem Fortschritt zu öffnen, bei ihrer Suche nach Unterstützung nicht nur in Paris offene Ohren fanden. Französische Berater und Geldgeber modernisierten das Schulwesen und die Armee, englische Firmen erhielten eine Konzession zum Bau einer Bahnlinie zwischen Tunis und dem Hafen der Hauptstadt La Goulette.

Die enormen Kosten der Modernisierungsbestrebungen, aber kaum minder auch die Prunksucht des Beys brachten das Land in immer größere Finanzschwierigkeiten. Schließlich war Bey Mohammed es-Sadok 1869 gezwungen, den Staatsbankrott zu erklären. Eine internationale Kommission der französischen, englischen und italienischen Gläubiger übernahm die Finanzverwaltung Tunesiens und bestimmte damit - vorerst noch gemeinsam - faktisch die wirtschaftlichen und politischen Geschicke des Landes.

Das weitere Schicksal Tunesiens wurde auf dem Berliner Kongress entschieden. Auf Einladung des deutschen Reichskanzlers Otto von Bismarck trafen sich vom 13. Juni bis 13. Juli 1878 führende Staatsmänner Großbritanniens, Frankreichs, Russlands, Deutschlands, Österreich/Ungarns, Italiens und der Türkei, um nach einem Ausgleich der europäischen Interessen auf dem Balkan zu suchen. Der nach zähen Verhandlungen

---

8 Vgl. Prévost-Parodal, L. A., La France nouvelle, Paris 1884, S. 416ff.

erzielte Kompromiss minderte die territorialen Gewinne Russlands und jenes Prestige, den das Zarenreich nach dem Sieg im russisch-türkischen Krieg (1878) und dem Vorfrieden von San Stefano gewonnen hatte. Als Äquivalent für ihr Angebot an Frankreich, Tunesien zu besetzen, erwarteten und erhielten die Briten auf dem Kongress die französische Unterstützung für die beabsichtige Inbesitznahme Zyperns. In wohlverstandenem Eigeninteresse tolerierte Bismarck den englischen Vorschlag, der de facto die Entscheidung über den künftigen Status Tunesiens darstellte. Der „ehrliche Makler", als der sich der deutsche Reichskanzler präsentierte, verbarg hinter dem Mantel seiner Toleranz die strategische Überlegung, Frankreich durch Kolonialeroberungen von einer Revanche für die Niederlage im deutsch-französischen Krieg 1870/71 abzulenken.

Solchermaßen diplomatisch abgesichert, nutzte die französische Regierung am 31. März 1881 einen der unzähligen Konflikte an der kaum markierten Grenze zwischen Algerien und Tunesien als Anlass für eine militärische Intervention. Ferry erklärte, die Würde Frankreichs und die Sicherheit seiner algerischen Departements seien bedroht und erhielt von den Kammern der Nationalversammlung die geforderten Mittel für die Besetzung Tunesiens. Die unter dem Oberkommando von General Forgemol de Bostquénard operierenden französischen Truppen trafen bei dem gut vorbereiteten Unternehmen nur auf geringen Widerstand, umstellten am 11. Mai 1881 den Sitz des Beys, Schloss Bardo, und stellten den Herrscher vor die Alternative, abzudanken oder das französische Protektorat über Tunesien anzuerkennen. Der Bey unterzeichnete den Vertrag von Bardo und unterstellte sein Land damit dem französischen Protektorat.[D2]

Hauptträger der bereits am Ende der 70er Jahre beginnenden kolonialen Landnahme war die Marseiller Gesellschaft, hinter der sich einige der größten französischen Banken verbargen. Die Gesellschaft kaufte - auf die künftige politische Entwicklung spekulierend - fruchtbarste Böden vor allem im Norden Tunesiens. Ab 1885 wurde der Landerwerb für Europäer durch eine Regelung begünstigt, nach der jeder Landbesitzer seinen Boden registrieren lassen musste. Die bei der Eintragung ins Grundbuch einzugehende Verpflichtung, die auf dem Boden ruhenden Schulden umgehend zu begleichen, überforderte oftmals die finanziellen Möglichkeiten der tunesischen Eigentümer. Bereits 1892 befanden sich auch aus diesem Grund mehr als 400.000 ha tunesischen Bodens in französischem Besitz. Während der im Lande traditionelle Getreideanbau mit der Änderung der Besitzverhältnisse deutlich zurückging, gewann die Erzeugung profitabler Exportkulturen wie Wein und Oliven an Bedeutung.

Einer Ausdehnung des französischen Kolonialbesitzes nach Marokko standen zwei Schwierigkeiten entgegen. Zum einen existierte in Marokko mit dem Sultanat ein über Jahrhunderte politisch und militärisch gefestigtes, unabhängiges Staatsgefüge und zum anderen hatten vor allem England, Spanien und Italien ihr imperiales Interesse an dem Land angemeldet, das wegen seiner reichen Erzvorkommen begehrt war und dessen strategisch günstige Lage die Kontrolle des Zugangs zum Mittelmeer ermöglichte.

In Geheimverhandlungen, die von Théophile Delcassé, dem französischen Außenminister der Jahre 1898-

1904 geführt wurden, verzichtete Italien auf seine Ansprüche in Marokko - und erhielt dafür von französischer Seite freie Hand in Libyen zugesagt. Im Tausch gegen das Rifgebiet und gegen die Enklave Ifni zog sich Spanien aus Marokko zurück. Mit dem Abschluss des Abkommens über die Entente cordiale erkannte Großbritannien die Ansprüche der Dritten Republik in Marokko an und erhielt dafür die französische Akzeptanz seiner Präsenz in Ägypten.[D3]

Es war die deutsche Politik, die sich der englisch-französischen Übereinkunft entgegenstellte. Als der deutsche Kaiser Wilhelm II. auf seiner Mittelmeerreise 1905 in Tanger erklärte, dass dieses Papier seine Politik nicht berühre, stärkte er dem Sultan von Marokko politisch den Rücken. Die von ihm geforderte Einberufung einer internationalen Konferenz über den künftigen Status von Marokko trat vom 16. Januar bis 28. März 1906 in Algeciras zusammen. Formell erneuerten die Großmächte das bereits in einer Konvention von 1880 fixierte Prinzip der offenen Tür. Demnach sollten alle Rivalen in dem nordafrikanischen Land die gleichen Rechte bekommen. Die politische Unabhängigkeit Marokkos blieb mit dem Vertrag von Algeciras noch gewahrt, der Zugriff Frankreichs auf das Land wurde jedoch nur verzögert.

Diplomatisch vorbereitet, versuchte die französische Politik zunächst eine Wiederholung des „tunesischen Szenarios".[9] Der um die Modernisierung seines Landes bestrebte marokkanische Sultan folgte den Offerten aus Paris und holte in wachsendem Maße französische Berater ins Land. Den aufgenommenen Anleihen folgte

---

[9] Vgl. Bouche, D., Histoire de la colonisation française, Tome second, a.a.O., S. 59ff.

eine stetig steigende Staatsverschuldung. An der im Februar 1907 gegründeten Banque d'Etat du Maroc waren ursprünglich alle Großmächte beteiligt. In der Realität wurde sie mehr und mehr zu einer Filiale französischer Banken. Nur Monate später wurden von Paris wiederum Grenzstreitigkeiten - diesmal zwischen Algerien und Marokko - genutzt, um Stärke zu demonstrieren. Im August 1907 beschossen Schiffe den Hafen von Casablanca und im Jahr darauf besetzten Einheiten Chaouia, die reichste Provinz des Sultanats.

Ein letzter imperialer Widerstand gegen die Ausdehnung französischen Besitzes in Marokko regte sich 1911. Als das Kanonenboot „Panther" am 1. Juli des Jahres vor Agadir Anker warf, unterstrich das deutsche Kaiserreich damit noch einmal demonstrativ seine Ansprüche auf Marokko. Die sich schnell zuspitzende internationale Krise mündete in das am 4. November 1911 unterzeichnete deutsch-französische Marokkoabkommen.[D4] Die deutsche Seite erklärte, dass „da sie in Marokko nur wirtschaftliche Interessen verfolgt, sie Frankreich nicht in seinem Vorhaben hindern wird, die Marokkanische Regierung bei der Einführung aller derjenigen administrativen, gerichtlichen, wirtschaftlichen, finanziellen und militärische Reformen zu unterstützen, die zu einer guten Regierung des Reiches erforderlich sind."[10] Mit dem Papier, das durch einen Austausch kolonialer Besitzungen beider Staaten im subsaharischen Afrika ergänzt wurde, war die Entscheidung über die politische Zukunft Marokkos gefallen. International isoliert, wirtschaftlich und politisch unter

---

[10] Deutsch-Französisches Marokko-Abkommen, in: Quellen zu den deutsch-französischen Beziehungen, hrsg. von R. Pommerin/R. Marcowitz, Darmstadt 1997, S. 212f.

Druck und militärisch bedroht, akzeptierte der marokkanische Sultan am 30. März 1912 mit seiner Unterschrift die „Schutzherrschaft" Frankreichs über sein Land. Die „mediterrane Berufung" hatte sich erfüllt, der westliche Teil des Mittelmeeres war unter französischer Kontrolle.

Ins Herz Afrikas

In der kolonialen Propaganda des ausgehenden 19. Jahrhunderts war der Tschadsee zur Drehscheibe des gesamten Kontinents, zum Herzen Afrikas stilisiert worden. Diesem Mythos folgend, richteten sich verstärkte französischen Anstrengungen darauf, die Trikolore an den Ufern dieses Sees hissen zu können. Die Wege dorthin aber waren ebenso unerforscht wie unwirtlich. Zwischen den schon existierenden französischen Besitzungen in Afrika und dem legendären See lagen im Norden die unendlichen Sandwüsten der Sahara, im Westen die geographisch, klimatisch und ethnisch kaum bekannten Gebiete entlang des Nigers und im Süden schließlich der scheinbar undurchdringliche Urwald des tropischen Afrikas. Bei der Erforschung und Erschließung dieser den Europäern unbekannten Gegenden vollbrachten Geographen, Biologen und Ethnologen oft unter Einsatz ihres eigenen Lebens großartige Leistungen. Objektiv ebneten sie damit aber zugleich den Weg zur kolonialen Inbesitznahme, die - wenn die nationalen Interessen des Mutterlandes dies erforderlich machten - politische Entrechtung und menschliche Entwürdigung ebenso einschlossen wie die gewaltsame Zerstörung historisch gewachsener sozialer Strukturen und die Liquidierung ganzer Völker.

In Westafrika wurden die Handelsniederlassungen St.-Louis und Gorée (Senegal), die sich seit dem 17. Jahrhundert in französischem Besitz befanden, zum Ausgangspunkt der kolonialen Expansion der Dritten Republik. Napoleon III. hatte Louis Faidherbe, einen Offizier der Pioniertruppen, der in Algerien und Guadeloupe koloniale Erfahrungen gesammelt hatte, 1854 zum Gouverneur des Senegal ernannt. Bei dem Bemühen um Ausdehnung der französischen Kolonie in das Innere des Kontinents stellten sich Faidherbe nicht nur geographische Hindernisse entgegen. Bestrebt, ein großes, zusammenhängendes moslemisches Reich zwischen dem Lauf des Senegal und dem oberen Niger zu errichten, hatte El-Hadj Omar den Franzosen über ein Jahrzehnt lang einen zermürbenden Widerstand geleistet, den Faidherbe letztlich nur mit materieller Überlegenheit und grausamer Kriegsführung brechen konnte. Der kolonialen Inbesitznahme folgte unter Faidherbe und seinem Amtsnachfolger, dem späteren Marschall von Frankreich Joseph Gallieni, die Erschließung der Gebiete. Der Hafen von St.-Louis wurde modernisiert, die regelmäßige Schifffahrt auf dem Senegal eröffnet, Erdnussplantagen angepflanzt und eine erste Telegrafenleitung als Verbindung zwischen St.-Louis und Gorée installiert.

Das französische Vorrücken entlang von Senegal und Niger fand durch den zeitgleich vollzogenen Vorstoß vom Ufer des Golfs von Guinea ins Landesinnere seine Ergänzung. Die Handelsniederlassungen Fort Assini und Fort Grand Lahu (seit 1687 bzw. 1787 französisch) entwickelten sich zu Kristallisationspunkten der Kolonie Elfenbeinküste. 1893 wurden die durch Schutzverträge mit den Häuptlingen benachbarter Stämme territo-

125

rial erweiterten Niederlassungen administrativ zur Kolonie zusammengefasst. Doch auch hier verkündete die gehisste Trikolore noch nicht die vollständige Unterwerfung des Gebietes. Unter Samory Touré formierte sich ein in Guerillataktik geführter Widerstand und behinderte lange Zeit die wirtschaftliche Nutzung der Elfenbeinküste.[11] Der neue Gouverneur der Kolonie, der 1908 sein Amt antrat, notierte dazu in seinen Memoiren: „Wir haben nicht die geringste Steuersumme in den oben als unbekannt, feindlich oder zweifelhaft bezeichneten Gebieten eingezogen. Der Handel war dort gleich Null, man hat daselbst keinerlei Sicherheit."[12]

Kaum geringer waren die Probleme bei der Errichtung der französischen Kolonialherrschaft in Dahomey. Der König des Landes, Béhanzin, regierte ein stabiles Reich und verfügte über ein schlagkräftiges Heer. Dessen Elite, ein Korps von 4000 Amazonen, verteidigte die Hauptstadt Abomey gegen die angreifenden Franzosen, so dass selbst Offiziere voller Hochachtung davon berichteten.[13]

Im ersten Drittel des 19. Jahrhunderts hatten französische Kaufleute an der Kongomündung Fuß fassen können. Es war ein Marineoffizier italienischer Herkunft, Savorgnan de Brazza, der in den 80er Jahren den französischen Einfluss im äquatorialen Afrika beträchtlich erweiterte. Eine erste, ausschließlich mit eigenen Mitteln bestrittene Expedition führte ihn vom Golf von Gabun bis an den Alina, einem Nebenfluss des Kongo. 1880 erforschte der sechs Jahre zuvor naturalisierte

---

[11] Vgl. Person, Y., Samory. Une révolution dyula, Dakar 1968.

[12] Angoulvant, G., La pacification de la Côte d'Ivoire, Paris 1916, S. 138.

[13] Vgl. Morienval, H., La guerre du Dahomey. Journal de campagne d'un sous-liutenent d'Infanterie de Marine, Paris 1894, S. 58ff.

Franzose mit finanzieller Unterstützung der Regierung in Paris den Lauf des Kongo, schloss die üblichen Schutzverträge mit den Häuptlingen der afrikanischen Stämme ab und nutzte die Expedition, wie auch seine dritte von 1883-1885, zu wissenschaftlichen Studien.[14] Für die kolonialpolitisch interessierte Öffentlichkeit war es eine Sensation, dass de Brazza mit seinem Unternehmen dem Engländer Stanley zuvorkam. Dieser hatte im Auftrag des belgischen Königs Leopold II. das Kongobecken erforschen und in Besitz nehmen sollen.

Es war dann die Berliner Kongokonferenz (15. November 1884 - 26. Februar 1885), die die französischen Rechte auf die von de Brazza erforschten Gebiete bestätigte. Der Bismarckschen Einladung, die Probleme der Grenzziehung im Kongobecken zu diskutieren, leisteten dreizehn europäische Staaten und die USA Folge. In dem Schlussdokument, der Kongo-Akte[15], wurde der Kongo-Freistaat als persönlicher Besitz des belgischen Königs bestätigt, der Sklavenhandel international verboten und die freie Schifffahrt auf Kongo und Niger zugesichert. Mit der Festlegung von Kriterien für die völkerrechtliche Anerkennung von Kolonialbesitz forcierte die Konferenz den Wettlauf um die bis dahin noch nicht beanspruchten Gebiete des schwarzen Kontinents.

Der Abenteurer de Brazza selbst blieb bis 1895 Gouverneur der neugebildeten Kolonie Französisch-Kongo. In dieser Funktion war er bestrebt, den französischen

---

14 Vgl. Rabut, E., Brazza, commissaire général, le Congo français, 1886-1897, Paris 1989, S. 36ff.
15 Vgl. Handbuch der Verträge 1871-1964. Verträge und andere Dokumente aus der Geschichte der internationalen Beziehungen, hrsg. von Helmuth Stoecker unter Mitarbeit von Adolf Rüger, Berlin 1968, S. 60ff.

Einfluss von „seiner" Kolonie aus nach Norden zu erweitern, um auf diesem Weg den Tschadsee zu erreichen und die Verbindung zu den französischen Kolonialgebieten in Westafrika herzustellen.

Als Ausgangsbasis für den Vorstoß zum Tschadsee war 1889 das am Lauf des Oubangi gelegene Bangui gegründet worden.[16] Es war dem Marineoffizier Émile Gentil vorbehalten, von diesem Posten aus mit einer kleinen Expedition das Becken des Oubangi zu durchqueren und nach unsäglichen Mühen am 1. November 1897 die Mündung des Chari in den legendären See zu erreichen. Die von Gentil ausgehandelten Schutzverträge schufen nach den nord- und westafrikanischen Besitzungen im äquatorialen Afrika ein drittes großes Kolonialgebiet, über dem die Trikolore - nach offizieller Lesart - davon kündete, dass sich die Dritte Republik ihrer besonderen Verpflichtung zur Zivilisierung bewusst war. Die territoriale Verbindung zwischen den Gebieten wurde 1900 geschaffen. Drei französische Militärexpeditionen näherten sich konzentrisch dem Tschadsee, wo das Gebiet des Sultans Rabah das letzte Hindernis für die Verwirklichung dieses Planes war. Nach mehreren Scharmützeln bereiteten die insgesamt 700 Infanteristen, die von einer Kavallerieeeskadron unterstützt wurden, dem Sultan am 22. April 1900 in der Schlacht bei Kousseri eine vernichtende Niederlage. Die in ihrer Grausamkeit zum Exzess gesteigerte Art der Kriegsführung der beiden jungen Kolonialoffziere Voulet und Chanoine bildete dabei eines der schwärzesten Kapitel französischer Kolonialgeschichte.[17]

---

[16] Vgl. Cantournet, J., Notes sur les origines de la fondation de Bangui, in: Revue française d'histoire d'outre-mer, Nr. 272/1986, S. 347ff.

[17] Vgl. Mathieu, M., La Mission Afrique centrale, Toulouse-Le-Mirail 1975.

Der französischen Kolonialstrategie, die von festen Positionen in Nord-, West- und Äquatorialafrika ausgehen konnte, fehlte lange Zeit ein entsprechender Gegenpol an der Ostküste des Kontinents. Seit der Eröffnung des Suezkanals im Jahre 1869 hatte der Raum des Roten Meeres und des Horns von Afrika für die imperiale Politik an Bedeutung gewonnen. Jene knapp 25 km^2 Fläche, die der Hafen von Obock und sein Hinterland einnahmen und die der Sultan von Tadjoura 1862 an Frankreich hatte abtreten müssen, wurden zur Keimzelle der Kolonie Französisch-Somaliland. Als man das inzwischen erweiterte Gebiet 1882 zum Protektorat erklärte, weckte dieser Schritt neue Begehrlichkeiten. Den Kolonialstrategen an der Seine erschien ein in ihrem Besitz befindliches Gebiet, das sich von den Ufern des Atlantik bis an die Gestade des Indischen Ozeans erstreckt, nunmehr realisierbar. Mit dieser Zielstellung war aber ein Konflikt mit der britischen Kolonialpolitik unabwendbar. Die Regierenden an der Themse hatten die Kap-Kairo-Linie, ein zusammenhängendes englisches Kolonialreich, das den Kontinent von Norden nach Süden durchzog, zu ihrem strategischen Ziel deklariert.

Als der Hauptmann Jean-Baptiste Marchand 1896 den Befehl erhielt, eine französische Verbindung zwischen den Ozeanen herzustellen, brach der Konflikt aus. Nach einem entbehrungsreichen Marsch vom Hafen Loango, über Brazzaville, durch das Gebiet des Bahr el-Ghazal und den südlichen Sudan erreichte die von Marchand geführte Expedition den Weißen Nil. Befehlsgemäß erwartete man in der kleinen Dschungelfestung Faschoda unter der aufgezogenen Trikolore die Ankunft einer zweiten Expedition, die aus Französisch-

Somaliland kommend, das Werk vollenden sollte. An der Spitze eines starken Truppenkontingents erschien wenige Tage später jedoch der englische General Herbert Kitchener. Dieser hatte als Oberbefehlshaber englisch-ägyptischer Truppen den Aufstand des Mahdi niedergeschlagen und forderte nun Marchand zur Kapitulation und zur Anerkennung der englischen Oberhoheit über den Sudan auf.

Die unterschiedliche Kolonialstrategie ihrer Staaten gab der Begegnung der beiden Militärs politische Dimensionen. Doch der Panik in London und Paris und den offiziellen Vorbereitungen für die Mobilmachung folgte eine schnelle Einigung beider Regierungen gegen das als gemeinsamen Konkurrenten gesehene deutsche Kaiserreich. Ein Geheimvertrag grenzte die kolonialen Interessensphären Großbritanniens und Frankreichs in Afrika ab, vollendete damit faktisch die Aufteilung des Kontinents. Doch die weltpolitischen Auswirkungen der Krise um Faschoda wurden nur langsam deutlich. Zunächst einigten sich Briten und Franzosen darauf, die Kongo-Nil-Wasserscheide als die Grenze zwischen ihren afrikanischen Besitzungen anzusehen. Die Akzeptanz dieser Grenze wurde der krisengeschüttelten Dritten Republik durch den britischen Verzicht auf Ansprüche am Tschadsee erleichtert. 1903 nahmen Großbritannien und Frankreich Verhandlungen auf, die am 8. April 1904 in den Abschluss der Entente cordiale mündeten. Der Vertrag begründete darüber hinaus auch ein Bündnis zwischen beiden Staaten, das in den folgenden Jahren maßgeblich die Kräftekonstellation in Europa bestimmen sollte.

Die Perle des Empire

Zwei Motive bewogen die französische Politik, sich seit der Mitte des 19. Jahrhunderts wieder intensiver um Einfluss in Indochina zu bemühen und damit Überlegungen aufzugreifen, die ihren Ursprung in den Zeiten Kardinal Richelieus hatten. Zum einen sollte das Gebiet beiderseits von Mekong und Rotem Fluss das französische Tor nach China sein und zum anderen erhoffte man an der Seine durch den Gewinn Indochinas eine Kompensation für die in Indien verlorenen Positionen. Auch als Antwort auf die britische Kolonialpolitik in Indien erschien Indochina propagandistisch als die „Perle des französischen Empire".

Napoleon III. entsandte 1859 ein Flottengeschwader unter Admiral Rigault de Genouilly nach Hinterindien mit dem Befehl, die französische Schutzherrschaft über das südliche Vietnam zu errichten.[18] 1861 befestigten Marineeinheiten dieses Geschwaders im östlichen Mekongdelta einen ersten französischen Stützpunkt und erzwangen im Jahr darauf im Vertrag von Saigon die Abtretung der drei südvietnamesischen Provinzen. Diese wurden daraufhin offiziell zur Kolonie Frankreichs erklärt. Der neue Flottenkommandant in Indochina, Admiral de La Grandiere, der zugleich auch Gouverneur der französischen Besitzung in Hinterindien war, erweiterte die Kolonie 1867 unter Androhung und Anwendung militärischer Gewalt, indem er die Anerkennung des Protektorats über Cochinchina und große Teile Kambodschas erzwang. Eine Basis, um das Tor nach Südchina aufzustoßen, war damit geschaffen. Der Weg

---

[18] Vgl. Taboulet, G., Le geste française en Indochine, Bd. I, Paris 1955, S. 415ff.

zu diesem Tor jedoch, hinter dem man wegen der Millionenbevölkerung zu Recht einen lukrativen Markt erwartete, war noch unbekannt.

Der Marineoffizier François Garnier erhielt 1866 für seinen Plan einer Expedition, die den Verlauf und die Schiffbarkeit des Mekong erforschen sollte, die Zustimmung des Admirals de La Grandiere. Zunächst unter dem Kommando von Hauptmann Douard de Lagrée und nach dessen Tode unter dem Befehl von Garnier brachte die kleine Expedition über 2000 strapazenreiche Kilometer hinter sich. Man durchquerte tropische Wälder und nahezu unpassierbare Hochgebirge, erforschte das heutige Laos und gelangte schließlich in die südchinesische Hochebene. Die von Garnier angefertigten genauen Karten und der Expeditionsbericht stellten eine bemerkenswerte und international auch anerkannte wissenschaftliche Leistung dar. Die Vermutung Garniers, der Rote Fluss im Norden Vietnams könnte Frankreichs Tor nach China sein, wurde von Handelshäusern und Kolonialstrategen aufgegriffen. Mit dem Amtsantritt des Gouverneurs Admiral Dupré 1871 begann eine Politik, die auf die Inbesitznahme des Roten Flusses, seines Deltas und der Häfen Tongkings zielte.

Jene Auseinandersetzungen um die Schmuggelgeschäfte des französischen Kaufmanns und Waffenhändlers Jean Dupuis, die es Anfang der 70er Jahre zwischen dem vietnamesischen Kaiserhof in Hue und dem offiziellen Vertreter Frankreichs in Indochina gab, bildeten für Dupré einen willkommenen Anlass, vollendete Tatsachen zu schaffen. An der Spitze von 200 Mann wurde Leutnant Garnier mit zwei Kanonenbooten nach Hanoi entsandt, wo er am 20. November 1873 die von 7000 Vietnamesen verteidigte Zitadelle nahm und anschließend auch noch die strategisch wichtigen Punkte des Deltas besetzte.[19] Die Demonstration militärischer Stärke verfehlte ihre Wirkung nicht. Zwar erkannte Frankreich in einem zweiten Vertrag von Saigon 1874 die Souveränität des vietnamesischen Kaiserreiches an, aber der Rote Fluss wurde dem französischen Handel geöffnet und der Hof in Hue musste sich verpflichten, seine Außenpolitik mit Paris abzustimmen. Faktisch stellte dieser Vertrag das Protektorat Frankreichs über Vietnam her. Realität wurde es, als militärisch überlegene Kräfte unter Admiral Amédée Anatole Courbet im Sommer 1884 das Delta des Roten Flusses besetzten, Hue mit Schiffsartillerie beschossen und die kaiserliche Regierung zur Unterzeichnung des Protektoratsvertrages am 25. August 1884 zwangen. Die wechselvoll verlaufenden militärischen Auseinandersetzungen, die nun mit China geführt wurden, um dessen Verzicht auf die Lehnshoheit über das französische Protektorat zu erlangen, führten zum eingangs erwähnten dramatischen Sturz des Ministerpräsidenten Ferry und mündeten schließlich 1885 in den Vertrag von Tientsin, der den Verzicht Chinas auf seine Rechte festschrieb.

1887 fasste die Dritte Republik ihren Kolonialbesitz in Indochina - das Protektorat Cochinchina, die Kolonie Tongking, das formell souveräne Annam und das Königreich Kambodscha - zur Indochinesischen Union zusammen. Bis 1895 wurden weite Teile von Laos durch Protektoratsverträge angegliedert. Neben der Indochinesischen Union schuf Paris mit Französisch-Westafrika (1904) und Französisch-Äquatorialafrika (1910) zwei

---

[19] Vgl. Bouche, D., Histoire de la colonisation française, Tome second, a.a.O., S. 84ff.

weitere große administrative Einheiten seines kolonialen Besitzes. Doch auch über Madagaskar, den Komoren, Neukaledonien und Französisch-Polynesien wehte nunmehr die Trikolore und kündete nach offizieller Lesart, dass Frankreich seine zivilisatorische Verpflichtung weltweit wahrnahm.

Dokumente

[D1] *Le 28 juillet 1885 Jules Ferry justifia la politique d'expansion coloniale dans une longue intervention à la Chambre des députés (Auszug)*

Je dis que cette politique coloniale est un système (...); qu'il repose sur une triple base, économique, humanitaire, et politique (...).
1 - Au point de vue économique, pourquoi des colonies?
La forme première de la colonisation, c'est celle qui offre un asile et du travail au surcroît des pays pauvres ou de ceux qui renferment une population exubérante. Mais il y a une autre forme de colonisation: c'est celle qui s'adapte aux peuples qui ont ou bien un superflu de capitaux ou bien un excédent de produits.
(...) Un pays qui laisse échapper un large flot d'émigration n'est pas un pays heureux, un pays riche, et ce n'est pas un reproche à faire à la France, (...) que de remarquer qu'elle est de tous les pays de l'Europe celui qui a le moins d'émigrants. Mais il n'y a pas que cet intérêt dans la colonisation. Les colonies sont, pour les pays riches, un placement de capitaux des plus avantageux (...).
(...) Je dis que la France, qui a toujours regorgé de capitaux et en a exporté des quantités considérables à l'étranger (...) a intérêt à considérer ce côté de la question coloniale.
Mais, messieurs, il y a un autre côté plus important de cette question (...) La question coloniale, c'est, pour les pays voués par la nature même de leur industrie à une grande exportation, comme la nôtre, la question même des débouchés (...).
Au temps où nous sommes et dans la crise que traversent toutes les industries européennes, la fondation d'une colonie, c'est la création d'un débouché. Il suffit que le lien colonial subsiste entre la mère patrie qui produit et les colonies qu'elle a fondées, pour que la prédominance économique accompagne la prédominance politique (...).
2 - Messieurs, il y a un second point (...) que je dois également aborder, c'est le côté humanitaire et civilisateur de la question.

Sur ce point, l'honorable M. Camilie Pellettan raille beaucoup et il dit «Qu'est-ce que c'est que cette civilisation qu'on impose à coups de canon? (...)

Est-ce que ces populations de race inférieure n'ont pas autant de droits que vous? (...) Vous allez chez elles contre leur gré, vous les violentez, mais vous ne les civilisez pas.» Je vous défie de soutenir jusqu'au bout votre thèse, qui repose sur l'égalité, la liberté, l'indépendance des races inférieures. Vous ne la soutiendrez pas jusqu'au bout, car vous êtes partisan de l'expansion coloniale qui se fait par voie de trafic et de commerce.

(...) Je sais parfaitement que M. de Brazza a pu jusqu'à présent accomplir son œuvre civilisatrice sans recourir à la force; (...) mais qui peut dire qu'à un moment donné les populations n'attaqueront pas nos établissements? Que ferez-vous alors? (...) Vous résisterez par la force et vous serez contraints d'imposer, pour votre sécurité, votre protectorat à ces peuplades rebelles. Messieurs, il faut parler plus haut et plus vrai! Il faut dire ouvertement qu'en effet les races supérieures ont un droit vis-à-vis des races inférieures (...) (Rumeurs sur plusieurs bancs à l'extrême-gauche). (...)

Je répète qu'il y a pour les races supérieures un droit, parce qu'il y a un devoir pour elles. Elle ont le devoir de civiliser les races inférieures (...)

3 - La vraie question, Messieurs, la question qu'il faut poser, et poser dans des termes clairs, c'est celle-ci: est-ce que le recueillement qui s'impose aux nations éprouvées par des grands malheurs doit se résoudre en abdication? Et parce qu'une politique détestable, visionnaire et aveugle, a jeté la France ou vous savez, est-ce que les gouvernements qui ont hérité de cette situation malheureuse se condamneront à ne plus avoir aucune politique européenne? Est-ce que, absorbes par la contemplation de cette blessure, qui saignera toujours, ils laisseront tout faire autour d'eux ; est-ce qu'ils laisseront aller les choses; est-ce qu'ils laisseront d'autres que nous s'établir on Tunisie, d'autres que nous faire la police à l'embouchure du Fleuve Rouge (...). Est-ce qu'ils laisseront d'autres se disputer les régions de l'Afrique équatoriale? Laisseront-ils aussi régler par d'autres les affaires égyptiennes qui, par tant de côtés, sont des affaires vraiment

françaises? Je sais, Messieurs, que cette théorie existe; je sais qu'elle est professée par des esprits sincères, qui considèrent que la France ne doit avoir désormais qu'une politique exclusivement continentale. (...)

Messieurs, dans l'Europe telle qu'elle est faite, dans cette concurrence de tant de rivaux que nous voyons grandir autour de nous, les uns par les perfectionnements militaires ou maritimes, les autres par le développement prodigieux d'une population incessamment croissante, dans une Europe, ou plutôt dans un univers ainsi fait, la politique de recueillement ou d'abstention, c'est tout simplement le grand chemin de la décadence! Les nations, au temps ou nous sommes, ne sont grandes que par l'activité qu'elles développent (...)

Rayonner sans agir, sans se mêler aux affaires du monde, on se tenant à l'écart de toutes les combinaisons européennes, en regardant comme un piège, comme une aventure toute expansion vers l'Afrique ou vers l'Orient, vivre de cette sorte, pour une grande nation, croyez-le bien, c'est abdiquer, et, dans un temps plus court que vous ne pouvez le croire, c'est descendre du premier rang au troisième et au quatrième.

In : *Journal officiel, Débats parlamentaires, Chambre des députés, séance du 28 juillet 1885.*
Zit. nach : Perville, Guy, De l'Empire français à la décolonisation, Paris 1991, S. 47f.

[D2] *Vertrag von Casr el Said Bardo (Bardo-Vertrag) vom 12. Mai 1881*

Art. 1. Alle zwischen den beiden Vertragspartnern bestehenden Verträge werden bestätigt und erneuert.

Art. 2. Der Bey stimmt zu, daß die französischen Militärbehörden diejenigen Punkte besetzen, deren Besetzung zur Wiederherstellung der Ordnung und Sicherheit an den Grenzen und der Küste für erforderlich gehalten wird. Die Besetzung wird beendet, wenn die französischen und die tunesischen Militärbehörden zu der Auffassung gelangt sind, daß die örtliche Verwaltung imstande ist, die Aufrechterhaltung der Ordnung zu gewährleisten.

Art. 3. Frankreich verpflichtet sich, den Bey ständig gegen alle Gefahren zu unterstützen, die ihn oder seine Dynastie bedrohen, oder die Ruhe seiner Staaten stören.

Art. 4. Frankreich garantiert die Durchführung der zwischen dem Bey und verschiedenen europäischen Mächten bestehenden Verträge.

Art. 5. Frankreich ist beim Bey durch einen Ministerresidenten vertreten, der die Ausführung des gegenwärtigen Vertrages überwacht und Vermittler in allen Fragen ist, die beide Länder betreffen.

Art. 6. Die diplomatischen Vertreter und Konsularagenten Frankreichs im Ausland werden mit dem Schutz der tunesischen Staatsbürger und Interessen beauftragt. Der Bey verpflichtet sich, keinen Vertrag internationalen Charakters zu schließen, ohne der französischen Regierung davon Kenntnis gegeben und sich vorher mit ihr verständigt zu haben.

Art. 7. Die Vertragspartner werden sich über eine Finanzorganisation verständigen, die geeignet ist, den Zinsendienst der Staatsschuld zu sichern und die Rechte der Gläubiger Tunesiens zu schützen.

Zit. nach : Handbuch der Verträge 1871-1964, a.a.O., S. 53.

[**D3**] *Vertrag zwischen Großbritannien und Frankreich über Marokko und Ägypten (Entente cordiale) vom 8. April 1904 (Auszug)*

Art. I. Seiner Britannischen Majestät Regierung erklärt, daß sie nicht die Absicht hat, den politischen Status Ägyptens zu ändern. Die Regierung der Französischen Republik ihrerseits erklärt, daß sie die Aktion Großbritanniens in diesem Lande nicht durch das Verlangen, daß für die britische Besetzung eine Zeitgrenze festgesetzt werde, oder in irgendeiner andern Weise behindern wird, und daß sie ihre Zustimmung zu dem der vorliegenden Abmachung im Entwurf angefügten Khedivial-Dekret, das die für den Schutz der Interessen der ägyptischen Obligationsinhaber als erforderlich erachteten Garantien enthält, unter der Bedingung gibt, daß es nach seiner Verkündung ohne die Zustimmung der Signatarmächte der Londoner Konvention von 1885 in keiner Weise abgeändert werden kann.

Es wird vereinbart, daß mit dem Posten eines Generaldirektors der Altertümer in Ägypten wie bisher auch weiterhin ein französischer Gelehrter betraut werden soll.

Die französischen Schulen in Ägypten sollen auch fernerhin dieselbe Freiheit genießen wie bisher.

Art. II. Die Regierung der Französischen Republik erklärt, daß sie nicht die Absicht hat, den politischen Status Marokkos zu ändern.

Seiner Britannischen Majestät Regierung erkennt ihrerseits an, daß es Frankreich zusteht, besonders als einer Macht, deren Besitzungen auf eine große Strecke mit denen Marokkos eine gemeinsame Grenze haben, die Ordnung in diesem Lande aufrechtzuerhalten und für alle administrativen, wirtschaftlichen, finanziellen und militärischen Reformen, die es nötig haben mag, seinen Beistand zu leihen.

Sie erklärt, daß sie die von Frankreich zu diesem Zwecke unternommene Aktion nicht behindern wird, vorausgesetzt, daß diese Aktion die Rechte unangetastet lassen wird, die Großbritannien gemäß Verträgen, Konventionen und der Gewohnheit in Marokko genießt, einschließlich des Rechtes auf den Küstenhandel zwischen den marokkanischen Häfen, das britische Fahrzeuge seit 1901 besitzen.

Art. III. Seiner Britannischen Majestät Regierung wird ihrerseits die Rechte achten, die Frankreich gemäß Verträgen, Konventionen und der Gewohnheit in Ägypten genießt, einschließlich des französischen Fahrzeugen eingeräumten Rechts auf den Küstenhandel zwischen ägyptischen Häfen.

Art. IV. Die beiden Regierungen, die gleichermaßen am Grundsatz der Handelsfreiheit sowohl in Ägypten wie in Marokko festhalten, erklären, daß sie in diesen Ländern keinerlei Ungleichheit bei der Festsetzung von Zöllen oder anderen Abgaben oder von Eisenbahnfrachtsätzen zulassen werden.

Der Handel beider Nationen mit Marokko und mit Ägypten soll dieselbe Behandlung beim Transit durch die französischen und britischen Besitzungen in Afrika erfahren. Ein Abkommen zwischen den beiden Regierungen soll die Bedingungen dieses Transits regeln und soll die Einlaßstellen bestimmen.

Diese gegenseitige Verpflichtung soll für einen Zeitraum von dreißig Jahren bindend sein. Wenn diese Bestimmung nicht mindestens ein Jahr zuvor ausdrücklich gekündigt wird, soll der Zeitraum je um fünf Jahre verlängert werden.

Indessen behält sich die Regierung der Französischen Republik in Marokko und Seiner Britannischen Majestät Regierung in Ägypten das Recht vor, darauf zu achten, daß die Konzessionen für Straßen, Eisenbahnen, Häfen usw. nur unter Bedingungen verliehen werden, die die Autorität des Staates über diese großen Unternehmungen von öffentlichem Interesse unversehrt erhalten.

Art. V. Seiner Britannischen Majestät Regierung erklärt, daß sie ihren Einfluß aufbieten wird, damit die jetzt im ägyptischen Dienst stehenden französischen Beamten nicht weniger günstigen Bedingungen als denen unterworfen werden, die für die britischen Beamten im selben Dienst gelten.

Die Regierung der Französischen Republik würde ihrerseits keine Einwände gegen die Anwendung analoger Bedingungen auf die jetzt im marokkanischen Dienste stehenden britischen Beamten erheben.

Art. VI. Um die freie Durchfahrt durch den Suezkanal sicherzustellen, erklärt Seiner Britannischen Majestät Regierung, daß sie

140

an den Bestimmungen des Vertrags vom 29.10.1888 festhält und daß sie mit ihrer Inkraftsetzung einverstanden ist. Da die freie Durchfahrt durch den Kanal somit gewährleistet ist, wird die Ausführung des letzten Satzes von Absatz 1 sowie von Absatz 2 des Artikels VIII jenes Vertrages in Suspenso bleiben.

Art. VII. Um die freie Durchfahrt durch die Meerenge von Gibraltar sicherzustellen, kommen die beiden Regierungen überein, die Errichtung von keinerlei Befestigungen oder strategischen Werken an dem Abschnitt der Küste Marokkos zu gestatten, der zwischen - aber nicht einschließlich - Melilla und den das rechte Ufer des Flusses Sebu beherrschenden Höhen eingeschlossen liegt. Diese Bedingung gilt jedoch nicht für die gegenwärtig von Spanien an der marokkanischen Küste des Mittelländischen Meeres besetzt gehaltenen Plätze.

Art. VIII. Die beiden Regierungen, von ihrem Gefühl aufrichtiger Freundschaft für Spanien erfüllt, berücksichtigen besonders die Interessen, die dieses Land aus seiner geographischen Lage und aus seinen territorialen Besitzungen an der marokkanischen Küste des Mittelländischen Meeres ableitet. Bezüglich dieser Interessen wird die Französische Regierung eine Verständigung mit der Spanischen Regierung herbeiführen. Das Abkommen, das darüber zwischen Frankreich und Spanien etwa geschlossen werden wird, soll der Regierung Seiner Britannischen Majestät mitgeteilt werden.

Art. IX. Die beiden Regierungen kommen überein, einander ihren diplomatischen Beistand zu gewähren, um die Ausführung der Klauseln der gegenwärtigen Deklaration über Ägypten und Marokko zu erzielen (...)

Geheimart. I. Falls eine der beiden Regierungen sich durch die Macht der Verhältnisse genötigt sähe, ihre Politik in bezug auf Ägypten und Marokko zu ändern, würden die Verpflichtungen, die sie durch die Artikel IV, VI und VII der Deklaration vom heutigen Tage gegeneinander übernommen haben, unberührt bleiben.

Geheimart. II. Seiner Britannischen Majestät Regierung hat gegenwärtig nicht die Absicht, den Mächten irgendwelche Änderungen im System der Kapitulationen oder in der Gerichtsorganisation Ägyptens vorzuschlagen.

Falls sie es für wünschenswert hielte, in Ägypten Reformen einzuführen, die darauf hinzielten, das ägyptische Gesetzgebungssystem dem in anderen zivilisierten Ländern bestehenden anzugleichen, wird die Regierung der Französischen Republik sich nicht weigern, derartige Vorschläge unter der Voraussetzung in Betracht zu ziehen, daß Seiner Britannischen Majestät Regierung bereit sein wird, die Vorschläge in Erwägung zu ziehen, die die Regierung der Französischen Republik ihr etwa zu machen haben wird, um ähnliche Reformen in Marokko einzuführen.

Geheimart. III. Die beiden Regierungen kommen überein, daß ein gewisses, an Melilla, Ceuta und andere Présides angrenzendes Stück des marokkanischen Gebietes, wann auch immer der Sultan aufhört, die Herrschaft darüber auszuüben, in die Einflußsphäre Spaniens kommen soll, und daß die Verwaltung der Küste von Melilla bis zu, doch nicht einschließlich, den Höhen auf dem rechten Ufer des Sebu Spanien anvertraut werden soll.

Spanien würde jedoch zuvor seine formelle Zustimmung zu den Bestimmungen der Artikel IV und VII der Deklaration vom heutigen Tage zu geben haben und sich zu deren Ausführung verpflichten müssen.

Spanien würde sich auch zu verpflichten haben, weder die Gesamtheit noch einen Teil der seiner Herrschaft unterstellten oder in seiner Einflußsphäre befindlichen Gebiete zu veräußern.

Geheimart. IV. Falls Spanien, wenn eingeladen, seine Zustimmung zu den Bestimmungen des vorhergehenden Artikels zu geben, es für angezeigt halten sollte, abzulehnen, so würde die Abmachung zwischen Frankreich und Großbritannien, wie sie sich aus der Deklaration vom heutigen Tag ergibt, trotzdem gültig sein.

Geheimart. V. Sollte die Zustimmung der andern Mächte zu dem in Artikel I der Deklaration vom heutigen Tage erwähnten Dekretsentwurf nicht zu erlangen sein, so wird die Regierung der Französischen Republik gegen die Rückzahlung der Garantierten, der Privilegierten und der Unifizierten Schuld zum Nennwert nach dem 15.7.1910 keinen Einspruch erheben (...)

Zit. nach : Handbuch der Verträge 1871-1964, a.a.O., S. 93ff.

[D4] *Marokkoabkommen zwischen Deutschland und Frankreich vom 4. November 1911 (Auszug)*

Art. 1. Die Kaiserlich Deutsche Regierung erklärt, daß, da sie in Marokko nur wirtschaftliche Interessen verfolgt, sie Frankreich nicht in seinem Vorhaben hindern wird, die marokkanische Regierung bei der Einführung aller derjenigen administrativen, gerichtlichen, wirtschaftlichen, finanziellen und militärischen Reformen zu unterstützen, die zu einer guten Regierung des Reiches erforderlich sind. Das gleiche gilt für alle neuen Verordnungen oder Veränderungen bestehender Verordnungen, die diese Reformen mit sich bringen. Demgemäß gibt die Kaiserlich Deutsche Regierung ihre Zustimmung zu Maßnahmen, welche die Französische Regierung nach Einigung mit der Marokkanischen Regierung auf dem Gebiete der Reorganisation, Überwachung und finanziellen Sicherstellung ergreifen zu müssen glaubt, unter dem Vorbehalte, daß das Vorgehen Frankreichs die wirtschaftliche Gleichberechtigung der Nationen unangetastet läßt. Für den Fall, daß Frankreich sich veranlaßt sehen sollte, seine Kontrolle und seinen Schutz schärfer zum Ausdruck zu bringen und auszudehnen, wird die Kaiserlich Deutsche Regierung in Anerkennung der vollen Aktionsfreiheit Frankreichs und unter dem Vorbehalte, daß die in den früheren Verträgen vorgesehene Handelsfreiheit aufrechterhalten bleibt, dem kein Hindernis in den Weg legen. Es versteht sich, daß die Rechte und der Wirkungskreis der marokkanischen Staatsbank, wie sie in der Algecirasakte festgesetzt sind, in keiner Weise beeinträchtigt werden sollen.

Art. 2. In diesem Sinne herrscht Einverständnis darüber, daß die Kaiserliche Regierung keinen Einwand dagegen erheben wird, wenn Frankreich nach Verständigung mit der Marokkanischen Regierung zu denjenigen militärischen Besetzungen marokkanischen Gebietes schreitet, die es für die Aufrechterhaltung der Ordnung und der Sicherheit des Handels für notwendig erachten sollte. Das gleiche gilt für alle polizeilichen Maßnahmen zu Lande und in den marokkanischen Gewässern.

Art. 3. Für den Fall, daß seine Majestät der Sultan von Marokko den diplomatischen und konsularischen Beamten Frankreichs die Vertretung und den Schutz der marokkanischen Untertanen und

Interessen im Ausland anvertrauen sollte, erklärt die Kaiserliche Regierung schon jetzt, daß sie dagegen keinen Einwand erheben wird.

Wenn andererseits Seine Majestät der Sultan von Marokko dem Vertreter Frankreichs bei der Marokkanischen Regierung die Aufgabe übertragen sollte, sein Vermittler gegenüber den fremden Vertretern zu sein, würde die Deutsche Regierung dagegen keinen Einwand erheben.

Art. 4. Die Französische Regierung erklärt, daß sie, entschlossen, unverbrüchlich an dem Grundsatz der Handelsfreiheit in Marokko festzuhalten, keinerlei ungleichmäßige Behandlung bei der Einführung von Zöllen, Steuern und anderen Abgaben, noch bei der Festsetzung der Tarife für Transporte auf Eisenbahnen, Flußschiffahrts- oder allen anderen Verkehrswegen, ebensowenig wie in allen Fragen des Durchgangsverkehrs, zulassen wird.

Desgleichen wird sich die Französische Regierung bei der Marokkanischen Regierung dafür verwenden, daß jede unterschiedliche Behandlung von Angehörigen der verschiedenen Mächte vermieden wird; sie wird sich namentlich jeder Maßnahme widersetzen, die (...) die Waren eines Staates in ihrer Konkurrenzfähigkeit beeinträchtigen könnten (...)

Art. 5. Die Französische Regierung wird dafür sorgen, daß in Marokko keinerlei Ausfuhrabgaben für die aus marokkanischen Häfen ausgeführten Eisenerze erhoben werden. Eisenerzbergwerke haben weder für Förderung noch für Betriebsmittel irgendeine besondere Abgabe zu tragen (...)

Art. 6. Die Regierung der Französischen Republik verpflichtet sich, dafür zu sorgen, daß die Arbeiten und Lieferungen, die für den etwaigen Bau von Straßen, Eisenbahnen, Häfen, Telegraphenleitung usw. (...) benötigt werden, durch die Marokkanische Regierung auf dem Submissionsweg vergeben werden.

Sie verpflichtet sich ferner, dafür zu sorgen, daß die Submissionsbedingungen, besonders was die Materiallieferung und die Fristen für Submissionsangebote betrifft, die Angehörigen keines Staates benachteiligen. Die Ausbeutung der oben erwähnten großen Unternehmungen bleibt dem Marokkanischen Staate vorbehalten oder wird von ihm frei an Dritte übertragen, die damit beauftragt werden können, die zu diesem Zwecke nötigen Mittel zu beschaffen. Die Französische Regierung wird dafür sorgen, daß bei dem Betriebe der Eisenbahnen und anderer Verkehrsmittel wie bei der Anwendung der zur Regelung ihres Betriebes bestimmten Verordnungen keinerlei unterschiedliche Behandlung der Angehörigen der verschiedenen Staaten, die von diesen Transportmitteln Gebrauch machen, eintritt (...).

Art. 9. Um nach Möglichkeit diplomatische Reklamationen zu vermeiden, wird die Französische Regierung bei der Marokkanischen dafür eintreten, daß diese einem für jede Angelegenheit durch den französischen Konsul im Einvernehmen mit dem Konsul der beteiligten Macht oder mangels Einverständnisses durch die beiden Regierungen ad hoc bestimmten Schiedsrichter die Klagen unterbreitet, die von fremden Staatsangehörigen gegen marokkanische Behörden oder als marokkanische Behörden fungierende andere Beamte erhoben werden, sofern sie sich durch Vermittlung des französischen Konsuls und des Konsuls der beteiligten Macht nicht haben regeln lassen.

Dieses Verfahren bleibt bis zur Einführung einer Rechtsordnung in Kraft, die sich nach dem Vorbild der allgemeinen Grundsätze der Gesetzgebung der beteiligten Mächte richten und dann bestimmt sein wird, nach vorhergegangener Verständigung mit diesen, die Konsulargerichte zu ersetzen.

Art. 11. Die Französische Regierung wird bei der Marokkanischen Regierung dafür eintreten, daß diese dem auswärtigen Handel nach Maßgabe seiner Bedürfnisse neue Häfen eröffnet.

Art. 13. Alle Klauseln einer Verständigung oder einer Vereinbarung, eines Vertrages oder einer Verordnung, die den bevorstehenden Bestimmungen zuwiderlaufen sollten, sind und bleiben aufgehoben.

Art. 14. Die vorstehende Vereinbarung wird den anderen Signatarmächten der Algecirasakte mitgeteilt werden, wobei beide Regierungen sich verpflichten, sich gegenseitig ihre Unterstützung zu leihen, um den Beitritt dieser Mächte zu erlangen.

Zit. nach: Handbuch der Verträge 1871-1964, a.a.O., S. 123ff.

145

4. Kapitel
Das französische Kolonialreich zwischen den Weltkriegen

(Die Sicherung des zweiten französischen Kolonialreiches)

Im Feuer des Ersten Weltkrieges

Am Vorabend des Ersten Weltkrieges verfügte die Dritte Republik über ein ausgedehntes Kolonialreich, das sich über drei Kontinente erstreckte. Es umfasste eine Fläche von 11 Millionen km² und war damit 20 mal größer als das Territorium des Mutterlandes. In ihm lebten 55,5 Millionen Menschen. In Frankreich hingegen stagnierte die Bevölkerungszahl bei knapp 40 Millionen. Zum Empire gehörten folgende Besitzungen:

Nordafrika (Algerien, Tunesien, Marokko)

Westafrika (Sudan, Guinea, Elfenbeinküste, Dahomey, Senegal, Niger, Mauretanien)

Äquatorialafrika (Gabun, Kongo, Zentralafrika, Tschad)

Französisch-Somalia (Djibouti)

Madagaskar

Indochina (Kambodscha, Annam, Cochinchina, Tongking, Laos)

Amerika (Französisch-Guayana, Französische Antillen, St.-Pierre-et-Miquelon)

Polynesien (Neukaledonien, Turbai, Inseln unter dem Wind, Wallis, Neue Hebriden).

Der Ausbruch des Krieges traf die Generalstäbler nicht unvorbereitet. Detaillierte Kriegszielplanungen lagen seit geraumer Zeit bei den Militärs vor. Beiderseits des Rheins bezogen diese - wenngleich in unterschiedlichem Grade - natürlich die Kolonien mit ein. Das heißt nicht, dass man unbedingt einen Kolonialkrieg zu führen gedachte. Dennoch träumte man im Wilhelminischen Deutschland von einer gewaltigen kolonialen Expansion auf dem schwarzen Kontinent. Das „deutsche Kaiserreich Mittelafrika als Grundlage einer neuen deutschen Weltpolitik"[1], wie es in einer von zahlreichen Denkschriften lautete, brachte die Forderung nach Neuaufteilung der überseeischen Besitzungen unverhüllt zum Ausdruck. Die Kolonialstrategen in Berlin blickten hierbei vor allem auf die französischen Gebiete in West- und Äquatorialafrika.

Ähnlich weitreichende Überlegungen existierten in Paris nicht. Hier zeigten sich die politischen Eliten vielmehr an der Sicherung der umfänglichen Territorien interessiert. Dies schloss allerdings keineswegs Gedanken aus, quasi en passant deutsche Kolonien als Kriegsbeute einzubehalten. Vorzugsweise konzentrierte sich das Denken an der Seine jedoch auf Überlegungen, wie die Kolonien in einem Krieg das Mutterland wirkungsvoll unterstützen könnten. Kritische Stimmen, die den Wert der Besitzungen gemessen an den notwendigen Aufwendungen eher gering schätzten, verstummten nach der Kriegserklärung des Deutschen Reiches schlagartig. Zweifel über den Nutzen der Kolonien für die Abwehr des äußeren Feindes hegte ernsthaft nun niemand mehr. Ihre Einbeziehung in den globalen Krieg wurde dann auch vom ersten Tag der militärischen Auseinandersetzung an aktiv betrieben. Diese Einbindung vollzog sich in mehrfacher Hinsicht. Die Territorien verschiedener Kolonien wurden Kriegsschauplätze, alle Kolonialgebiete galten den kriegführenden Mächten als strategische

---

[1] Zit. nach: Ansprenger, F., Auflösung der Kolonialreiche, München 1981, S. 32.

147

Rohstoff- und Menschenreservoire und nicht zuletzt förderten die Begleiterscheinungen des Krieges nachhaltig die Entstehung und Entwicklung antikolonialer Bewegungen.

Ganz besondere Aufmerksamkeit widmete die Regierung der Aufstellung einer „schwarzen Armee". In einer Epoche, in der die Infanterie noch die „Königin der Schlachten" war, kam der numerischen Überlegenheit als Faktor des Sieges geradezu strategische Bedeutung zu. Die oft zitierte „Unfruchtbarkeit Mariannes", d. h. das Stagnieren der Bevölkerungszahlen, brachte Frankreich in eine ungünstige militärische Ausgangsposition. 1910 zählte Deutschland immerhin 65 Millionen Einwohner, während in Frankreich lediglich 39,6 Millionen Menschen lebten. Auch die Verlängerung der Militärdienstzeit von zwei auf drei Jahre im August 1913 konnte die zahlenmäßige Unterlegenheit der französischen Truppen nicht ausgleichen. Der Gedanke an eine systematische Rekrutierung einer Kolonialarmee und deren Einsatz auf den europäischen Schlachtfeldern lag also nahe, zumal „Algerische Schützen" bereits im Krimkrieg (1854-1856) und im deutsch-französischen Krieg ihre Kampffähigkeit auf dem Kontinent bewiesen hatten. Eingedenk dieser Erfahrungen verfügte Paris mit einem Dekret vom 3. Februar 1912 die Aushebung von algerischen Soldaten. Vier neue Regimenter wurden aus dem Boden gestampft. Gemeinsam mit zwei tunesischen Einheiten erreichten die „Algerischen Schützen" bei Kriegsausbruch immerhin eine Stärke von 28.930 Mann.[2]

Gleichlaufende Bemühungen unternahmen die Kolonialverwaltungen auch in anderen Teilen des Empire. In

---

[2] Vgl. Meynier, G., L'Algérie révélée. La guerre de 1914-1918 et le premier quart du XXe siècle, Paris 1981, S. 85ff.

Französisch-Westafrika erkundete Oberstleutnant Charles Mangin - bisweilen auch als Theoretiker der „Schwarzen Armee" bezeichnet[3] - die Möglichkeit zur Aufstellung einer in Europa einsetzbaren Reserve. Als ein in Kolonialpolitik erfahrender Militär, der schon an der legendären Faschodaexpedition teilgenommen hatte, hielt er es für durchaus realistisch, allein in dieser Region jährlich 40.000 Soldaten für eine Dienstzeit von fünf Jahren auszuheben. Unterstützung fanden seine Vorstellungen beim Generalgouverneur von Französisch-Westafrika William Ponty und anderen hochrangigen Kolonialoffizieren.[4] Auf Zurückhaltung stieß Mangin hingegen bei den Stäben in Paris. Dennoch gelang es ihm, Kriegsminister Alexandre Millerand und Kolonialminister Albert Lebrun für seine Pläne zu gewinnen. Sie unterzeichneten am 7. Februar 1912 ein Dekret, das die Rekrutierung von Männern im Alter von 20 bis 28 Jahren auf eine gesetzliche Grundlage stellte. Den Einberufungen folgten in den Jahren 1912/13 16.000 Afrikaner unterschiedlicher ethnischer Provenienz.

Analog zur Aufstellung einer „Schwarzen Armee" befürwortete der Oberkommandierende der Truppen von Indochina General Pennequin auch die Schaffung einer „Gelben Armee".[5] Im Gegensatz zu Mangin waren seine Vorstellungen jedoch nicht von Erfolg gekrönt. An der Seine verweigerte man der Bildung einer national strukturierten Armee die Zustimmung, da der Erhalt des fran-

---

[3] Vgl. Suret-Canale, J., Schwarzafrika, Bd. II, Berlin 1966, S. 177.

[4] Vgl. Bouche, D., Histoire de la colonisation française, Tome second, a.a.O., S. 288.

[5] Vgl. Le Van Ho, M., „Le général Pennequin et le projet d'armée jaune (1911-1915)", in: Revue française d'histoire d'outre-mer, Nr. 279/1988, S. 145ff.

zösischen Offiziers- und Unteroffizierskorps für die indochinesischen Truppen hier als unverzichtbar galt. Ende
1912 wurden diese Pläne schließlich definitiv ad acta
gelegt.

Viele dieser Vorkriegsplanungen erwiesen sich mit
Ausbruch des Ersten Weltkrieges als hinfällig. Im August 1914 glaubte man noch allenthalben an einen kurzen
und siegreichen Waffengang. Doch die Wirklichkeit
zeichnete schon bald ein viel grausigeres Bild. Der französische Generalstab hatte zwar mit dem Vormarsch des
deutschen Heeres durch Belgien und Luxemburg gerechnet, unterschätzte aber die dabei zum Einsatz kommenden Kräfte. Infolgedessen gingen die Grenzschlachten im
Nordosten des Landes für die Franzosen und die inzwischen auf dem Kriegsschauplatz eingetroffenen sechs
britischen Divisionen verloren. Ende August befanden
sich die nordwestlich von Verdun kämpfenden Truppen
auf dem Rückzug. Als das deutsche Heer die Marne
100 km östlich der Hauptstadt erreichte, verließ die Regierung am 2. September das bedrohte Paris und begab
sich wie 1870 nach Bordeaux. Der vorzeitige Abzug von
zwei Armeekorps nach Ostpreußen sowie die unzureichende Koordination zwischen der 1. und 2. Armee
schwächten allerdings die deutsche Offensive entschei-
dend. Auf dem Höhepunkt des Vormarsches ging dem
kaiserlichen Heer der Atem aus. In der Schlacht vom
6. bis 10. September 1914 gelang der Grande Nation -
auch dank des Einsatzes algerischer Soldaten - das häufig beschriebene „Wunder an der Marne". Der Schlief-
fenplan brach zusammen, und der Erste Weltkrieg er-
starrte tief in französischem Territorium zum
Stellungskrieg.

Um die schrecklichen Verluste der ersten Kriegsmonate auszugleichen, verlegte Paris alle im Empire verfügbaren Einheiten ins Mutterland und warf sie umgehend an die Front. Die wenigen Kampfhandlungen in Afrika ermöglichten eine solche Umgruppierung der Kräfte. Die zahlenmäßig unbedeutenden deutschen Schutztruppen, die vorwiegend aus Eingeborenen bestanden, konnten dem Druck der Alliierten nicht standhalten. Am 5. August 1914 drangen bereits französische und britische Verbände in Togo ein. Nach drei Wochen, am 26. August, kapitulierte die Kolonie. Kamerun widerfuhr im Herbst 1915 das gleiche Schicksal.

Derweil nahm das mörderische Ringen in Frankreich immer gewaltigere Ausmaße an. Die Schlachten an der Somme und vor Verdun kosteten weiteren Hunderttausenden das Leben, ohne dass sich eine Kriegsentscheidung anbahnte. In dieser dramatischen Situation kam der Heranführung frischer Reserven strategische Bedeutung zu. Erneut zogen Rekrutierungskommissionen durch die Kolonien. Ihre Appelle an Opferbereitschaft und Patriotismus zeigten jedoch weit geringere Resonanz als vor dem Kriege. Die Eingeborenen misstrauten den Werbungen, und Freiwillige meldeten sich kaum noch. Drei Viertel aller aus Französisch-Westafrika zum Militärdienst Verpflichteten waren nunmehr Zwangsrekrutierte. Die zahlreich übermittelten Gefallenenmeldungen und die Berichte der heimkehrenden Verwundeten nährten zunehmend Sorgen und Ängste. Allein die Ankündigung einer Einberufungsüberprüfung löste jetzt nicht selten Panik und Rebellion aus. Flucht, Sabotage und Aufstände gehörten zu den Formen des Widerstandes. Beispiele dafür waren die Erhebung der Bambara im Sudan (1915), der Aufstand der Tuareg in der Sahara (1916), der

Buschkrieg der Kasadi am mittleren Niger (1917) oder die Auswanderungsbewegung der Sahue in Dahomey (1918).

Genauso unterschiedlich wie die Formen der Revolte waren auch deren Ursachen. Ein intimer Kenner der Kolonialpolitik, der französische General Maurice Abadie, zählte später als wichtige Gründe des wachsenden Widerstandes folgende auf: „...die Unvollkommenheit der Propaganda, die mangelhafte Zusammensetzung und Arbeit von verschiedenen Rekrutierungskommissionen, die Zwangsanwerbungen und willkürlichen Bestimmungen zum Heereseintritt, die Verzögerungen in der Zahlung von Anwerbungsprämien und Entschädigungen an die Familien, die wachsende Zahl der Frondienste und Spendenwerbungen, Weitererzählen phantastischer Kriegsberichte durch die ersten heimgeschickten Verstümmelten sowie Tätigkeit der Zauberer".[6]

Wenn auch fast alle Kolonien des französischen Schwarzafrika von der Bewegung gegen die drastische Verschärfung des Kolonialregimes erfasst wurden, so blieben die einzelnen Erhebungen doch lokal begrenzt und voneinander isoliert. La paix française konnte stets mit harter Hand wiederhergestellt werden. Das Vorgehen gegen die Aufständigen unterschied sich dabei kaum von der Kolonialbarbarei vergangener Jahrhunderte. Im November 1917 ließ der Kommandant von Abéché zwei örtliche Häuptlinge mit ihrem gesamten Hauspersonal und sämtliche Fakire von Abéché, insgesamt über hundert Personen, wegen einer angeblichen „Verschwörung" von senegalesischen Schützen mit Haumessern niederstechen.[7] Zu diesem abschreckenden Terror sah sich die

---

6 Général Abadie, M., La défense des colonies, Paris 1937, S. 218.

7 Vgl. Suret-Canale, J., Schwarzafrika, a.a.O., S. 191.

Kolonialmacht im Interesse des Erhalts ihrer Herrschaft aber nur in Ausnahmefällen gezwungen. Die überwiegende Mehrheit der einheimischen Bevölkerung verhielt sich - trotz der oben geschilderten Widerstände - gegenüber dem Mutterland treu und botmäßig. Diese Loyalität schlug sich vor allem im Umfang der militärischen Hilfe nieder, die die Kolonien in den Kriegsjahren von 1914 bis 1918 leisteten.

Den Angaben des im Weltkrieg amtierenden Kolonialministers Albert Sarraut[8] zufolge entsandte das Empire insgesamt 485.000 Soldaten nach Europa. Die einzelnen französischen Kolonien stellten hierbei folgende Kontingente: Algerien 173.000, Tunesien 60.000, Marokko 37.000, West- und Äquatorialafrika 134.000, Indochina 43.500, Madagaskar 34.500, Französisch-Somaliland und die Pazifischen Inseln 3000. Davon abweichend rechnen Historiker noch etwa 30.000 Soldaten aus den Antillen und Réunion hinzu, so dass die das französische Heer verstärkenden Truppen auf über 510.000 Mann gestiegen sein dürften. Überdies wurden während des Krieges 186.000 Arbeiter nach Frankreich abkommandiert, von denen 130.000 aus Nordafrika, 50.000 aus Indochina und weitere 6000 aus Madagaskar kamen. Insgesamt unterstützten somit rund 700.000 Eingeborene den Kampf gegen die Mittelmächte.[9] Etwa 70.000 von ihnen blieben auf den Schlachtfeldern zurück.

Mit der Bereitstellung eines erheblichen Potentials an Menschen erschöpfte sich der Beitrag der Kolonien aber noch nicht. Den Territorien jenseits der Weltmeere fiel

---

[8] Sarraut, A., La mise en valeur des colonies françaises, Paris 1923; enthält das amtliche Verzeichnis der Rekrutierungen zwischen 1914 und 1918.

[9] Vgl. Bouche, D., Histoire de la colonisation française, Tome second, a.a.O., S. 289.

für die Kriegsführung auch eine nicht zu unterschätzende wirtschaftliche Rolle zu. Das betraf weniger die industriellen Rohstoffe, wenngleich auch Phosphate und Eisenerze aus Nordafrika sowie Nickel aus Neukaledonien für das Funktionieren der Kriegswirtschaft benötigt wurden. Bedeutsamer jedoch waren die Nahrungsmittellieferungen. Weizen, Reis, Fleisch, Erdnüsse, Obst und Wein hießen die bevorzugten Produkte aus Übersee. Hinzu kamen Hafer und Gerste als Pferdefutter. Die Einfuhren Frankreichs aus seinen Besitzungen betrugen 1913 9,4 Prozent aller französischen Importe.[10]

In den angespannten Kriegsjahren fanden sich die kolonialen Wirtschaften einem verschärften Regime unterworfen, das vornehmlich durch harte Zwangsarbeit und eine erdrückende Besteuerung gekennzeichnet war. So flossen in dieser Zeit allein 1,1 Milliarden Franc an Bargeld aus den Kolonien in die Metropole. Welche unmittelbaren Auswirkungen dieser Geldtransfer für die an sich schon unterentwickelten Gebiete zeitigte, bedarf keiner besonderen Phantasie. Eine genaue Bilanz des kolonialen Elends zum Ruhm der Grande Nation wurde nie gezogen. Sie dürfte aber kaum mit den Verheißungen von Sarraut übereinstimmen, der die Politik des Mutterlandes gegenüber den Kolonien wie folgt charakterisierte: „Unsere Eingeborenenpolitik, das ist die Deklaration der Menschenrechte ... Von Frankreich empfängt dieses Land die Wohltaten einer Zivilisation, die es umgestaltet und ohne die es ein sklavisches und unsicheres Schicksal erduldet hätte. Dafür aber bietet es sich als Ausstrahlungspunkt des Lichtes an, das Frankreich in diesen Teil der Erde trägt."[11]

---

[10] Vgl. Pervillé, G., De l'Empire français à la décolonisation, a.a.O., S. 43.
[11] Zit. nach: Chesneaux, J., Geschichte Vietnams, Berlin 1963, S. 216.

Trotz der überschäumenden Freude und des grenzen-
losen Jubels über den Ausgang des Ersten Weltkrieges
dürften viele Kolonialsoldaten vergeblich dieses Licht
gesucht haben. Obwohl ihre Einheiten immerhin 15 Prozent der Gesamtstärke der französischen Armee aus-
machten und sie an allen kriegsentscheidenden Schlachten teilnahmen, fanden ihre Taten nur eine geringe
öffentliche Anerkennung. Bereits in den ersten Stunden
des Sieges schien das Mutterland seine überseeischen
„Helden" vergessen zu haben. Ihre Erfolge blieben in
den militärischen Bulletins genauso marginalisiert wie in
der Tagespresse. Diese Ausgrenzung setzte sich auch in
den Folgejahren fort. Weder an den Stätten des Krieges
noch in der historischen Literatur gab es für die Armée
d'Afrique et des Troupes coloniales eine angemessene
Würdigung.[12] Aber nicht nur im Mutterland selbst, sondern vor allem in den Kolonien stießen die an den
Kriegseinsatz gebundenen sozialen und emanzipatorischen Hoffnungen der überseeischen Völker recht bald
auf die Realitäten der Nachkriegspolitik.

Nur ein Pyrrhussieg?

Die Nachricht von der Unterzeichnung des Waffenstill-
standes verbreitete sich in den Morgenstunden des
11. November 1918 in Windeseile. Endlich war der Tag
des Sieges gekommen. Ganz Frankreich jubelte. In diesen Freudentaumel mischte sich die Hoffnung, an das
Leben der Vorkriegsjahre nahtlos anknüpfen zu können,
das sich in den Köpfen vieler Franzosen bereits zur Belle

---

12 Vgl. Lüsebrink, H.-J., Les troupes coloniales dans la guerre. Présences,
imaginaires et représentations, in: Images et Colonies. Iconographie et pro-
pagande coloniale sur l'Afrique française de 1880 à 1962, Paris 1993, S. 79.

Époque verklärt hatte. Gewiss, die Welt hatte inzwischen ihr Aussehen verändert. Die Revolution in Deutschland fegte Wilhelm II. hinweg, in Rußland siegten die Bolschewiki und in Ost- und Mitteleuropa entstanden neue Staaten. Doch als siegreiche Großmacht, die zudem am meisten unter dem Krieg zu leiden gehabt hatte, würde Frankreich nunmehr die Früchte seines militärischen Erfolges genießen können. Aber schon der Streit um die Aufteilung der Kriegsbeute offenbarte, dass der Erste Weltkrieg Frankreichs Positionen nachhaltig erschüttert hatte.

Clemenceau, der die Präsidentschaft bei der Versailler Friedenskonferenz übernahm, gelang es weder seinen harten Frieden gegenüber Deutschland noch seine kolonialen Forderungen vollends durchzusetzen. Schon die Übernahme der 14-Punkte[D1] des amerikanischen Präsidenten Woodrow Wilson als Grundlage der Verhandlungen führte zu bissigen Kommentaren. Insbesondere der 5. Punkt, der „eine freie, aufgeschlossene und absolut unparteiische Neuordnung aller kolonialen Ansprüche"[13] verlangte, stieß in Paris auf Unverständnis. Letzten Endes hätte eine wortgetreue Umsetzung der amerikanischen Programmatik doch eine Absage an die hergebrachten Herrschaftspraktiken in den Kolonien bedeutet. Auf die Frage des italienischen Botschafters, was er von der Idee Wilsons über die koloniale Selbstbestimmung halte, antwortete der französische Diplomat Pierre de Margerie kurz und bündig: „Das ist einfach absurd ..."[14] Und auch Clemenceau bemerkte sarkastisch, dass die

---

[13] Zit. nach: Handbuch der Verträge 1871-1964, a.a.O., S. 169.
[14] Zit. bei: Ansprenger, F., Auflösung der Kolonialreiche, a.a.O., S. 33.

USA auf den Philippinen präsent seien, wo sie „geographisch betrachtet doch wohl nichts zu suchen" hätten.[15]

Dennoch ging die Philosophie der 14-Punkte in die Dokumente der Pariser Friedenskonferenz ein.[D2] Der Völkerbund, das neue Forum zur Wahrung des Weltfriedens, übernahm dem Namen nach die höchste Autorität über die koloniale Kriegsbeute. Im Artikel 22 seiner Satzung wurde deren Situation dahingehend beschrieben, dass sie „infolge des Krieges ihre Selbständigkeit erlangt haben, aber noch nicht in der Lage sind, sich selbst zu regieren ..."[16] Um ihre Wohlfahrt und Entwicklung zu sichern, wurden sie - als heilige Aufgabe der Zivilisation definiert - der Vormundschaft fortgeschrittener Staaten unterstellt. Damit war das Mandatssystem aus der Taufe gehoben. Hinter einem Schwall humanistischer Floskeln erlaubte es den Siegermächten Großbritannien, Frankreich und Japan, den bereits im Verlaufe des Krieges eroberten kolonialen Besitz nun auch rechtlich zu übernehmen. Entgegen den Versprechungen des Londoner Geheimabkommens von 1915[17] blieb Italien hiervon faktisch ausgeschlossen.

Das Mandatssystem unterschied drei Kategorien. Zu den A-Mandaten gehörten Gebiete, deren Entwicklungsstufe eine Anerkennung ihrer nationalen Unabhängigkeit ermöglichte. Hierzu rechnete der Völkerbund vornehmlich die arabischen Territorien des zerfallenden Osmanischen Reiches. B-Mandate waren Gebiete, die mit bestimmten Auflagen - Verbot des Handels mit Sklaven, Alkohol und Waffen - de facto Kolonien blieben. Unter

---

15 Clemenceau, G., Größe und Tragik eines Sieges, Stuttgart 1930, S. 129.

16 Konferenzen und Verträge. Vertrags-Ploetz, Teil II, 4. Band, Würzburg 1959, S. 39.

17 Vgl. Handbuch der Verträge 1871-1964, a.a.O., S. 149ff.

diese Einteilung fiel der ehemalige deutsche Besitz in Afrika, den der Völkerbund zur treuhänderischen Verwaltung Großbritannien, Frankreich und Belgien übertrug. Aus diesem Bestand erhielt Paris fast ganz Kamerun und einen Großteil Togos. Zu C-Mandaten zählten die Kolonien, die bestimmten Mandatsstaaten einfach angegliedert wurden. So geschehen bei der Übernahme Südwestafrikas durch die Südafrikanische Union und der deutschen Inseln im Pazifischen Raum durch Australien, Neuseeland und Japan. Kiautscho, das Japan 1914 erobert hatte, wurde im Dezember 1922 an China zurückgegeben. Die einzige Verpflichtung, die die Siegermächte gegenüber dem Völkerbund eingingen, bestand in einer jährlichen Berichterstattung.

Dem Mandatssystem gänzlich entzogen wurde „Neu-Kamerun". Dieser 275.000 km² umfassende und ursprünglich zum Kongo gehörende Streifen, den die Dritte Republik für die Anerkennung ihres Protektorats über Marokko 1911 an das Wilhelminische Kaiserreich abgetreten hatte, wurde jetzt an Französisch Äquatorialafrika wieder angeschlossen.

Verlief die Abrundung des Kolonialreiches in Afrika noch relativ konfliktlos, so gestaltete sich die Aufteilung des Osmanischen Reiches zwischen den Siegermächten weitaus schwieriger. Infolge des Kriegseintritts der Türkei zugunsten Deutschlands im November 1914 forcierte die Entente ihre Bemühungen, die zahlreichen Völker des seit geraumer Zeit innerlich zerrütteten Reiches gegen die türkische Herrschaft aufzuwiegeln. Sie konnten sich dabei auf einen entwickelten arabischen Widerstand stützen, der seit dem Ende des vergangenen Jahrhunderts zunehmend an Einfluss gewann. Aber erst mit Kriegsausbruch war die Mehrzahl der arabischen

Stammesfürsten auch bereit, das Streben nach politischer Unabhängigkeit mit der Forderung nach Auflösung des Osmanischen Reiches zu verbinden.

An diesem Punkt trafen sich denn auch die Interessen der nationalen arabischen Bewegung und die Intentionen der Kriegsgegner der Türkei. Letztere verfolgten allerdings noch weitergehende Absichten. Zielte die Nahostpolitik Londons vornehmlich auf die strategische Sicherung der Suez-Kanal-Zone und die Kontrolle der Hidscha-Bahn, die von Damaskus nach Medina führte, so erhoffte sich Paris langfristig die Unterwerfung Syriens und des Libanons. Ganz im Stile der geheimen Diplomatie des 19. Jahrhunderts einigten sich die britische und die französische Regierung über die künftige politische Gestalt Arabiens. In dem nach den Verhandlungsführern Sir Mark Sykes und Charles François Georges Picot benannten Sykes-Picot-Abkommen [D3] grenzten sie im Mai 1916 ihre geplanten kolonialen Einflusssphären gegeneinander ab.

Gemäß dieser Übereinkunft sollten Mesopotamien (ohne Mosul), das spätere Transjordanien, die Hafenstädte Haifa und Akka, das nördliche Wüstengebiet der Arabischen Halbinsel sowie die Küstengebiete am Arabischen Golf und Roten Meer der britischen, Syrien, Libanon und das ölreiche nordirakische Mosulgebiet der französischen Kontrolle unterstellt werden. Für Palästina wurde eine internationale Verwaltung vorgesehen. Die von den Vereinbarungen unmittelbar betroffenen Völkerschaften wurden hierzu nicht befragt. Zunächst wussten sie nicht einmal von der Existenz dieser Teilungsverträge. Nach deren Bekanntwerden fühlten sie sich nicht zu Unrecht von den Bündnispartnern hintergangen. Dennoch wirkten britische Truppen und arabische Verbände im Kampf gegen die Türken zusammen.

Noch vor dem Ende des Krieges besetzte Feisal, der älteste Sohn des Scherifen Hussein von Mekka, unterstützt von der britischen Orientarmee Damaskus, das London eigentlich Paris zugestanden hatte. Des Emirs Bemühungen richteten sich sofort nach dem Einmarsch auf die Errichtung einer zentralen syrischen Regierung. Gleichlaufende Versuche, eine arabische Verwaltung auch in Beirut aufzubauen, scheiterten am Widerstand des britischen Oberkommandierenden Generals Allenby. Dieser übergab am 30. September 1918 die libanesischen Küstengebiete an die französischen Behörden. Zugleich drängte Oberkommissar Georges Picot aber entschieden auf den Abzug der britischen Truppen aus Damaskus. Erst nach einem Gespräch zwischen Ministerpräsident Clemenceau und Premier Lloyd George benannten die Briten den 1. November 1919 als Termin für den Beginn der Räumung Syriens.

Nach dieser Entscheidung befürchtete die syrische Nationalbewegung einen baldigen Angriff der Franzosen. Am 8. März 1920 ließ sich Feisal in Damaskus von einer Notabeln-Versammlung zum König ausrufen. Seinen Vorstellungen folgend, umfasste das Königreich das nordwestliche Arabien unter Einschluss Libanons und Palästinas. Doch die Konferenz von San Remo im folgenden Monat setzte die Mandatsbestimmungen, die die Pariser Friedenskonferenz entwickelt hatte, in die Praxis um und besiegelte damit nach nur wenigen Wochen das Schicksal des neuen Königreiches. Frankreich musste gegenüber dem Sykes-Picot-Abkommen noch auf das Erdölgebiet von Mossul verzichten. Umso mehr war es bestrebt, klare Verhältnisse in Damaskus zu schaffen. In einem Ultimatum verlangte der Hochkommissar in Beirut, General Henri-Eugène Gouraud, von der syrischen Regierung die Anerkennung der Mandatsmacht. Als diese Drohung unbeantwortet verstrich, begann der seit langem sorgfältig vorbereitete Angriff. 9000 modern ausgerüstete französische Kolonialsoldaten besiegten die kleine syrische Armee bei Maisalun und zwangen König Feisal zur Flucht ins Ausland. Am 25. Juli 1920 hissten die Franzosen die Trikolore in Damaskus. Damit war das französische Mandat über ganz Syrien hergestellt.

Aber gleich welcher Mandatskategorie die einzelnen Territorien in Afrika oder Arabien zugeordnet wurden, in jedem Fall betrachtete Frankreich den im Ergebnis des Weltkrieges erworbenen kolonialen Gewinn als seinen ständigen Besitz. Nicht ohne Stolz verkündete Sarraut: „La France une nation de cent million d'habitants."[18] Mit den 102 Millionen Einwohnern rangierte Frankreich unter den bevölkerungsreichsten Ländern immerhin auf dem 5. Platz. Und 11.800.000 km², von denen sich allein mehr als 10.000.000 km² auf das afrikanische Festland erstreckten, bedeuteten zugleich die größte Ausdehnung, die das französische Kolonialreich je in seiner Geschichte erreicht hatte.

Assimilation oder Assoziation

Die beachtliche Größe des Empire trog aber über die Stabilität des Reiches hinweg. Die Konfrontation der Kolonialsoldaten mit der modernen europäischen Welt hinterließ nicht nur tiefe Eindrücke, sondern weckte bei

---

[18] Sarraut, A., La mise en valeur des colonies françaises, a.a.O., S. 627.

ihnen zugleich Bedürfnisse nach sozialen Verbesserungen und einer gleichberechtigteren Stellung. Überdies blieb die Wilsonsche Proklamation des Selbstbestimmungsrechts der Völker und der Antikolonialismus der russischen Oktoberrevolution nicht ungehört.

Aber noch befürchtete Paris keine ernsthaften Rückwirkungen auf die überseeischen Besitzungen. Vielmehr pries die Kolonialbürokratie die „Segnungen" ihrer eigenen zivilisatorischen Arbeit, die die Völker Asiens und Afrikas im Ersten Weltkrieg mit ihrem Opfermut und ihrer Loyalität lediglich zurückzahlten. Insofern bestand für die Beamten kein Anlass, über zeitgemäßere Beziehungen zu den Kolonien oder über eine Reform der mittlerweile antiquierten Verwaltungsstrukturen nachzudenken. Nach wie vor teilten sich verschiedene Ministerien die Zuständigkeiten. Dem Innenministerium oblagen die Befugnisse über Algerien, das Außenministerium zeigte sich für Tunesien, Marokko und die Mandatsgebiete in der Levante verantwortlich. Weitere Kompetenzen lagen beim Kriegs-, Marine- und Handelsministerium. Das 1894 geschaffene Kolonialministerium erreichte hingegen nie die von den Kolonialaktivisten gewünschte zentrale Bedeutung als haupt- oder alleinverantwortliches Ministère de l'Empire. Da in der Zwischenkriegszeit in Paris überdies die Gestaltung der Deutschland- und Europapolitik dominierte, zudem die Kabinette und damit die Minister häufig wechselten, blieben zukunftsweisende Impulse für die Kolonialpolitik rar. Die hohen Kolonialbeamten, die gemeinhin eine eigene Ausbildung an der 1889 gegründeten Ecole Coloniale erfahren hatten, zeigten wenig Interesse an einer Flexibilisierung oder gar Liberalisierung der Politik. Für die Mehrheit von ihnen stand eine

mögliche Teilung der bisherigen Macht außerhalb jeglichen Vorstellungsvermögens.

Weitsichtigere Politiker in Paris lehnten hingegen eine die Interessen der Kolonialvölker völlig ignorierende
Doktrin ab. In ihrer Diskussion über die Gestaltung einer zukünftigen Kolonialpolitik konkurrierten vornehmlich zwei Auffassungen. Die Vorstellungen von einer
Assimilation orientierten auf die Einbeziehung der Kolonien als integralen Bestandteil in die französischen
Nation. Geprägt von den Idealen der Französischen Revolution „Freiheit, Gleichheit, Brüderlichkeit" zielten
diese Grundsätze auf die Erziehung der afrikanischen
und asiatischen Völker zu „farbigen Franzosen". Sie
schlossen damit aber die Erreichung der staatlichen Unabhängigkeit prinzipiell aus. Selbst eine Erhebung der
Kolonie in den Status eines französischen Departements
schien kaum möglich.

Die Aufwertung zum Departement, wie sie die Alt-
kolonien aus dem Ersten Empire (Martinique, Guadeloupe, Französisch-Guayana) sowie die seit dem
17. Jahrhundert mit Frankreich besonders eng liierten
vier Kommunen des Senegal (Dakar, Gorée, St.-Louis
und Rufisqze) erreichten, sollte eine Ausnahme bleiben[19]. Die assimilatorischen Überlegungen favorisierten
vor allem eine individuelle Emanzipation der kolonialen
Untertanen. Aber in den Genuss der französischen
Staatsbürgerschaft kamen nur wenige. Zu ihnen gehörten einige Tausende, die 1919 für ihren Einsatz und ihre
Opferbereitschaft im Weltkrieg ausgezeichnet wurden.

---

[19] Vgl. Krosigk, F. v., Frankreich: Koloniale Tradition und postkoloniale
Transformation, in: Länderbericht Frankreich. Geschichte, Politik, Wirt-
schaft, Gesellschaft, hrsg. v. M. Christadler/H. Uterwedde, Bonn 1999,
S. 489f.

Sie erhielten das allgemeine Wahlrecht, besaßen die gleichen juristischen Rechte wie die im Mutterland lebenden Franzosen und verfügten über eine gewisse parlamentarische Vertretung. Der erdrückenden Mehrheit blieb diese Perspektive allerdings verschlossen. Um den Status eines französischen Bürgers zu erreichen, hätte der Eingeborene 1932 eine zehnjährige treue Pflichterfüllung im Kolonialapparat, eine Anpassung an die französische Lebensweise sowie eine erfolgreiche Ableistung der Militärdienstverpflichtungen nachweisen müssen.[20] So blieb der Weg der Naturalisierung nur einigen wenigen Privilegierten vorbehalten. Folglich kam die Assimilationspolitik weder im 19. Jahrhundert noch in der Zwischenkriegszeit über Ansätze hinaus.

Die Mehrheit der Kolonialexperten befürwortete statt dessen eine zweite Doktrin, die der Assoziation. Allerdings stimmten deren Anhänger hinsichtlich der Zielsetzung von Kolonialpolitik auch nicht völlig überein. Während wenige, so Jules Harmand, an der Gewährung des Selbstbestimmungsrechts für die Völker als Ziel festhielten, sahen die meisten die Realisierung dieser Vorstellung als mehr hypothetisch und weit in die Zukunft gerückt an. Zu ihnen gehörte auch Sarraut, der wohl bekannteste Kolonialpolitiker seiner Zeit. Er stand für die Verteidigung einer eher langfristigen und pragmatischen Lösung. In seinem 1931 veröffentlichten Buch „Grandeur et Servitudes coloniales" schrieb Sarraut „essentials" seines Reformprogramms nieder. Ausgehend von dem Grundgedanken, dass die Wohlfahrt Frankreichs einen deutlicheren ökonomischen Aufschwung der Kolonien bedingt, verlangte Sarraut zuerst

---

[20] Vgl. Loth, H., Geschichte Afrikas, Teil II, Berlin 1976, S. 167.

eine Modifizierung der Politik gegenüber den Einheimischen. „Die Eingeborenen sind Menschen wie wir. Man muß sie als solche behandeln, das heißt ihnen die Grundgarantien des Individiums, des persönlichen Rechts sichern, die wir für uns selbst beanspruchen. Das ist die kategorische Forderung der Assoziationspolitik. Sie hat moralische und praktische Konsequenzen."[21] Zu den notwendigen Folgerungen zählte der Autor namentlich eine verbesserte medizinische Hilfe, eine funktionierende Gerichtsbarkeit, menschlichere Arbeitsbedingungen und die Entwicklung des Schulwesens.

Diese „Segnungen" der europäischen Zivilisation, die die Kolonialregierung den Eingeborenen anbieten, notfalls aber auch mit Gewalt durchsetzen sollte, dienten dem vorrangigen Ziel, den Ertrag der Arbeitskraft der kolonisierten Völker beträchtlich zu steigern. Die Aufgabe des schroffen Herrenstandpunktes war sicherlich weniger humanen Gesichtspunkten als vielmehr puren ökonomischen Rentabilitätserwägungen geschuldet. Den Völkern damit umfassendere Gestaltungsmöglichkeiten ihres eigen Lebens einzuräumen, gehörte wohl nicht zu den Motiven der Kolonialbürokratie.

Ferner dachte Sarraut über eine effizientere, d.h. dezentralisiertere Verwaltung nach. Im Orginaltext liest sich dies wie folgt: „Schließlich muß man unsere Schützlinge befähigen, in legitimem und zweckmäßigem Umfang an der Verwaltung ihres eigenen Landes teilzunehmen. Deshalb muß es ihnen möglich sein, öffentliche Ämter zu bekleiden, und die Errichtung von Vertretungskörperschaften muß ihnen erlauben, ihre

---

[21] Sarraut, A., Grandeur et Servitudes coloniales, Paris 1931, S. 121.

Wünsche auszudrücken."[22] Offenbar plante man, den regionalen Einrichtungen eine größere Unabhängigkeit von Paris einzuräumen. Aber es darf bezweifelt werden, dass deren Kompetenzen über die Äußerung von Wünschen hinaus auch Entscheidungsbefugnisse oder gar Budgetrechte umfassen sollten. Nicht von ungefähr sprach Sarraut lediglich von einer Beteiligung an der Verwaltung und keineswegs von einer Teilhabe an der Herrschaft.

Diese Doktrin der Assoziation, die sich zweifelsfrei an das von Lord Frederick D. Lugard für die englischen Kolonien empfohlene Modell der indirect rule anlehnte[23], fasste folglich nie wirklich eine Entlassung der kolonisierten Völker aus der französischen Vormundschaft ins Auge. Dieses evolutionäre Konzept war lediglich eine zeitgemäßere Variante der Übertragung und Verbreitung der Civilisation française. Aber selbst die Reformvorschläge eines Sarrauts scheiterten letztlich am politischen Willen und den finanziellen Möglichkeiten der Regierenden. Allein die Kommunistische Partei und in einem geringeren Maße auch Teile der Sozialisten erhoben das Recht auf Unabhängigkeit zu einem allgemeinen Prinzip. Ihr Einfluss auf die Kolonialpolitik blieb allerdings mehr als begrenzt.

Für den Alltag im südostasiatischen Dschungel bzw. in den Weiten Afrikas hatten die Auseinandersetzungen im fernen Paris vorerst nur geringe Relevanz. Die Unterschiede zwischen Assimilation und Assoziation interessierten vor Ort niemanden. Der typische Kolonialbeamte hatte ganz andere Sorgen. Er musste die Autorität

---

[22] Ebd. S. 122f.
[23] Vgl. Lugard, F. D., The Dual Mandate in British Tropical Africa, London 1965.

der Grande Nation gewährleisten, das öffentliche Leben organisieren und als Lehrer französische Bildung und Kultur vermitteln. Wie er diese Aufgaben bewältigte, ob im Einverständnis mit den lokalen Häuptlingen oder mittels eines autoritären, strengen oder grausamen Regimes, war letztlich von sekundärer Bedeutung. Entscheidendes Kriterium blieb die Botmäßigkeit der Untertanen.

Insoweit kann man die praktizierte Kolonialpolitik keiner der beiden Doktrinen eindeutig zuordnen. Die Dritte Republik verfügte weder über eine einheitliche Kolonialverwaltung noch über eine kohärente Kolonialstrategie. Sie praktizierte die verworfene Assimilation im streng individualistischen Sinn weiter, erlaubte sowohl dem senegalesischen Dichter Léopold Senghor als auch dem vietnamesischen Kommunisten Ho Chi Minh die Aufnahme in die französische Nation, wohl wissend, dass die Integration von Millionen Asiaten und Afrikanern nach dem bekannten Bonmot Edouard Herriots von 1946 Frankreich zur „Kolonie seiner Kolonien" gemacht hätte. Angesichts dieses ungelösten Widerspruchs behaupteten Kritiker, dass die Dritte Republik in den 30er Jahren nun gar keine Kolonialpolitik mehr betrieben hätte.

Der Aufstand der Rifkabylen

Der unzureichende Reformwille französischer Kolonialpolitiker und die unveränderte Charakterisierung der Millionen Afrikaner und Asiaten als vaste main-d'œuvre bzw. als masse de vivants forcierten den nationalen Widerstand. In nahezu allen Teilen des Empire regte sich Opposition. Am deutlichsten zeigte sie sich in

Marokko. Seit dem Protektoratsvertrag von 1912, der dem Sultan formal zwar die weltliche und religiöse Macht zugestand und das nordwestafrikanische Land unter Frankreich und Spanien aufteilte, herrschte der Generalresident und Oberkommandierende, Hubert Lyautey, aber faktisch uneingeschränkt. Er fungierte in Rabat quasi als Vormund des Sultans. Mit harter Hand „befriedete" der überzeugte Monarchist bis zum Ersten Weltkrieg weite Teile der Kolonie. Lediglich in die unbesetzten Hochgebirgsregionen reichte sein Einfluss noch nicht. Immerhin ermöglichte ihm diese „Friedhofsruhe" aber, die nur noch einmal durch ein Gefecht mit dem Stamm der Zaianes im November 1914 gefährdet wurde, Zehntausende von Soldaten auf den europäischen Kriegsschauplatz zu entsenden. Für diese Leistung zum Wohle des Mutterlandes wurde Lyautey 1921 zum Marschall befördert. Dass das Protektoratsregime dennoch nicht auf stabilen Fundamenten stand, bewies das Wiederaufflammen des Kampfes der Rifkabylen im selben Jahr.

Das Territorium der Rifstämme lag im Atlasgebirge und erstreckte sich auf Gebiete, die im Norden Spanien und im Süden Frankreich beanspruchte. Einer Kontrolle dieses unwirtlichen Gebietes widersetzten sich die ansässigen Berberstämme in der Vergangenheit aber erfolgreich. Ein spanischer Versuch, sie zu unterwerfen, endete im Juli 1921 in einer Katastrophe. Das Korps der Iberer wurde vernichtend geschlagen, die Kolonialmacht auf wenige Stützpunkte an der marokkanischen Küste zurückgedrängt. Organisator dieses aufsehenerregenden militärischen Erfolges war Abd el-Krim.[24] Die

---

[24] Abd el-Krim, Memoiren. Mein Krieg gegen Spanien und Frankreich, Dresden 1927.

von diesem Sieg ausstrahlende Autorität nutzte er, um die nicht selten zerstrittenen Bergstämme zum gemeinsamen Handeln zu einen. Im September 1921 wurde die Republik der konföderierten Rifstämme ausgerufen. Zu ihrem Präsidenten wurde Abd el-Krim gewählt.

Hatte Frankreich die Niederlage der spanischen Armee zuerst mit einer gewissen Häme begleitet, so erkannten die Kolonialbeamten doch zunehmend die Gefahr, die von der Existenz eines unabhängigen Rif-Staates auch für das französische Protektorat und darüber hinaus für das gesamte Kolonialreich ausging. Lyautey erklärte in diesem Zusammenhang 1924: „Die Bevölkerung von ganz Nordafrika verfolgt mit größter Spannung den Kampf einer Handvoll Kabylen gegen einen europäischen Staat und zieht seine Schlüsse aus den Siegen des Rifs."[25]

Gemäß diesen Einsichten handelte die Kolonialmacht nach bekanntem Muster. Auf Befehl Lyauteys drangen französische Einheiten in das fruchtbare Tal des Ouergha-Flusses vor, legten Befestigungsanlagen an und schnitten somit die dort lebenden Stämme von ihrer Versorgungsbasis ab. Signale des Friedens und des Ausgleichs der Rifkabylen blieben in Paris unbeantwortet. Längst hatte man an der Seine auf die Karte der vollständigen Liquidation der Republik gesetzt. Erst als die von der Hungersnot bedrohten Stämme begannen, den Kampf auf eigene Faust zu führen und damit die Gefahr der Auflösung des Stammesbundes bestand, entschloss sich Abd el-Krim im April 1925 zum Gegenstoß. Die Rifkabylen vermochten das Tal zurückzuerobern und überdies südwärts in die französische Zone

---

[25] Zit nach: Semjonow, J., Glanz und Elend des französischen Kolonialreiches, Berlin 1942, S. 466.

vorzustoßen. Im selben Sommer bedrohten sie die marokkanische Hauptstadt Fès und Taza sowie die strategisch wichtige Eisenbahnverbindung nach Algerien.

Unerwartet geriet die Kolonialmacht in eine militärisch komplizierte Situation. Paris reagierte daraufhin umgehend. Man einigte sich mit Spanien über einen gemeinsamen Operationsplan, ersetzte Lyautey durch den „Sieger von Verdun", Marschall Philippe Pétain, und rüstete das Heer auf. Im Oktober 1925 traten 325.000 französische Soldaten mit schwerem Geschütz, Panzerwagen und Flugzeugen zur Gegenoffensive an. Dieser mehrfachen materiellen Überlegenheit musste sich Abd el-Krim schließlich beugen. Nach vier Jahren zerfiel die Rifrepublik im Frühjahr 1926 und ihr Anführer wurde für 20 Jahre auf die im Indischen Ozean gelegene Insel Réunion verbannt. Die endgültige Unterwerfung des französischen Teils von Marokko zog sich noch bis zum Februar 1934 hin.

Wenngleich dieser Zusammenstoß in Nordafrika der heftigste zwischen Kolonialmacht und Kolonie in der Zwischenkriegszeit war, so bildete er dennoch keinen Einzelfall. In den Jahren von 1925-1927 warf Paris die Drusenaufstände in Syrien nieder. Hierbei scheute die Armeeführung auch nicht vor der mehrmaligen Bombardierung von Damaskus, einem der bedeutendsten Zentren der arabischen Welt, zurück. Aber nicht in allen Teilen des Empire musste die Dritte Republik zum kolonialen Terror greifen. Südlich der Sahara, in Schwarzafrika und Madagaskar, bereitete es infolge unausgereifter sozialer Strukturen noch keine großen Mühen, la paix française aufrechtzuerhalten. Aber wo immer ein Funke antikolonialen Widerstandes im riesigen Empire auch nur glimmte, Frankreich trat ihn umgehend und konsequent aus.

Der Schatten des Zweiten Weltkrieges

Der Beginn des letzten Friedensjahrzehnts stand ganz im Zeichen kolonialer Feierlichkeiten. Das offizielle Frankreich beging 1930 mit viel Pomp den 100. Jahrestag der Eroberung Algeriens und im folgenden Jahr öffnete eine sorgfältig geplante und aufwendig gestaltete Kolonialausstellung ihre Pforten in Paris. Beide Ereignisse waren für die regierenden Kreise Anlass, eine triumphale Bilanz der französischen Kolonialpolitik zu ziehen und die Einheit zwischen Mutterland und den außereuropäischen Territorien als unzerbrechlich zu preisen. Vor allem die ökonomische Situation des Hexagons motivierte ein Besinnen auf die Kolonien. Die zunehmende Zahlungsunfähigkeit der europäischen Nachbarn, das Ausbleiben der deutschen Reparationen und die Abwertung des britischen Pfunds rissen Frankreich in den Strudel der Weltwirtschaftskrise. Die allgemeine Abschottung der nationalen Märkte vor der ausländischen Konkurrenz stürzte auch den französischen Export in eine tiefe Krise. Um dem beachtlichen Rückgang der Ausfuhrquoten zu begegnen, fand im Dezember 1934 in Paris eine Wirtschaftskonferenz statt, an der alle Kolonien teilnahmen. Erklärtes Ziel war der Ausbau der privilegierten Wirtschaftsbeziehungen zum Empire und die Einführung protektionistischer Maßnahmen. Der Erfolg blieb letztlich aber begrenzt. Der vordergründige Anstieg der Zahlen für den Import und Export in diesem Wirtschaftsraum war weniger dem Aufschwung der ökonomischen Beziehungen zwischen dem Mutterland und den Kolonien als vielmehr dem Rückgang des französischen Handels mit den anderen entwickelten Ländern geschuldet. Privatinvestoren zeigten weiterhin ein vergleichsweise geringes Interesse, ihr Kapital in den Überseegebieten anzulegen.

Kompliziert wurde die an sich schon schwierige außenwirtschaftliche Lage Frankreichs durch den Machtantritt Adolf Hitlers im Januar 1933. Sein offenes Infragestellen der europäischen Grenzen ließ Paris Ausschau nach potentiellen Bündnispartnern halten. Auf deren Suche stieß der amtierende Außenminister Pierre Laval auf Italien. Um sich der Unterstützung Mussolinis gegen Hitler zu vergewissern, zeigte sich Laval gegenüber dem Duce in der Regelung kolonialer Fragen außerordentlich großzügig. Im Januar 1935 erklärte er sich zur Abtretung eines 14.000 km² großen Wüstengebietes zwischen Libyen und dem Tschad bereit. Auch am Roten Meer vereinbarte man eine Ausdehnung der italienischen Kolonie Eritrea um 1000 km² auf Kosten Französisch-Somalilands. Obwohl das französische Parlament die Verträge im Mai 1935 ratifizierte, fanden sie letztlich keine Anwendung. Mit dem italienischen Überfall auf Abessinien, der deutlichen Hinwendung zu Deutschland und den erneuerten Ansprüchen auf Tunesien konterkarierte Mussolini die ursprünglichen französischen Intentionen.[26]

Von der Ausweitung der wirtschaftlichen Misere, der Konzeptionslosigkeit der konservativen Regierungen und außenpolitischen Fehleinschätzungen zogen insbesondere die linken Kräfte politischen Nutzen. Nach der Abwehr eines faschistischen Putschversuches siegte das

---

[26] Vgl. Pervillé, G., De l'Empire français à la décolonisation, a.a.O., S. 52.

Bündnis von Sozialisten, Radikalsozialisten und Kommunisten bei den Parlamentswahlen 1936 und bildete die Volksfrontregierung. Deren Hauptaugenmerk galt natürlich vor allem der Gesundung der Wirtschaft und der Eindämmung der deutschen Revisionspolitik.

Gleichwohl versprachen sich die Eingeborenen von den linken Parteien neue Impulse in der Kolonialpolitik. Im Senegal, in Madagaskar und in Saigon konstituierten sich sogenannte Volksfrontkomitees,[27] deren Hoffnungen aber den realen Absichten der neuen französischen Regierung weit vorauseilten. Denn auch das Kabinett des sozialistischen Ministerpräsidenten Léon Blum wollte die prinzipiellen Strukturen der Abhängigkeit und Verantwortlichkeiten nicht antasten. Dennoch unterschieden sich dessen erste Maßnahmen qualitativ von der Politik der bisherigen Amtsinhaber.

Im August 1936 erließ die Volksfrontregierung eine Amnestie für bisher politisch Verfolgte. Zu den Begnadigten gehörte u. a. auch der spätere Ministerpräsident der Demokratischen Republik Vietnam Pham Van Dong. In weiteren Gesetzen wurden bürgerliche Freiheiten benannt, gewerkschaftliche Rechte eingeführt und soziale Verbesserungen, wie konkrete Regelungen über die Arbeitszeit und den Mindestlohn, fixiert. Das Parlament ratifizierte zudem die 1931 verabschiedete internationale Konvention gegen Zwangsarbeit.

Dass zwischen den erlassenen Gesetzen und huldvollen Absichtserklärungen sowie der kolonialen Realität bisweilen eine immense Kluft existierte, belegen zahlreiche Beispiele. Im September und November 1936 unterzeichnete Frankreich mit Syrien und dem Li-

---

[27] Vgl. Bouche, D., Histoire de la colonisation française, Tome second, a.a.O., S. 319.

banon Verträge, die die Beendigung des französischen Mandats in diesen Ländern und ihren Eintritt in den Völkerbund für 1939 vorsahen. Als Gegenleistung sicherten Damaskus und Beirut für 25 Jahre den Erhalt von zwei Luftwaffenstützpunkten und das Durchzugsrecht für die französischen Streitkräfte zu. Ferner wurden für die nachkoloniale Ära intensive Wirtschafts- und Kulturbeziehungen sowie eine enge außenpolitische Koordination in Aussicht gestellt.

Aber weder die Regierung Blum noch ihre Nachfolger legten die Verträge jemals dem Parlament zur Ratifizierung vor. Erfolgreich hatten der katholische Klerus, der sich um die christlichen Minderheiten in Syrien sorgte, und hohe Militärs, die angesichts wachsender internationaler Spannungen einen faschistischen Einflussgewinn in der Region fürchteten, gegen die Überwindung des kolonialen Status quo interveniert. Die syrische Enttäuschung über den französischen Rückzieher schlug in Verbitterung um, als Paris 1939 überdies aus bündnispolitischen Erwägungen den zwischen Damaskus und Ankara strittigen Sandschuk vertraglich an die Türkei übergab.[28] Diese Grenzkorrektur erleichterte der Türkei zwar den Beitritt zur westlichen Allianz, verschärfte aber die aufgestauten Spannungen mit Syrien. Nur mit harter Hand konnte Frankreich in der Zeit des Zweiten Weltkrieges seinen direkten Einfluss in der Levante sichern.

Und auch in Algerien versandete der Reformwille. Blums Staatsminister für Algerien, Maurice Violette, der zuvor von 1925-1927 bereits hier Generalgouver-

---

[28] Vgl. Bloch, Ch., Die Dritte Französische Republik. Entwicklung und Kampf einer Parlamentarischen Demokratie (1870-1940), Stuttgart 1972, S. 356.

neur gewesen war, lancierte den Vorschlag, das Wahlrecht auf bestimmte moslemische Kreise auszudehnen.
Danach hätten 20-30.000 Algerier ihre Stimme abgeben
können. Obwohl diese Absicht noch weit von einem
allgemeinen Wahlrecht entfernt war, schlugen die europäischen Siedler und ihre politischen Vertreter sofort
Alarm. Schon in der Versammlung der Bürgermeister
Algeriens scheiterte das Projekt. Nach dem Sturz der
Regierung Blum räumten die nachfolgenden radikalso-
zialistisch dominierten Kabinette wieder dem unbe-
dingten Erhalt der französischen Autorität im Kolonialreich Priorität ein.

Die Auseinandersetzungen um eine zeitgemäße Kolonialpolitik tangierte - wenngleich auch erst auf den
zweiten Blick - die Suche nach einem wirkungsvollen
Weg der Eindämmung deutscher Expansionsgelüste.
Die Volksfrontkabinette setzten vorerst auf eine Politik
der Verständigung und der Zugeständnisse. Erst als es
überdeutlich wurde, dass Hitler auch vor der Anwendung militärischer Gewalt nicht zurückschreckte, rang
sich Paris zu verstärkten Verteidigungsanstrengungen
durch. Nun wurde auch wieder eine Industrialisierung
der Kolonien im Interesse eines effektiven Verteidi-
gungsbeitrages diskutiert. Doch als an der Seine diese
Überlegungen zur Entscheidung heranreiften, liefen in
Berlin die Kriegsvorbereitungen längst auf Hochtouren.
Im Mai 1940 fiel die Wehrmacht im Nachbarland ein.
Dass Frankreich trotz der schnellen Kapitulation und
der landesverräterischen Kollaboration nach fünf Jahren
wieder zum Kreis der Siegermächte gehörte, verdankte
die Grande Nation - wie bereits im Ersten Weltkrieg - in
einem nicht unerheblichen Maße den Leistungen der
Völker im Kolonialreich.[D4]

Dokumente:

(...) Das Programm des Weltfriedens ist unser Programm, und dieses Programm - unserer Auffassung nach das einzig mögliche - ist folgendes:

I. Offene Friedensverträge, die offen zustande gekommen sind, und danach sollen keine geheimen internationalen Vereinbarungen irgendwelcher Art mehr getroffen werden, sondern die Diplomatie soll immer offen und vor aller Welt arbeiten.

II. Vollkommene Freiheit der Schiffahrt auf den Meeren, außerhalb der Küstengewässer, sowohl im Frieden als auch im Kriege, außer insoweit, als die Meere ganz oder teilweise durch internationale Maßnahmen zur Erzwingung internationaler Abmachungen geschlossen werden mögen.

III. Beseitigung aller wirtschaftlichen Schranken, soweit möglich, und Errichtung gleicher Handelsbeziehungen unter allen Nationen, die dem Frieden zustimmen und sich zu seiner Aufrechterhaltung zusammenschließen.

IV. Austausch ausreichender Garantien dafür, daß die nationalen Rüstungen auf das niedrigste mit der inneren Sicherheit zu vereinbarende Maß herabgesetzt werden.

V. Eine freie, weitherzige und unbedingt unparteiische Schlichtung aller kolonialen Ansprüche, die auf einer genauen Beobachtung des Grundsatzes fußt, daß bei der Entscheidung aller derartiger Souveränitätsfragen die Interessen der betroffenen Bevölkerung ein ebensolches Gewicht haben müssen wie die berechtigten Forderungen der Regierung, deren Rechtsanspruch bestimmt werden soll.

VI. Räumung des ganzen russischen Gebiets und eine solche Regelung aller Rußland betreffenden Fragen, die ihm die beste und freieste Zusammenarbeit der anderen Nationen der Welt für die Erlangung einer unbeeinträchtigten und ungehinderten Gelegenheit zur unabhängigen Bestimmung seiner eigenen politischen Entwicklung und nationalen Politik sicherstellt und es eines aufrichtigen Willkommens in dem Bunde der freien Nationen unter von ihm selbst gewählten Staatseinrichtungen versichert, und darüber hinaus die Gewährung von Beistand jeder Art, dessen es bedürfen und selbst wünschen sollte. [sic] Die Rußland in den nächsten Monaten von seinen Schwesternationen gewährte Behandlung wird der Prüfstein für deren gute Absichten und ihr Verständnis für seine Bedürfnisse - zum Unterschied von ihren eigenen Interessen - sowie für ihre verständige und selbstlose Sympathie sein.

VII. Belgien muß, wie die ganze Welt übereinstimmen wird, geräumt und wiederhergestellt werden, ohne jeden Versuch, seine Souveränität, deren es sich ebenso wie alle anderen freien Nationen erfreut, zu beschränken. Keine andere Einzelhandlung wird so wie diese dazu dienen, das Vertrauen unter den Nationen zu den Gesetzen wiederherzustellen, die sie selbst für die Regelung der Beziehungen untereinander aufgestellt und festgesetzt haben. Ohne diesen heilenden Akt ist die ganze Struktur und Geltung des Völkerrechts für immer erschüttert.

VIII. Alles französische Gebiet sollte befreit und die besetzten Teile sollten wiederhergestellt werden, und das Frankreich von Preußen im Jahre 1871 hinsichtlich Elsaß-Lothringens angetane Unrecht, das den Weltfrieden während eines Zeitraums von nahezu fünfzig Jahren in Frage gestellt hat, sollte wieder gutgemacht werden, damit erneut Friede im Interesse aller gemacht werde.

IX. Es sollte eine Berichtigung der Grenzen Italiens nach den klar erkennbaren Linien der Nationalität durchgeführt werden.

X. Den Völkern Österreich-Ungarns, deren Platz unter den Völkern wir sichergestellt und zugesichert zu sehen wünschen, sollte die freieste Gelegenheit zu autonomer Entwicklung gewährt werden.

XI. Rumänien, Serbien und Montenegro sollten geräumt werden; besetzte Gebiete sollten wiederhergestellt werden; Serbien sollte freier und sicherer Zugang zum Meere gewährt werden; und die Beziehungen der verschiedenen Balkanstaaten zueinander sollten durch freundschaftliche Verständigung gemäß den geschichtlich feststehenden Grundlinien von Zugehörigkeit und Nationalität bestimmt werden. Auch sollten internationale Bürgschaften für die politische und wirtschaftliche Unabhängigkeit sowie für die territoriale Unverletzlichkeit der verschiedenen Balkanstaaten übernommen werden.

XII. Den türkischen Teilen des gegenwärtigen Osmanischen Reiches sollte eine sichere Souveränität, den anderen derzeit unter türkischer Herrschaft stehenden Nationalitäten aber eine unzweifelhafte Sicherheit der Existenz und unbeeinträchtigte Gelegenheit für autonome Entwicklung zugesichert werden; auch sollten die Dardanellen unter internationaler Garantie dauernd als ein freier Durchgang für die Schiffe und den Handel aller Nationen geöffnet werden.

XIII. Es sollte ein unabhängiger polnischer Staat errichtet werden, der die von unbestritten polnischen Bevölkerungen bewohnten Gebiete einschließen sollte, dem ein freier und sicherer Zugang zum Meere zugesichert werden sollte und dessen politische und wirtschaftliche Unabhängigkeit und territoriale Unverletzlichkeit durch internationale Abkommen garantiert werden sollten.

XIV. Es muß zum Zwecke wechselseitiger Garantieleistung für politische Unabhängigkeit und territoriale Unverletzlichkeit der großen wie der kleinen Staaten unter Abschluß spezifischer Vereinbarungen eine allgemeine Gesellschaft von Nationen gebildet werden. (...)

Zit. nach: Schwabe, Klaus (Hrsg.), Quellen zum Friedensschluß von Versailles. Ausgewählte Quellen zur deutschen Geschichte der Neuzeit. Freiherr vom Stein-Gedächtnisausgabe, Bd. XXX, Darmstadt 1997, S. 47ff.

[D2] *Aus dem Friedensvertrag von Versailles (Art. 22) vom 28. Juni 1919*

Art. 22. Auf die Kolonien und Gebiete, die infolge des Krieges aufgehört haben, unter der Souveränität der Staaten zu stehen, die sie vorher beherrschten, und die von Völkern bewohnt sind, die noch nicht imstande sind, sich unter den besonders schwierigen Verhältnissen der modernen Welt selbst zu leiten, finden nachstehende Grundsätze Anwendung. Das Wohlergehen und die Entwicklung dieser Völker bilden eine heilige Aufgabe der Zivilisation, und es erscheint zweckmäßig, in diese Satzung Sicherheiten für die Erfüllung dieser Aufgabe aufzunehmen.

Der beste Weg, diesen Grundsatz praktisch zu verwirklichen, ist die Übertragung der Vormundschaft über diese Völker an die fortgeschrittenen Nationen, die auf Grund ihrer Hilfsmittel, ihrer Erfahrung oder ihrer geographischen Lage am besten imstande und bereit sind, eine solche Verantwortung auf sich zu nehmen: diese Vormundschaft hätten sie als Mandatare des Bundes und in dessen Namen zu führen. Die Art des Mandates muß sich nach dem Maße der Entwicklung des Volkes, der geographischen Lage seines Gebiets, seinen wirtschaftlichen Bedingungen und nach allen sonstigen entsprechenden Umständen richten.

Gewisse Gemeinwesen, die ehemals zum Türkischen Reiche gehörten, haben einen solchen Grad der Entwicklung erreicht, daß ihr Dasein als unabhängige Nationen vorläufig anerkannt werden kann, unter der Bedingung, daß die Ratschläge und die Unterstützung eines Mandatars ihrer Verwaltung bis zu dem Zeitpunkt zur Seite stehen, wo sie imstande sind, sich selbst zu leiten. Bei der Wahl des Mandatars sind die Wünsche dieser Gemeinwesen in erster Linie zu berücksichtigen.

Der Grad der Entwicklung, in dem sich andere Völker, insbesondere diejenigen Mittelafrikas, befinden, erfordert, daß der Mandatar dort die Verwaltung des Gebiets unter Bedingungen übernimmt, die das Aufhören von Mißbräuchen, wie Sklaven-, Waffen- und Alkoholhandel, gewährleisten und zugleich die Freiheit des Gewissens und der Religion verbürgen, ohne andere als die durch die Aufrechterhaltung der öffentlichen Ordnung und Sittlichkeit gebotenen Einschränkungen. Dabei ist die Errichtung von Festungen oder von Heeres- oder Flottenstützpunkten, sowie die militärische Ausbildung der Eingeborenen, soweit sie nicht für Polizeidienste oder für die Verteidigung des Gebiets erforderlich ist, zu verbieten. Auch sind den anderen Mitgliedern des Bundes gleiche Möglichkeiten für Handel und Gewerbe zu gewährleisten.

Endlich gibt es Gebiete, wie das südwestliche Afrika und gewisse Inseln im australischen Stillen Ozean, die infolge der geringen Dichtigkeit ihrer Bevölkerung, ihrer beschränkten Ausdehnung, ihrer Entfernung von den Mittelpunkten der Zivilisation und ihres geographischen Zusammenhangs mit den beauftragten Staaten oder infolge anderer Umstände am besten nach den Gesetzen des Mandatars und als integrierender Bestandteil dieses Staates, vorbehaltlich der vorstehend im Interesse der eingeborenen Bevölkerung vorgesehenen Schutzmaßnahmen, verwaltet werden.

In allen Fällen hat der Mandatar dem Rat einen jährlichen Bericht über die seiner Fürsorge übertragenen Gebiete vorzulegen.

Wenn der Umfang an Machtbefugnis, Aufsicht oder Verwaltung, der dem Mandatar zusteht, nicht Gegenstand eines früheren Übereinkommens zwischen den Bundesmitgliedern bildet, wird darüber von dem Rat besondere Bestimmung getroffen.

Eine ständige Kommission erhält die Aufgabe, die Jahresberichte der Mandatare entgegenzunehmen und zu prüfen, sowie dem Rate in allen bei der Ausführung der Mandatsverpflichtungen angehenden Fragen sein Gutachten zu erstatten.

Zit. nach: : Handbuch der Verträge 1871-1964, a.a.O., S. 188f.

[**D3**] *Sykes-Picot-Abkommen zwischen Großbritannien und Frankreich über die Aufteilung der arabischen Länder des ottomanischen Reiches (9. und 16. 5. 1916)*

1. Frankreich und Großbritannien sind bereit, innerhalb bestimmter Gebiete (die auf der beigegebenen Karte mit A und B bezeichnet wurden), einen unabhängigen arabischen Staat oder eine Konföderation arabischer Staaten anzuerkennen und zu schützen unter der Suzeränität eines arabischen Oberhauptes. Frankreich habe in dem Gebiet A und Großbritannien in dem Gebiet B festgelegte Vorrechte.

2. Beiden Mächten soll es erlaubt sein, in diesen Gebieten direkte oder indirekte Verwaltung oder Kontrollen einzurichten, wie sie sie für notwendig halten in Zusammenarbeit mit den arabischen Staaten oder der arabischen Konföderation.

3. In dem auf der Karte braun eingetragenen Gebiet soll eine internationale Verwaltung eingerichtet werden, deren Art nach Verabredung mit Rußland und den anderen Alliierten noch festgesetzt werden soll.

4. Großbritannien werden die Häfen von Haifa und Akre zugesprochen, und ihm die Wasserversorgung vom Tigris und Euphrat über Gebiet A in B garantiert. Ohne vorherige Verständigung mit der französischen Regierung wird Großbritannien mit keiner dritten Macht in Verhandlungen betr. Abtretung Cyperns eintreten.

5. Alexandrette soll für den Handel des Britischen Empire Freihafen werden, entsprechend Haifa für den Handel Frankreichs, dessen Herrschaften und Protektorate; gleiches gilt für den Transithandel auf den Eisenbahnen beider Städte.

6. Die Bagdad-Bahn soll in dem Gebiet A südl. Richtung Mossul und im Gebiet B nördl. gegen Samara erst dann weiter ausgebaut werden, wenn eine Eisenbahnverbindung zwischen Bagdad und Aleppo über das Tal des Euphrat hergestellt worden ist.

7. Großbritannien hat das Recht zu bauen, zu verwalten und der einzige Eigentümer der Bahn zu sein, die Haifa mit dem Gebiet B verbindet; darüber hinaus hat es das bleibende Recht, zu jeder Zeit Truppen entlang dieser Linie zu transportieren. Da beide Mächte die Wichtigkeit der Bahnverbindung Bagdad-Haifa aner-

kennen und sich bei ihrem Bau technische Schwierigkeiten erge-
ben könnten, soll die französische Regierung erwägen, ob die in
Frage kommende Linienführung nicht das Polygon B anias-keis
Marib-Salkhad Tell Otsda-Mesmie überqueren soll, bevor sie das
Gebiet B erreicht.

8. Für die Dauer von weiteren 20 Jahren soll der bisherige türkische Tarif in Kraft bleiben, und zwar in den sog. blauen und roten Gebieten wie in denen von A und B. Zwischen diesen Gebieten sollen keine inneren Zollschranken errichtet werden.

9. Frankreich verspricht zu keiner Zeit in Verhandlungen mit einer dritten Macht über die Abtretung von Rechten einzutreten
und insbesondere keine derartigen Rechte an eine dritte Macht im
blauen Gebiet abzutreten, es sei denn an die arabischen Staaten
oder die Konföderation arabischer Staaten, ohne sich zuvor mit
der britischen Regierung darüber verständigt zu haben, die ein
entsprechendes Versprechen für die roten Gebiete gibt.

10. Die britische und die französische Regierung, als Schutz-
mächte der arabischen Staaten, stimmen darin überein, daß sie
selbst keine territorialen Erwerbungen beabsichtigen und nicht
zustimmen werden, daß eine dritte Macht auf der arabischen
Halbinsel territoriale Besitzrechte erwirbt, noch Flottenbasen an
der Küste oder auf den Inseln des Roten Meeres einrichtet. Eine
Grenzberichtigung bei Aden ist davon ausgenommen.

11. Die Verhandlungen über die Grenzführung der arabischen
Staaten oder der entsprechenden Konföderation sollen auf den
bisherigen Wegen weiter fortgesetzt werden.

12. Maßnahmen zur Kontrolle der Waffeneinfuhr in die arabischen Territorien wollen beide Mächte in Erwägung ziehen.

Um die Vereinbarung zu vervollständigen, soll der russischen
Regierung vorgeschlagen werden, analoge Noten auszutauschen
unter Bezugnahme auf den Notenwechsel vom 26. April.

*In: Konferenzen und Verträge. Vertrags-Plötz ein Handbuch geschichtlich
bedeutsamer Zusammenkünfte und Vereinbarungen. Teil II. 4. Band: Neu-
este Zeit 1914-1959, a.a.O., S. 15f.*

Territoire	Statut	Capitale	Superficie	Population
Afrique				
Tunisie	Protect.	Tunis	156.000	2.600.000
Algérie	Départ.	Alger	2.205.000	7.235.000
Maroc	Protect.	Rabat	399.000	6.296.000
AOF	Colonie	Dakar	4.702.000	14.703.000
Togo	Mandat	Lomé	57.000	736.000
AEF	Colonie	Brazzaville	2.487.000	3.423.000
Cameroun	Mandat	Yaoundé	422.000	2.389.000
Madagascar	Colonie	Tananarive	592.000	3.798.000
Réunion	Colonie	Saint-Denis	2500	209.000
Côte Somalis	Colonie	Djibouti	21.700	46.000
Asie				
Syrie/Liban	Mandats	Beyrouth	202.000	3.600.000
Étab. Indes	Colonie	Pondichéry	500	299.000
Indochine	.	Hanoi	741.000	22.930.000
Kouang-Tchéou Wan	Terr. Bail		800	230.000
Shangai	Concession			
Canton	Concession			
T'ien-tsin	Concession			
Han-keou	Concession			
Océanie				
Nouvelle-Calédonie	Colonie	Nouméa	19.000	53.000
Nouvelles-Hébrides	Condominium fr.-brit.	Port-Vila	12.000	50.000
Étab. Océanie	Colonie	Papeete	4000	44.000
Amérique				
St.-Pierre et Miquelon	Colonie	Saint Pierre	200	4000
Guadeloupe	Colonie	Basse-Terre	1800	304.000
Martinique	Colonie	Fort-de-France	1100	247.000
Guyane	Colonie	Cayenne	90.000	37.000
Antarctique				
Terre Adélie			900.000	

183

AOF: Sénégal, Mauritanie, Guinée, Côte-d'Ivoire, Soudan, Niger, Dahomey, Haute-Volta.
AEF: Gabon, Congo, Oubangui-Chari, Tschad.
Indochine: Cochinchine (colonie), Annam et Tonkin, formant l'ancien Viet Nam (protectorats), Laos et Cambodge (protectorats).

In: Ruscio, A., La décolonisation tragique. Une histoire de la décolonisation française, 1945-1962, Paris 1987, S. 16.

5. Kapitel
Gegen den Strom der Zeit

(Der Zusammenbruch des zweiten französischen Kolonialreiches)

Die Kolonien im Krieg

Am Beginn des Zweiten Weltkrieges blieb Frankreich die grausame Kriegswirklichkeit zunächst erspart. Zwar hatte die Dritte Republik nach dem Überfall auf Polen Hitlerdeutschland am 3. September 1939 formell den Krieg erklärt, jedoch selbst keine wirksamen Entlastungsversuche zur Unterstützung seines bedrängten Verbündeten unternommen. Die französische Generalität, die eingedenk der Erfahrungen im Ersten Weltkrieg mit einem lang anhaltenden militärischen Konflikt gerechnet hatte, der nur mit einer defensiven Strategie zu gewinnen war, befahl ihren Truppen, sich hinter der als uneinnehmbar erklärten Maginotlinie zu verschanzen. Sie überließ im Komischen Krieg Hitler die Initiative, der nach der schnellen Niederwerfung Polens, Dänemarks und Norwegens seine Armee nun gegen Westen marschieren ließ. Der unerwartet heftige Angriff über das neutrale Belgien und die Niederlande sowie über die als unüberwindlich geltenden Ardennen überraschte und überforderte die Politiker und Militärs in Paris. Angesichts des schnellen Vordringens der Wehrmacht kam es innerhalb der Regierung zu heftigen Auseinandersetzungen. Während Ministerpräsident Paul Reynaud sich für eine Fortsetzung des Kampfes notfalls nach einer Übersiedlung seines Kabinetts nach Nordafrika aussprach, votierte eine Gruppe um Marschall Pétain für eine schnellstmögliche Einstellung der Kampfhandlun-

185

gen. Die Zerrissenheit der Regierung und die Unfähigkeit des Generalstabes, den Widerstand zu organisieren, beschleunigten den republikanischen Auflösungsprozess und die militärische Niederlage. Schließlich demissionierte am 16. Juni Reynaud, ohne für seine Auffassung, dass der Krieg von den Kolonien aus fortgeführt werden könne, überzeugend geworben zu haben. Für seinen Nachfolger Pétain kam nur ein Waffenstillstand in Frage. Diese Lagebeurteilung teilten allerdings nicht alle Franzosen. In London rief der ehemalige Staatssekretär im Kriegsministerium, Charles de Gaulle, seine Landsleute zum Widerstand auf.[D1] Im Gegensatz zum „Sieger von Verdun", der den Blick ausschließlich auf das Mutterland richtete, setzte der noch weithin unbekannte Brigadegeneral das Schicksal Frankreichs in die Perspektive einer weltweiten Auseinandersetzung mit den Achsenmächten.[1]

Mit dem Aufruf zur Fortsetzung des Krieges an der Seite Englands bot sich für die vom Zusammenbruch des Mutterlandes bis dato unberührten Kolonien eine strategische Alternative. Jedoch fand der Londoner Appell vorerst nur ein geringes Echo. Die überwiegende Mehrheit der Gouverneure und Befehlshaber erkannte die Autorität des greisen Marschalls sowie die Legitimität seines Regimes noch an. Eine rühmliche Ausnahme bildeten - neben den eher kleineren Besitzungen in Indien, Polynesien und Neukaledonien - die Territorien in Französisch-Äquatorialafrika. Bereits im August 1940 schloss sich der aus Französisch-Guayana stammende Gouverneur des Tschad, Félix Eboué, dem Widerstand des Freien Frankreichs an. Ihm folgten, auch

---

[1] Vgl. Gaulle, Ch. de, Discours et Messages. Pendant la guerre, juin 1940 - janvier 1946, Paris 1970, S. 3f.

aufgrund der Nähe zum britischen Nigeria, die Kolonialverwaltungen von Kongo-Brazzaville und Kamerun. Ein gemeinsamer Versuch britischer und gaullistischer Einheiten, die für den Kampf im Atlantik strategisch bedeutsame senegalesische Hafenstadt Dakar anzugreifen, schlug im September indes fehl.[2] Im November gelang es dafür den von Kamerun aus eindringenden Freien Franzosen, Gabun, die letzte vichytreue Bastion in Äquatorialafrika, zur Kapitulation zu bewegen.

Damit verfügte die Widerstandsbewegung in der Mitte des schwarzen Kontinents über eine beachtliche Ausgangsbasis, um weitere Kolonien gegen Pétain zu aktivieren. Am 27. Oktober 1940 veröffentlichte de Gaulle in Brazzaville ein Manifest, das die Gründung eines Verteidigungskomitees des Empire verkündete.[3] Es war dies die Keimzelle des am 3. Juni 1943 in Algier gegründeten Comité français de libération nationale, aus dem schließlich am Vorabend der alliierten Landung in der Normandie die Provisorische Regierung der Französischen Republik hervorging.

Trotz der ansehnlichen Erfolge in Äquatorialafrika behielt das Frankreich Pétains im Spätherbst des Jahres 1940 die Kontrolle über das Gros des Kolonialreiches: den Maghreb, die Levante, Westafrika und Madagaskar.[4] Vichy verband vor allem mit dem Zugriff auf seine nordafrikanischen Besitzungen die trügerische Hoffnung, Gestaltungsmöglichkeiten für die Kollaborations-

---

[2] Vgl. Krautkrämer, E., Frankreichs Kriegswende 1942, Bern u.a. 1989, S. 44ff.

[3] Vgl. Manifeste lancé de Brazzaville, 27 octobre 1940 et ordonannce No.1, in: Gaulle, Ch. de, Mémoires de guerre, L'appel 1940-1942, Paris 1954, S. 349f.

[4] Vgl. Bouche, D, Histoire de la colonisation française, Tome second, a.a.O., S. 525ff.

politik in der Hand zu halten. Eine imperiale Propaganda versuchte überdies glaubhaft zu machen, dass Frankreich dank seiner Kolonien künftig einen gebührenden Platz in einem von Nazideutschland neugeordneten Europa einnehmen werde.

Obwohl die gaullistische Kolonialoffensive nach der erfolglosen Belagerung von Dakar vorerst beendet war, verdichteten sich aus der Sicht Vichys dennoch die Gefahren für das Empire. Sie rührten einerseits aus den territorialen Ansprüchen Italiens und erwuchsen andererseits aus der fortschreitenden Einbindung Nordafrikas in die deutsche Kriegsführung. Die Ausdehnung der Militäroperationen auf den Mittelmeerraum steigerten nicht nur den kriegsstrategischen Wert der französischen Besitzungen, dem Deutschland mit einer geringfügigen Erleichterung der Waffenstillstandsbedingungen Rechnung trug,[5] sondern ließen auch eine offene Konfrontation mit Großbritannien immer wahrscheinlicher werden.

Um die kolonialen Positionen nicht zusätzlich zu gefährden, hatte es Pétain selbst nach der Versenkung eines Teils der französischen Kriegsschiffe vor dem algerischen Mers el-Kebir durch ein britisches Flottengeschwader vermieden, die direkte Auseinandersetzung mit England zu suchen. Vielmehr verharrte Vichy in seiner attentistischen Haltung und unterhielt trotz der britischen Anerkennung der gaullistischen Bewegung weiterhin inoffizielle Kontakte zu London. Diese Gespräche mündeten im Dezember 1940 in das nach den beiden Verhandlungsführern benannte Halifax-Cheva-

---

[5] Vgl. Kletzin, B., Trikolore unterm Hakenkreuz. Deutsch-französische Kollaboration 1940-1944 in den diplomatischen Akten des Dritten Reiches, Opladen 1996, S. 127.

lier-Abkommen, in dem beide Regierungen die sich gegenseitig berührenden Kolonialinteressen absteckten. Für die Respektierung des status quo der zur Résistance übergetretenen Territorien sowie die Bereitschaft, die Reste der immer noch bedeutenden Flotte und die Kolonien nicht an die Achsenmächte auszuliefern, hob Großbritannien im Gegenzug die Blockade der französischen Küstenschifffahrt auf, so dass der geregelte Warenverkehr zwischen Mutterland und Empire wieder aufgenommen werden konnte.[6]

Diese Vereinbarung stand nicht im Widerspruch mit der von Hitler und Pétain nach ihrem Treffen von Montoire bekräftigten Absicht einer begrenzten militärischen Kollaboration. Sie schloss einen französischen Kriegseintritt an der Seite des Reiches aus, ermöglichte aber eine intensive Unterstützung der deutschen Eroberungspolitik. Gemäß diesen Intentionen lieferte Vichy beachtliche Mengen kriegswichtiger Rohstoffe, stellte Häfen sowie Flugplätze als Versorgungsbasen zur Verfügung und organisierte den Nachschub für das Afrikakorps Rommels.

Mit dem Ausbruch antibritischer Unruhen Ende April 1941 im Irak, die Deutschland begrüßte und förderte, erhielt die militärische Kollaboration neue Impulse. Da die Unterstützung der Erhebung des Rachid Ali Hitler vor erhebliche logistische Probleme stellte, konnte eine wirksame Hilfestellung nur mit Frankreichs Zustimmung vom syrischen Mandatsgebiet erfolgen. Die hierüber geführten Verhandlungen endeten mit der Unter-

---

[6] Vgl. Hytier, A.D., Two Years of French Foreign Policy: Vichy 1940-1942, Genève, Paris 1958, S. 105f.

zeichnung der sogenannten „Pariser Protokolle".[7] Die
Papiere regelten Vichys unterstützenden Beitrag für die
deutschen Militäroperationen in Syrien und in Nordafrika, öffneten Dakar der deutschen Marine als Stützpunkt im Südatlantik und fassten gegen erhebliche politische und wirtschaftliche Konzessionen der Besat-
zungsmacht sogar eine Aufgabe des bisherigen nicht-
kriegführenden Status ins Auge.

Die Vertiefung und Umsetzung der Gespräche wurde
allerdings von der Dynamik des Kriegsgeschehens ein-
geholt. Schon bald brach die Rebellion im Irak zusammen, und bereits im Juni gingen die britischen Truppen,
verstärkt durch gaullistische Verbände, zum Angriff auf
Syrien über. Damit kämpften erstmals Franzosen gegen
Franzosen auf dem Schlachtfeld. Die schlecht ausgerüsteten Vichytruppen des Generals Henri Fernand
Dentz konnten dem alliierten Druck jedoch nur wenige
Wochen standhalten. Nach ihrer Kapitulation im Juli
drohte die Rivalität um die Vorherrschaft in der Levante
zwischen England und dem Freien Frankreich offen
auszubrechen. Dabei schien de Gaulle selbst einen militärischen Zusammenstoß mit dem Verbündeten nicht
zu scheuen, so dass kurzzeitig der Eindruck entstehen
konnte, dass Großbritannien und nicht Deutschland der
Feind Frankreichs sei. Letztlich gab Churchill der un-
versöhnlichen Haltung des Generals widerstrebend
nach, da er einen Bruch mit dem eigensinnigen Partner
nicht riskieren wollte.

Die Unnachgiebigkeit de Gaulles sicherte Frankreich
vorerst aber die Fortsetzung seiner Mandatsherrschaft in
Syrien und im Libanon. Als der Chef des Freien Frank-

---

[7] Vgl. Akten zur deutschen auswärtigen Politik, Serie D, Bd. XII, Nr. 559,
Baden-Baden, Göttingen, Frankfurt/M. o. J.

reich in Damaskus und Beirut einzog und damit die französische Oberhoheit im östlichen Mittelmeer demonstrierte, richtete sich sein Augenmerk eigentlich schon auf das wechselvolle Kriegsgeschehen im Norden Afrikas.

Nach dem Verlust der Levante wurde die Verteidigung des Maghreb zur schlichten Überlebensfrage für Vichy. Über die Sicherung des hierfür einzuschlagenden Weges bestanden innerhalb der Administration allerdings erhebliche Differenzen. Während der stellvertretende Ministerpräsident François Darlan nach dem deutschen Überfall auf die Sowjetunion eine verstärkte Hilfe für das Afrikakorps Rommels erwog, befürchtete der Oberkommandierende in Nordafrika, General Maxime Weygand, gerade von dieser Maßnahme eine weitere Beeinträchtigung der Beziehungen zu England und den Vereinigten Staaten. Jedoch neigte sich die Zeit der Strategiediskussionen sowieso ihrem Ende zu. Unter dem wachsenden Druck der Kriegserfordernisse erreichte das Reich im November 1941 die Abberufung Weygands sowie eine Ausweitung von unterstützenden Maßnahmen, die die Versorgung des Afrikakorps zwar erleichterten, aber nicht prinzipiell lösen konnten. Mit dem Kriegseintritt der USA und den verlustreichen Schlachten in der Sowjetunion setzte eine Überforderung der Kräfte der Achsenmächte ein, die eine Umkehrung des bisherigen Kräfteverhältnisses auch in Afrika zur Folge hatte.

Die Landung der alliierten Truppen an den Küsten Marokkos und Algeriens am 8. November 1942 veränderte die Situation sowohl in den Kolonien als auch im Mutterland grundlegend. Dem Erfolg der Operation Torch, den die knapp 200.000 Mann umfassende Kolonialarmee mit ihrer eher symbolischen Gegenwehr nie gefährdete, folgten die Totalbesetzung Frankreichs, die Selbstversenkung der im Hafen von Toulon liegenden Flotte[8] sowie der deutsche Einmarsch in Tunesien. Binnen weniger Tage hatte der französische Staat all seine Trumpfkarten verloren. Dennoch blieben seine Repräsentanten vorerst die bevorzugten Ansprechpartner der Vereinigten Staaten, die zuerst auf den Fünf-Sterne-General Henri Giraud, dem im April 1942 eine aufsehenerregende Flucht aus deutscher Kriegsgefangenschaft gelungen war, und auf Admiral Darlan setzten. Die Zurücksetzung de Gaulles führte zu der paradoxen Situation, dass die Kolonien in Nord- und Westafrika nun zwar an der Seite der Alliierten kämpften, dies aber eigentlich noch im Namen Vichys taten. Erst nach der Ermordung Darlans[9] und dem offensichtlichen Autoritätsverlust Girauds mussten die Amerikaner de Gaulle im Sommer 1943 als unbestrittenen Chef der Résistance akzeptieren.

Bis zu diesem Zeitpunkt hatten die meisten Kolonien den Weg ins gaullistische Lager längst gefunden: im Dezember 1941 wurden die im Atlantik vor Neufundland gelegenen Eilande St.-Pierre-et-Miquelon besetzt; Ende 1942 übergaben die Alliierten die von britischen und südafrikanischen Verbänden eroberten Inseln Madagaskar und Réunion; zur selben Zeit wechselte Fran-

---

[8] Vgl. Kowark, H., Deutschland und die französische Toulon-Flotte 1940-1942, in: La France et l'Allemagne en guerre septembre 1939 - novembre 1942, actes du XXVe colloque franco-allemand à Wiesbaden du 17 au 19 mars 1988, publiés sous la direction de Claude Carlier et Stefan Martens, Paris 1990, S. 213ff.

[9] Vgl. Krautkrämer, E., Admiral Darlan, de Gaulle und das royalistische Komplott in Algier 1942, in: Vierteljahreshefte für Zeitgeschichte 4/1984, S. 529ff.

zösisch-Somaliland (Djibuti) die Seite; im März 1943 folgte das französische Guayana; zwei Monate darauf kapitulierte die Achse in Tunis und im Juli gingen die Antilleninseln zu den Alliierten über. Dabei übergab der Hochkommissar für die Antillen und Guayana nicht nur die in seinem Verantwortungsbereich stationierten Flugzeuge sowie Kriegs- und Handelsschiffe, sondern auch jene 300 Tonnen Gold, die die Bank von Frankreich im Jahre 1940 aus Sicherheitsgründen dort deponiert hatte und die bald den Grundstock für Frankreichs Beteiligung am Internationalen Währungsfonds bilden sollten.

Lediglich Indochina blieb von dieser Entwicklung weitgehend unberührt. Infolge der geringen Truppenpräsenz sahen sich die französischen Behörden mit Beginn des Weltkrieges einem wachsenden Druck Japans ausgesetzt. Vorerst lehnten sie deren Ansprüche ab, nach der Niederlage des Mutterlandes mussten sie aber dem japanischen Militär die Stationierung von 6000 Soldaten, das Durchmarschrecht und die Benutzung der Flughäfen gewähren. Damit unterstellte der inzwischen von Pétain eingesetzte Generalgouverneur Jean Decoux die indochinesischen Kolonien faktisch dem japanischen Protektorat. Solange die Wünsche Nippons erfüllt wurden, vermieden deren Militärs und Diplomaten eine direkte Einflussnahme auf die französische Kolonialpolitik. Die Aufrechterhaltung dieser „Doppelherrschaft" wurde aber in dem Maße problematischer, wie sich der Kriegsausgang im Pazifik abzuzeichnen begann und die Rivalität zwischen Vichyisten und Gaullisten in der Kolonialpolitik stärker bemerkbar machte. Im März 1945 endete das „Einvernehmen" abrupt, nachdem Admiral Decoux ein Ultimatum japanischer Militärs, die französischen Truppen umgehend ihrem Kommando zu unterstellen, ausweichend beantwortet hatte. Daraufhin wurden die französischen Streitkräfte entwaffnet, die Zivilverwaltung interniert und alle wichtigen Punkte der Kolonie besetzt. Vorübergehend verschwand die Trikolore von den Regierungsgebäuden.

Der temporäre Kontrollverlust über die Kolonien minderte - nicht nur in Indochina - das ohnehin nach der Niederlage von 1940 stark angeschlagene Prestige der Kolonialmacht. Überall dort, wo durch die Intervention auswärtiger Staaten, seien es nun Verbündete oder Kriegsgegner gewesen, die Macht zeitweilig entglitt, stellten die Völker die Autorität des Mutterlandes zunehmend in Frage. Ermutigung erfuhren sie hierbei auch durch die Förderung von Unabhängigkeitsbestrebungen seitens der Roosevelt-Administration. Vor allem aber erwuchs ihr Selbstbewusstsein aus dem eigenen personellen und materiellen Einsatz, den sie für den Ausgang des Krieges leisteten. Die seit 1943 rekrutierten 150.000 Algerier, 85.000 Marokkaner, 45.000 Tunesier und weitere 110.000 Kolonialsoldaten kämpften nicht selten an vorderster Front.[10] Ihr Beitrag ermöglichte überhaupt erst eine relativ starke militärische Präsenz Frankreichs bei der Befreiung Europas. Nicht zuletzt deshalb verlangte die Bevölkerung nunmehr eine sichtbare Veränderung der kolonialen Verhältnisse. Allerdings artikulierten sich ihre emanzipatorischen Hoffnungen in den einzelnen Teilen des Empire sehr unterschiedlich.

Während eine antikoloniale Bewegung in Schwarzafrika noch im Entstehen begriffen war, erstrebten die politisch und sozial äußerst heterogenen nationalen

---

[10] Vgl. Pervillé, G., De l'Empire français à la décolonisation, a.a.O., S. 89.

Kräfte in Marokko und Tunesien die Abschaffung des französischen Protektorats. In Algerien forderte das Manifest des algerischen Volkes vom 10. Februar 1943 unter ausdrücklicher Berufung auf die Atlantikcharta die „Gewährung einer eigenen Verfassung, die Freiheit und absolute Gleichheit seiner Einwohner ohne Unterschied der Rasse und der Religion ...".[11] Noch einen Schritt weiter ging der von Ho Chi Minh geführte Viet Minh. Er nutzte das machtpolitische Vakuum, d. h. den Zeitraum zwischen der japanischen Kapitulation und der Rückkehr der Kolonialmacht, um die drei wichtigsten Städte Hanoi, Hué und Saigon seinem Einfluss zu unterstellen und am 2. September 1945 die Unabhängigkeit der Demokratischen Republik Vietnam zu verkünden.

Eine illusorische Lösung

„Ohne sein Empire", so erklärte der spätere Senatspräsident Gaston Monnerville im Mai 1945 vor der Beratenden Versammlung „wäre Frankreich heute nur ein befreites Land. Dank seines Empire ist Frankreich eine Siegermacht."[12] Mit dieser Einschätzung würdigte der in Cayenne geborene Politiker zutreffend die Leistungen und die Bedeutung der Kolonien während der deutschen Besetzung. Sie verkörperten in diesen Jahren nicht nur einen Rest französischer Souveränität und Macht, sondern ermöglichten mit ihren Truppen, Stützpunkten und

---

[11] Du Manifeste à la République Algérienne, Algier 1948, S. 21f.
[12] Vgl. Krosigk, F. v., Frankreich: Koloniale Tradition und postkoloniale Transformation, in: Länderbericht Frankreich. Geschichte. Politik. Wirtschaft. Gesellschaft, hrsg. von M. Christadler/H. Uterwedde, a.a.O., S. 491. Siehe auch: Schmale, W., Geschichte Frankreichs, Stuttgart 2000, S. 369.

Rohstoffen überhaupt erst Frankreichs späten Eintritt in den Kreis der Siegermächte.

Dieser kriegswichtige Beitrag stärkte nicht nur das Selbstbewusstsein der kolonisierten Völker, sondern förderte vor allem ihren Emanzipationswillen. Wie diesem erwachten Unabhängigkeitsstreben allerdings angemessen begegnet werden sollte, wusste in den Führungskreisen der Résistance niemand zu sagen, zumal Frankreich noch nie über ein kohärenten Kolonialentwurf verfügt hatte und die Kolonialpolitik zumeist den Militärs und der Verwaltung überlassen blieb. Folglich herrschte allenthalben Unsicherheit.

Vorausschauende Beobachter hatten aber längst erkannt, dass im Ergebnis des Krieges eine Aufrechterhaltung des bisherigen Kolonialstatus nicht länger möglich sein würde. Unter dem Eindruck schwerster Kampfhandlungen hatte de Gaulle sogar einigen Kolonialvölkern nach einem gemeinsamen Sieg über die Achsenmächte die Unabhängigkeit in Aussicht gestellt. So gab er den Mandatsgebieten Syrien und Libanon 1941 die Zusage der Selbständigkeit und versprach den nordafrikanischen Völkern eine schrittweise Erweiterung ihrer autonomen Rechte. Als Generalgouverneur von Algerien hatte General Georges Catroux im Dezember 1943 den muslimischen Soldaten die vollen Rechte der französischen Staatsbürgerschaft übertragen. Diese vereinzelten, durch das Kriegsgeschehen erzwungenen Zugeständnisse konnten allerdings eine prinzipielle Klärung des Verhältnisses zwischen dem Mutterland und seinen Besitzungen nicht ersetzen. Daher luden de Gaulle und der Kommissar für koloniale Angelegenheiten, Réne Pleven, die Gouverneure aus West- und Äquatorialafrika Ende Januar/Anfang Februar 1944 zu einer Konferenz nach Brazzaville, um über die Zukunft des Kolonialreiches zu beraten. Die hierbei verfassten Resolutionen kündigten zwar eine innere Selbstverwaltung für die überseeischen Territorien nach dem Muster des britischen Commonwealth an, schlossen aber eine Entwicklung der Kolonien außerhalb des französischen Blocks definitiv aus.[D2][13] Gleichwohl weckte allein die Aussicht auf eine Beteiligung an der örtlichen Verwaltung die Hoffnung der Kolonialvölker auf überfällige Reformen.

Mit dem absehbaren Kriegsende änderte sich allerdings der Blickwinkel der Entscheidungsträger an der Seine gravierend. Angesichts der offensichtlichen Zurücksetzung Frankreichs hinter die anderen drei Siegermächte galt gerade die Aufrechterhaltung eines festgefügten Kolonialreiches nunmehr als unverzichtbar für die Demonstration französischer Weltgeltung. Eine Einschränkung kolonialer Herrschaft zu diesem Zeitpunkt wäre im Verständnis der Regierenden gleichbedeutend mit dem endgültigen Verzicht auf eine Großmachtrolle gewesen. Unter diesen Bedingungen waren de Gaulle und seine Mitstreiter weniger denn je bereit, ihre Macht in den überseeischen Besitzungen zu teilen oder gar abzutreten. Vielmehr wuchs ihre Entschlossenheit, alle Unabhängigkeitsbekundungen im Keim zu ersticken. Die Unterdrückung des Generalstreiks der libanesischen und syrischen Bevölkerung im Februar 1945, die blutige Niederschlagung des im Mai 1945 in Sétif ausgebrochenen Aufstandes, dem mehrere tausend Algerier zum Opfer fielen, die wiederholte Internierung der Führung der marokkanischen und tunesischen Unabhängigkeits-

---

[13] Vgl. La Conférence africaine française, Brazzaville, 30 janvier 1944 – 8 février 1944, Paris, ministère des colonies, 1945, S. 32.

bewegung sowie die Truppenlandung im Süden Vietnams zeigten, dass Frankreich keineswegs gedachte, die Loyalität der Kolonien und ihren Kriegsbeitrag zu honorieren.

Der mangelnde Veränderungswille spiegelte sich auch in der langwierigen Verfassungsdebatte wider, die am Beginn der schwierigen Geburt der Vierten Republik stand. Lediglich 63 von 522 Mitgliedern der Verfassungsgebenden Versammlung kamen aus Übersee.[14] Sie vermochten sich nicht gegen die Ignoranz der Parteien, einer mehr oder minder gleichgültigen Öffentlichkeit sowie dem übermächtigen Einfluss der Überseefranzosen, die ihre politische Heimat vor allem bei den Radikalsozialisten fanden und hinter denen potente Wirtschaftskreise standen, durchzusetzen.

Zwar wurde in der Präambel der im Oktober 1946 angenommenen Verfassung festgehalten, dass Frankreich mit den überseeischen Völkern eine Union française bildet, die sich ohne Unterschied von Rasse und Religion auf die Gleichheit der Rechte und Pflichten gründet; zugleich wurde aber auch auf die zivilisatorische Mission des Landes hingewiesen, die unter seiner Obhut stehenden Völker zur Freiheit der Selbstverwaltung zu führen.[15] Damit blieb das proklamierte Gleichheitsversprechen dem realen Hoheitsanspruch Frankreichs auch in diesem neuen konstitutionellen und institutionellen Rahmen weit untergeordnet.[D3] So verfügten die Kolonien lediglich über eingeschränkte Vertretungs- und Mitsprachebefugnisse in Organen der

---

[14] Vgl. Ansprenger, F., Auflösung der Kolonialreiche, a.a.O., S. 215.
[15] Vgl. Staatsverfassungen. Eine Sammlung wichtiger Verfassungen der Vergangenheit und Gegenwart im Urtext und Übersetzung, hrsg. von Günther Franz, München 1964, S. 413f.

Union française (Haut Conseil de l'Union française; Assemblée de l'Union française), deren Kompetenzen sich sowieso nur auf beratende Funktionen erstreckten. Über die Gesetzgebung für das Kolonialreich entschied weiterhin ausschließlich die Nationalversammlung des Mutterlandes. Überdies konnte der Regierungsapparat einzelne Bestimmungen sogar auf dem Verordnungswege erlassen.

Im weiteren Verfassungstext wurden die verschiedenen kolonialen Territorien beschrieben und nach ihrer unterschiedlichen Herkunft neu strukturiert. Die Französische Union umfasste das Mutterland, die überseeischen Departments (Algerien sowie neuerdings Martinique, Guadeloupe, Französisch-Guayana und Réunion), die überseeischen Territorien (die Kolonien in Afrika und Madagaskar) sowie die assoziierten Staaten (die Kolonialprotektorate Tunesien und Marokko). Hinzu kamen Togo und Kamerun, die von der Weltorganisation Frankreich als Mandat übertragen worden waren. Indochina blieb ebenfalls ein Platz vorbehalten, hoffte man doch bald, Südostasien wieder unter französische Kontrolle zu stellen. Syrien und der Libanon, die gleichfalls Völkerbundmandate gewesen waren, wurden jedoch nicht mehr einbezogen. Ihnen musste de Gaulle die 1941 versprochene Unabhängigkeit gestatten, nach dem sein Versuch, eine dauerhafte militärische Präsenz im Stile alter Kanonenbootpolitik durchzusetzen, im Frühjahr 1945 am energischen Widerstand Großbritanniens gescheitert war. Mit der insgesamt komplizierten Verwaltungsstruktur der Französischen Union verbanden sich für die Bewohner in den einzelnen Kolonien zugleich sehr unterschiedliche Rechte und Befugnisse,

ohne dass sie aber die entscheidenden Souveränitäts-
rechte erlangen konnten.[16]

Insoweit änderte die konstitutionelle Umwandlung
des Empire in eine Union nichts an den realen Macht-
verhältnissen. Die Kluft zwischen dem postulierten
Gleichheitsversprechen und dem unveränderten Herr-
schaftswillen Frankreichs blieb erhalten. Dieser Ana-
chronismus führte die Vierte Republik schließlich in
blutige Kolonialkriege, an deren Ende nicht nur die
Auflösung des Kolonialreiches, sondern auch die Läh-
mung und Überforderung des parlamentarischen Systems im Mutterland selbst stand.

Der Krieg in Indochina

Für de Gaulle stand außer Zweifel, dass trotz der zeit-
weiligen Aufgabe Indochinas die drei Königreiche
Vietnam, Laos und Kambodscha unverändert zum französischen Kolonialreich gehörten. Deshalb erklärte er
im August 1945 auch unmissverständlich: „Die Position
Frankreichs in Indochina ist sehr einfach. Es ist willens,
seine Souveränität über Indochina zurückzuerlangen.
Diese Wiedereinsetzung wird von einem neuen Regime
begleitet sein, aber die Souveränität selbst ist für uns eine grundlegende Frage."[17]

Jedoch musste der General bei dem Versuch, an den
Vorkriegsstatus wieder anzuknüpfen, neue internatio-
nale und nationale Entwicklungen berücksichtigen. Die
Großmächte hatten, ohne Frankreich zuvor zu konsul-

---

[16] Vgl. Ansprenger, F., Politik im Schwarzen Afrika, Köln und Opladen
1961, S. 76ff.

[17] Gaulle, Ch. de, Discours et messages. Pendant la guerre, juin 1940 – janvier 1946, a.a.O., S. 643f.

tieren, auf der Potsdamer Konferenz festgelegt, dass die Besitzungen in Indochina von Guomindangeinheiten Tschiang Kai Tscheks im Norden und von britischen Truppen im Süden besetzt werden sollten. Den 16. Breitengrad bestimmten sie als Trennungslinie. Das widersprach den französischen Kolonialintentionen genauso, wie die Ausrufung der Demokratischen Republik Vietnam am 2. September 1945.

Wollte die Regierung Indochina wieder in Besitz nehmen, war sie gezwungen, umgehend zu handeln. Unterstützung erhielt sie dabei von Großbritannien, dass seine Truppen möglichst bald aus Indochina abziehen wollte und deshalb - trotz amerikanischer Bedenken - eine schnelle Rückkehr der Franzosen nach Südostasien befürwortete. London gewährleistete den Transport von zwei französischen Divisionen in den Süden Vietnams und stellte überdies militärische Ausrüstung zur Verfügung. Nach der Landung besetzte das anfänglich 28.000 Mann zählende Expeditionskorps unter General Philippe Leclerc im Oktober 1945 Saigon, vertrieb den Viet Minh aus der alten Provinz Cochinchina im südlichen Vietnam und brachte bis zum Februar 1946 auch Laos und Kambodscha unter seiner Kontrolle. Im Norden hingegen verweigerten die Nationalchinesen vorerst den französischen Truppen den Einmarsch. Gegen Zugeständnisse bei französischen Handelskonzessionen in China signalisierten sie allerdings ihre Bereitschaft zum Rückzug.

Nicht zuletzt aus der Befürchtung vor einer dauerhaften Präsenz Chinas im Lande stimmte auch Ho Chi Minh Verhandlungen mit Frankreich zu. An deren Ende schlossen der Führer des Viet Minh und der Kommissar für Tonking, Jean Sainteny, am 6. März 1946 ein Abkommen[18], demzufolge französische Truppen auch den Norden besetzten, sich aber nach fünf Jahren aus Vietnam zurückziehen sollten. Ho Chi Minhs Demokratische Republik Vietnam wurde als freier Staat im Rahmen einer Indochinesischen Föderation, die wiederum Mitglied der Französischen Union sein sollte, anerkannt.

Allerdings traten bald Deutungsdifferenzen auf. Während sich für den Viet Minh dieses Arrangement auf ganz Vietnam, also auf die drei Verwaltungseinheiten Cochinchina (Südvietnam), Annam (Mittelvietnam) und Tonking (Nordvietnam) bezog, gestand Frankreich dem Kompromiss offensichtlich nur eine Gültigkeit nördlich des 16. Breitengrades zu. Um diese Unstimmigkeiten auszuräumen, reiste Ho Chi Minh nach Paris. Doch während der Verhandlungen in Fontainebleau erreichte die Gesprächspartner die Nachricht, dass der französische Hochkommissar Georges-Thierry d'Argenlieu die Autonomie Cochinchinas verkündet hatte. D'Argenlieu, ein früherer Priester, der in der Marine die Karriereleiter bis zum Admiral erklommen hatte und von de Gaulle 1945 zum Hochkommissar ernannt worden war, hatte die Anerkennung der Republik Vietnam und die Ausweitung der Autorität des Viet Minh auf den Süden strikt abgelehnt. Mit der Abtrennung Cochinchinas von Vietnam sabotierte er die Fontainebleau-Verhandlungen. Und da niemand an der Seine in der Lage bzw. willens war, dem Hochkommissar Einhalt zu gebieten, endeten die Verhandlungen mit dem Viet Minh letztlich ergebnislos.

---

[18] Vgl. Handbuch der Verträge 1871-1964, a.a.O., S. 397.

Damit gewannen die Befürworter einer Verschärfung des Konflikts die Oberhand. Besorgt über die Stabilisierung der Macht Ho Chi Minhs im Norden Vietnams, nutzte die Führung der französischen Kolonialarmee die wiederholt aufflackernden Reibereien zwischen vietnamesischen und französischen Soldaten. Am 12. November 1946 erhielt der französische Oberbefehlshaber in Haiphong, Oberst Dèbes, ein Telegramm seines vorgesetzten Generals Valluy. Darin hieß es: „Offenbar stehen wir einer geplanten Aggression gegenüber, die von der vietnamesischen Armee sorgfältig vorbereitet wird ... Der Augenblick ist gekommen, jenen, die euch verräterisch angegriffen haben, eine harte Lehre zu erteilen. Mit allen Mitteln, die euch zur Verfügung stehen, habt ihr euch völlig zu Herren von Haiphong zu machen. Ihr habt das Oberkommando der vietnamesischen Armee zur Einsicht in seinen Irrtum zu bringen."[19] Dem von Dèbes befohlenen Beschuss Haiphongs fielen mehr als 6000 Menschen zum Opfer.

Dieser Angriff war für Ho Chi Minh nochmals Anlass, Ministerpräsident Blum eine Verständigungsbotschaft zu senden. Als dieser Appell jedoch unbeantwortet blieb, da die d'Argenlieu-Verwaltung in Saigon seine Übermittlung verzögert hatte, ging der Viet Minh zum offenen Aufstand über. Der nunmehr begonnene Krieg sollte acht Jahre dauern und mit einem Debakel der französischen Kolonialmacht enden.

Um die Unabhängigkeitsbewegung zu schwächen, vor allem aber den Einfluss Ho Chi Minhs zurückzudrängen, der im Kontext des Kalten Krieges als nicht mehr kompromissfähig galt, setzte die Kolonialmacht

---

[19] Zit. nach: Devillers, Ph., Histoire du Vietnam de 1940 à 1952, Paris 1952, S. 336.

zunehmend auf antikommunistische Kräfte in Vietnam. Sie orientierte deshalb auf den ehemaligen Kaiser Bao Dai, der sich allerdings auch nicht sofort und bedingungslos für die Interessen der Koloniallobby instrumentalisieren ließ. Erst gegen das Versprechen der Unabhängigkeit und Einheit Vietnams, das, was man dem Viet Minh zuvor verweigert hatte, übernahm der Ex-Kaiser 1949 die Gegenregierung, die im Februar 1950 von den USA und Großbritannien anerkannt wurde. Diesem Akt ging die Anerkennung der Republik Ho Chi Minhs durch die in China siegreichen Kommunisten unter Mao Tse Tung, die Sowjetunion und zahlreiche osteuropäische Staaten voraus, so dass Vietnam am Ende des Jahrzehnts endgültig in den Strudel des Kalten Krieges geraten war. Trotz der kontinuierlichen personellen und materiellen Verstärkung der Kolonialarmee und einer wachsenden amerikanischen Unterstützung seit dem Beginn des Koreakrieges im Sommer 1950 rückte ein militärischer Sieg für das Expeditionskorps jedoch in immer weitere Ferne.

Es waren vor allem drei Faktoren, die diese Auseinandersetzung langfristig zugunsten der vietnamesischen Seite entschieden: die Motivation eines Volkes, das mit vielfältiger weltweiter Unterstützung einen entbehrungs- und opferreichen Kampf um seine nationale Selbständigkeit führte, die politische Unbeweglichkeit der Führung in Paris sowie der militärische Hochmut der französischen Generalität, die bis zuletzt glaubte, diesen Krieg mit Freiwilligen, der Fremdenlegion und kolonialen Hilfstruppen, bestehend aus Einheimischen und Kämpfern aus Nord- und Schwarzafrika, gewinnen zu können.

Aber der Sieg von Cao Bang im Oktober 1950 zeigte, dass die Viet Minh-Verbände nicht nur die Fähigkeit zum Guerillakrieg, sondern zunehmend auch zur Durchführung größerer militärischer Operationen besaßen. Auch wenn es dem eilig nach Südostasien beorderten Jean de Lattre de Tassigny, der als erfahrener General bereits 1945 die Befreiung des Elsass und die französischen Operationen in Südwestdeutschland befehligt hatte, nochmals gelang, die Lage um Hanoi etwas zu stabilisieren, so verschlechterte sich die Situation ab Herbst 1951 erneut. Der von ihm und seinen Nachfolgern Raoul Salan und Henri Navarre verschärfte Terror konnte nicht verhindern, dass die Einheiten des Viet Minh im Sommer 1952 zur Offensive im ganzen Land übergingen.

Parallel zur militärischen Erfolglosigkeit begann sich auch im Mutterland der Widerstand gegen den Kolonialkrieg zu regen. Neben der Kommunistischen Partei, die als einzige politische Kraft geschlossen die Unabhängigkeit Vietnams forderte und mit symbolischen Aktionen gegen Waffentransporte die Öffentlichkeit auf die Verabscheuungswürdigkeit des Krieges aufmerksam machte, war im bürgerlichen Lager die prominenteste Stimme, die eine politische Lösung des Konflikts verlangte, die des Radikalsozialisten Pierre Mendès-France. Er argumentierte vor allem mit den ruinösen finanziellen Belastungen für den Staatshaushalt sowie mit der Einschränkung der französischen Verteidigungsfähigkeit in Europa, die wiederum eine noch raschere Wiederaufrüstung der Bundesrepublik provozierte.

Gleichwohl blieben die Kriegsgegner in der Minderheit. Um die politische und militärische Defensive zu beenden, beabsichtigte der im Mai 1953 zum Oberkommandierenden ernannte Navarre, den Gegner in einer Schlacht zu stellen, bei deren Ausgang er die vermeintlich waffentechnisch besser ausgerüsteten französischen Einheiten im strategischen Vorteil sah. Doch das Ringen um die zu diesem Zweck errichtete Dschungelfestung Dien Bien Phu, 300 km nordwestlich von Hanoi an der laotischen Grenze gelegen, in deren Kessel mehr als 15.000 Soldaten der anrückenden vietnamesischen Armee unter dem Kommando Vo Nguyen Giaps gegenüberstanden, wurde zum Waterloo für die kampferprobten Fallschirmjäger und die Einheiten der Fremdenlegion. Nach zweimonatiger Belagerung erlosch der Widerstand der eingeschlossenen Truppen unter Oberst de Castries. Obwohl die Reste der Kolonialarmee noch über ein beachtliches Potential von ca. 440.000 Mann verfügten, kündete die Flagge des Viet Minh, die seit dem 7. Mai 1954 über den Trümmern der Dschungelfestung wehte, mehr als nur von einem militärischen Sieg. Sie verhieß das Ende der französischen Kolonialherrschaft in Südostasien.

Die Nachricht von der Kapitulation stürzte an der Seine die Regierung des Ministerpräsidenten Joseph Laniel und brachte mit Mendès-France einen langjährigen Kritiker der französischen Vietnam-Politik an die Macht, der binnen Monatsfrist eine politische Konfliktlösung versprach.[20] Er konnte die von ihm vorgegebene Zeitspanne einhalten.[21] Nach den Verträgen, die am 20./21. Juli 1954 im Ergebnis der Genfer Indochina-

---

[20] Vgl. Das politische Programm der neuen französischen Regierung. Die Investitur-Rede von Ministerpräsident Pierre Mendès-France am 17. Juni 1954, in: Europa-Archiv, 5. Juli 1954, S. 6712.
[21] Zu den Genfer Indochinaverhandlungen siehe: Körner, R., Indochina-Abkommen und Südostasien-Pakt. Ein Beitrag zur Vorgeschichte des Vietnamkrieges, in: Vierteljahreshefte für Zeitgeschichte 2/1973, S. 200ff.

Verhandlungen unterzeichnet wurden, verzichtete Frankreich endgültig auf alle kolonialen Ansprüche im hinterindischen Raum. Es musste seine Truppen innerhalb von 300 Tagen gänzlich aus dem Norden Vietnams bis zum 17. Breitengrad, einer provisorischen Demarkationslinie, zurückziehen. Außerdem wurden die Regierungen in Hanoi und Saigon verpflichtet, innerhalb von zwei Jahren gesamtnationale Wahlen abzuhalten und die Wiedervereinigung beider Landesteile herbeizuführen.[22]

Die Bilanz des Kolonialkrieges war niederschmetternd: 92.000 Tote, 114.000 Verwundete und über 300 Milliarden Francs kostete das angebliche „Exempel".[23] Die Verluste wogen zwar schwer, lösten aber dennoch in Paris keine Debatte zu prinzipiellen Fragen der Kolonialpolitik aus. Über die Ursachen des Bankrotts reflektierte nach wie vor nur eine Minderheit.

Unaufhaltsamer Zerfall

Überschattet von den dramatischen Ereignissen in Vietnam, regte sich inzwischen in allen Teilen des Kolonialreiches der Widerstand gegen die Kolonialpolitik der Vierten Republik. Unterschiedlich in Intensität und politischer Ausrichtung stellten die Kolonialvölker das Gesamtgefüge der seit dem Zweiten Weltkrieg nur unwesentlich modifizierten Beziehungen zwischen Frankreich und den von ihm abhängigen Gebieten immer entschiedener in Frage.

---

[22] Vgl. Handbuch der Verträge 1871-1964, a.a.O., S. 559ff.
[23] Vgl. Loth, W., Geschichte Frankreichs im 20. Jahrhundert, Frankfurt 1992, S. 164.

In Madagaskar gelang es den Kolonialtruppen 1947 erst nach längeren Kämpfen, einen Aufstand niederzuschlagen, der sich an der Weigerung entzündet hatte, der Insel eine größere Autonomie innerhalb der Französischen Union zu gewähren. Der Mouvement Démocratique de la Rénovation Malgache als politischer Führer dieser Autonomiebestrebungen blieb bis zur Unabhängigkeit des Landes 1960 verboten, seine Abgeordneten und Sympathisanten wurden kriminalisiert und verfolgt. Obgleich verlässliche Zahlen über die Opfer des Aufstandes bis heute nicht vorliegen, da weder die Regierung noch die Presse die Ereignisse ausführlich kommentierten, erschütterte das brutale Vorgehen der Kolonialarmee spätere Generationen.[24]

In Tunesien bot sich den Franzosen mit dem Führer der Neo-Destour-Partei Habib Bourguiba ein Gesprächspartner an, der dem Bild des „assimilierten" Kolonialbürgers weitgehend entsprach. Seine eher moderaten Forderungen nach einer sukzessiven Ausweitung der inneren Selbstverwaltung stießen auch bei französischen Regierungsvertretern auf ein gewisses Verständnis. Vor allem der für die Protektorate zuständige Außenminister Robert Schuman schien Konsequenzen aus der verfehlten Indochinapolitik gezogen zu haben. Im Juni 1950 formulierte er als Auftrag für den zum Generalresidenten ernannten Louis Périllier „Tunesien zur vollen Entfaltung seiner Reichtümer und zur Unabhängigkeit zu führen, die für alle Territorien innerhalb der Französischen Union das Ziel ist."[25]

---

[24] Vgl. Grosser, A., Frankreich und seine Außenpolitik. 1944 bis heute, München 1986, S. 85f.
[25] Zit. nach: Grosser, A., La IV. République et sa politique extérieure, Paris 1961, S. 265.

Diese weitgehenden Versprechungen des Außenministers riefen aber sofort jene einflussreiche Koloniallobby auf den Plan, die die politischen und wirtschaftlichen Interessen der etwa 180.000 in Tunesien lebenden Franzosen vertrat. Nach den Parlamentswahlen vom Juni 1951, in deren Folge es zu einem deutlichen Rechtsruck in der Vierten Republik kam, verstärkten die ultrakolonialen Kreise, die sich im Rassemblement français de Tunisie organisiert hatten, ihre Interventionen gegen die geplante Veränderung des politischen Status Tunesiens. Unter ihrem Druck distanzierte sich die neue Koalitionsregierung alsbald von jedweden evolutionären Perspektiven.

Der weiterhin im Quai d'Orsay amtierende Schuman, der vor allem eine Ablehnung seiner Montanunion-Pläne durch die parlamentarischen Wortführer der in Nordafrika ansässigen Siedler befürchtete, richtete im Dezember 1951 eine Botschaft an den Bey, die unverkennbar deren Handschrift trug. In ihr kamen die Begriffe Unabhängigkeit und Autonomie nicht einmal mehr vor.[26] Einer einvernehmlichen Lösung mit kompromissbereiten Kreisen um Bourguiba war damit der Boden entzogen. Mit dem neuen résident général Jean Hautecloque, der symbolträchtig mit einem Kriegsschiff in Tunesien anlandete, setzte Paris wieder auf eine Politik der Stärke.

Aber der Versuch, der Emanzipationsbewegung durch eine willkürliche Einschränkung ihrer politischen Betätigung bzw. durch die Inhaftierung ihrer politischen Führer die Spitze zu nehmen, schlug fehl. Die unnachgiebige Haltung an der Seine förderte vielmehr den be-

---

[26] Vgl. Carmoy, G., Les Politiques étrangères de la France 1944-1966, Paris 1967, S. 183.

waffneten Widerstand, der wiederum einen rigoroseren Einsatz von Polizei und Militärs nach sich zog. In den Jahren 1952 bis 1954 drohte das kleine Land in eine nur schwer aufzuhaltenden Spirale der Gewalt abzugleiten. Angesichts der Gefahr eines erneuten Kolonialkrieges drängten nicht nur die bündnisfreien Staaten, sondern auch die Verbündeten vermehrt auf Frankreichs Rückkehr an den Verhandlungstisch.

In dieser Situation entschloss sich Mendès-France zu einem demonstrativen Wechsel in der Kolonialpolitik. Nur wenige Tage nach dem Ende der Genfer Indochinaverhandlungen reiste der ambitionierte Ministerpräsident ohne vorherige Ankündigung nach Tunis, versprach die innere Autonomie und die Freilassung der Führer der Neo-Destour. Mehrmonatige Verzögerungen, die vor allem auf das Konto der Kolonialfranzosen in den Reihen der Radikalsozialisten und der Volksrepublikaner gingen, konnten am prinzipiellen Ausgang der Verhandlungen aber nichts mehr ändern. Am 3. Juni 1955 erfolgte die Unterzeichnung der Verträge über die innere Autonomie. Danach erhielt Tunesien die souveräne Entscheidungsfreiheit über die Innenpolitik, während das Stationierungsrecht sowie die Außen- und Verteidigungspolitik in der Kompetenz Frankreichs verblieb. Mit diesem Schritt konnte Paris aber das eigentliche Ziel, die kolonialen Bindungen über einen längeren Zeitraum störungsfrei zu konservieren, nicht erreichen. Die Signale der Bandung-Konferenz[27], die sich ausweitenden Unruhen in Marokko und Algerien sowie der Sieg der Linken bei den Parlamentswahlen im Januar 1956 veranlassten die Neo-Destour, die Frage

---

27 Vgl. Schluß-Kommuniqué der Asiatisch-Afrikanischen Konferenz in Bandung vom 24. April 1955, in: Europa-Archiv, 20. Mai 1955, S. 7563ff.

nach der vollen politischen Unabhängigkeit wiederholt und nachdrücklicher zu stellen.

Im Gegensatz zu seinen Vorgängern akzeptierte der neue sozialistische Ministerpräsident Guy Mollet die Unausweichlichkeit dieser Entwicklungen. In seiner Regierungserklärung bekannte er sich zum Prinzip der Souveränität.[28] Da das Tunesienproblem überdies im Schatten wichtigerer außenpolitischer Fragestellungen stand, mündete die Haltung der Mitte-Links-Regierung diesmal folgerichtig in die Aufhebung der unlängst ausgehandelten Autonomievereinbarungen und in die Außerkraftsetzung der Protektoratsverträge von 1881. Am 20. März 1956 erlangte Tunesien seine politische Selbständigkeit.[29]

Parallel zum erzwungenen Rückzug aus Tunesien verlor Paris auch zunehmend die Kontrolle über Marokko. Auch hier erwies sich eine Politik der systematischen Repressionen, die 1947 mit der Berufung von General Juin zum Generalresidenten verstärkt eingesetzt hatte, als wenig erfolgreich. Sie bewirkte nicht nur eine deutliche Radikalisierung der marokkanischen Gesellschaft, sondern förderte auch eine verstärkte Zusammenarbeit des Sultans Mohammed Ben Jussuf mit der 1944 entstandenen nationalen Partei der Unabhängigkeit. Immer vernehmlicher schloss sich der Monarch ihrem Ruf nach Aufhebung des Protektoratsregimes an. Sein Ersuchen um substantielle Veränderungen der

---

[28] Vgl. Die Regierungserklärung von Ministerpräsident Guy Mollet vor der Nationalversammlung am 31. Januar 1956, in: Europa-Archiv, 5. März 1956, S. 8648.

[29] Vgl. Protokoll über die Unabhängigkeit Tunesiens vom 20.3.1956, in: Europa-Archiv, 20. Mai 1956, S. 8885; Keesings-Archiv der Gegenwart 1956, S. 5687.

Verhältnisse nahm die Generalresidentur schließlich zum Anlass, seine Absetzung aktiv vorzubereiten. Erste Unternehmungen schlugen allerdings fehl. Ein erneuter Versuch im August 1953 zeigte dann mehr Erfolg. Die Kolonialverwaltung stiftete den Berberführer El Glaoui zum Marsch auf Rabat an. Im Schutz seiner Reiterscharen zwang Juins Nachfolger General Guillaume im Zusammenwirken mit gefügigen marokkanischen Notabeln den Sultan zugunsten des greisen Mulai Ben Arafa, abzudanken. Bei diesem Gewaltstreich gab sich die Kolonialverwaltung der irrigen Hoffnung hin, durch einen Thronwechsel die Unabhängigkeitsbewegung desorientieren zu können. Statt dessen gab sie ihr mit dem abgesetzten Sultan einen Märtyrer, der, verbannt nach Madagaskar, zur Symbolfigur des Widerstandes wurde. Auch wenn die Regierung nicht über alle Vorgänge der Protektoratsbehörden vorab informiert war, so trug ihre nachträgliche Billigung doch erheblich zur Eskalation der Gewalt bei. Somit traten die Konflikte 1954/55 in eine neue Phase der Gewalt ein, die kaum noch anders als Krieg zu bezeichnen war.

In vielen Landesteilen formierten sich kampfbereite Gruppierungen, die die Kolonialtruppen attackierten und deren Infrastruktur zerstörten. In Verbindung mit politischen Massenprotesten verunsicherten die bewaffneten Aktionen die Protektoratsmacht erheblich. Doch anders als in Tunesien gab es für Frankreich in Marokko keinen von der Bevölkerung anerkannten und legitimierten Verhandlungspartner auf dem Thron. Da die Regierung überdies über das weitere Vorgehen in Marokko zutiefst gespalten war - vor allem Außenminister Antoine Pinay hielt noch am altersschwachen Ben Arafa fest - verharrte Paris weiterhin in politischer Orientierungslosigkeit.

Doch die schweren Unruhen und blutigen Zusammenstöße, die an den Jahrestagen der Absetzung Ben Jussufs das Land erschütterten, verlangten offensichtlich prinzipielle Entscheidungen. In den Ruf nach Wiedereinsetzung des rechtmäßigen Sultans mischte sich immer unüberhörbarer die Forderung nach Unabhängigkeit des Landes. Damit begann sich auch an der Seine die Überzeugung durchzusetzen, dass der Unabhängigkeitsbewegung mit dem ausschließlichen Einsatz militärischer Mittel nicht mehr Herr zu werden war. Die explosive Situation verlangte mehr denn je nach einem politischen Kurswechsel.

Aber erst Ende September 1955 gelang es Ministerpräsident Edgar Faure gegen erheblichen Widerstand in den eigenen Reihen, die Absetzung Ben Arafas und die Bildung eines vorläufigen Thronrates durchzusetzen. Da der mächtige Berberführer El Glaoui überraschend die Fronten wechselte und nunmehr selbst die Wiedereinsetzung des Sultans wünschte, konnte auch das Kabinett Faure der Rückkehr Ben Jussufs aus seinem madagassischen Exil zustimmen. Im November 1955 nahm Paris mit dem weltlichen und geistlichen Oberhaupt Verhandlungen auf, um den Weg Marokkos zur „Unabhängigkeit in der Interdependenz" zu ebnen. Hinter dieser aufschlussreichen Formulierung verbarg sich die wohl nicht unbegründete Hoffnung, die vielfältigen, vor allem engen wirtschaftlichen Bindungen in die nachkoloniale Ära retten zu können. Solche Überlegungen änderten aber erst einmal nichts an der Tatsache, dass Frankreich am 2. März 1956 nach mehr als vier Jahrzehnten die Protektoratsbestimmungen von 1912 aufhe-

ben und die politische Unabhängigkeit Marokkos anerkennen musste.[30]

Der Zerfall des Kolonialsystems in Indochina und im
Maghreb verdrängte die Entwicklungen in West- und
Äquatorialafrika in den Hintergrund des öffentlichen In-
teresses. Gleichwohl gab es - trotz scheinbarer Ruhe -
auch im Zentrum des schwarzen Kontinents deutliche
Anzeichen antikolonialen Protestes. Seinen sichtbarsten
politischen Ausdruck fand das Aufbegehren in der
Gründung des Rassemblement démocratique africain
(RDA) im Oktober 1946 in Bamako (Sudan).[31] Diese
länderübergreifende Sammlungsbewegung, die von
Félix Houphouet-Boigny geführt wurde und der solch
namhafte Politiker Schwarzafrikas wie Modibo Keita,
Diori Hamani und Sékou Touré angehörten, schlug
deutlich emanzipatorische Töne an. Da der RDA überdies in Frankreichs Parlamenten eine Fraktionsbindung
mit der Kommunistischen Partei einging, wurde er nach
dem Regierungsaustritt der Kommunisten 1947 umgehend zum erklärten Gegner der Kolonialverwaltungen.

Doch Willkür und Schikanen konnten den RDA an
seiner Entfaltung kaum hindern. Vor allem sein Landesverband an der Elfenbeinküste erhielt starken Zu-
lauf. Aber im Augenblick der scheinbar unvermeidli-
chen Konfliktzuspitzung leitete der 1950 zum Über-
seeminister berufene François Mitterrand einen überra-
schenden Strategiewechsel ein. Unter wütenden Pro-
testen der extremen Rechten, die ihm die Verschleude-

---

[30] Vgl. Erklärung und Protokoll über die Unabhängigkeit Marokkos, in: Europa-Archiv, 20. Mai 1956, S. 8883f.
[31] Vgl. Manifeste du Rassemblement Démocratique Africain, in: Ruscio,
A., La décolonisation tragique. Une histoire de la décolonisation française,
1945-1962, a.a.O, S. 184f.

rung Afrikas vorwarfen, und heftigen Angriffen der Kommunisten, die einen Einflussverlust auf die antikolonialen Bewegungen befürchteten, bot der Minister dem RDA die Legalisierung und die Wiederaufnahme der politischen Aktivitäten an. Im Gegenzug verpflichtete er Houphouet-Boigny zur prinzipiellen Anerkennung der französischen Besitzungen in Form der Französischen Union.

Daraufhin verließ der RDA den Untergrund, kündigte die parlamentarische Zusammenarbeit mit der Kommunistischen Partei auf und schloss sich der von Pleven und Mitterrand geführten Union Démocratique et Socialiste de la Résistance parlamentarisch an. Auch wenn nicht alle Gliederungen des RDA dieser Linie folgten - der Landesverband Kameruns verweigerte den Bruch mit der Kommunistischen Partei - so wies die unveränderte Forderung nach Autonomie Afrikas innerhalb der Französischen Union jedoch in die Richtung zukünftiger Reformen. Die leidvollen Erfahrungen von Dien Bien Phu, die britische Politik in den an das französische Kolonialreich angrenzenden Territorien sowie die Wahlerfolge des RDA flankierten den Weg wachsender Reformbereitschaft.

In der im Januar 1956 gebildeten Regierung Mollet übernahm Houphouet-Boigny sogar ein Ministeramt. Die entscheidenden Anstöße für eine Übertragung erster Formen von Mitbestimmung und Selbstverwaltung kamen jedoch aus dem Ministerium für Überseefragen, dem der Sozialist Gaston Defferre vorstand. Das im Juni 1956 mit breiter Mehrheit verabschiedete Rahmengesetz[32] gestand allen Männern und Frauen Schwarzafri-

---

[32] Vgl. Keesing's Archiv der Gegenwart 1956, S. 5693, 5829.

kas und Madagaskars ein allgemeines, gleiches und geheimes Wahlrecht zu. Die auf dieser Grundlage gewählten Territorialversammlungen, wenngleich nur mit beratenden Kompetenzen ausgestattet, erhielten erweiterte Rechte und bestimmten aus ihren Reihen die Mitglieder des Regierungsrats. Dessen Vorsitz übernahm aber in aller Regel der bisherige vom Mutterland eingesetzte Gouverneur (nun umbenannt in Chef du territoire), der überdies alle Beschlüsse der Territorialversammlung annullieren konnte. Zudem unterstanden die Finanz-, Verteidigungs- und Außenpolitik sowie das Unterrichtswesen und der Rundfunk weiterhin der französischen Regierung.

Trotz dieser gewichtigen Einschränkungen erleichterte die „Afrikanisierung der Verwaltung" natürlich der einheimischen Bevölkerung den Zugang zu öffentlichen Ämtern und beschleunigte den Emanzipationsprozess. Ob dieser Versuch einer von Paris begleiteten und gesteuerten Entkolonialisierung jedoch von Erfolg gekrönt sein würde, hing vor allem vom weiteren Geschehen in Algerien ab.

Der Algerienkrieg

Der Weg in die Unabhängigkeit Tunesiens und Marokkos sowie die Reformbemühungen in West- und Äquatorialafrika konnten den Eindruck erwecken, als habe Frankreich aus den bitteren Lektionen seiner verfehlten Indochinapolitik gelernt. Doch der Schein trog. Nur wenige Monate nach der schmerzlichen Niederlage von Dien Bien Phu antwortete Paris auf eine Attentatsserie der Nationalen Befreiungsfront Algeriens, die den Beginn des bewaffneten Kampfes gegen die französische Fremdherrschaft markierte, mit blindwütigem Terror. Als Begründung für die maßlosen Vergeltungsaktionen diente vor allem die Sonderstellung, die Algerien innehatte. Die Nachkriegsverfassung erklärte Algerien weiterhin zum integralen Bestandteil des französischen Staates. Folglich gehörten die drei algerischen Departements Algier, Oran und Constantine mit ihren knapp eine Million europäischen Siedlern (colons oder pieds noirs), die sich seit 1830 dort niedergelassen hatten und die Wirtschaft und Verwaltung des Landes dominierten, nach der Verfassung und dem französischen Selbstverständnis genauso zu Frankreich wie die Departements des Mutterlandes. Allerdings bedeutete dies im Umkehrschluss nicht, dass die annähernd neun Millionen muslimischen Einwohner Algeriens die gleichen Rechte wie die Franzosen besessen hätten. Zwar erhielten sie nach dem Algerienstatut von 1947 die französische Staatsbürgerschaft, aber die diskriminierende Parität im Parlament schützte die politischen Vorrechte der Minderheit und sicherte langfristig deren Herrschaft.

Die Enttäuschung über die ungenügenden Zugeständnisse und der Zorn über fortgesetzte Repressionen und systematischen Wahlbetrug ruinierte in den folgenden Jahren das Vertrauen der einheimischen Bevölkerung, radikalisierte gemäßigtere Muslime und führte immer mehr Opponenten in den Untergrund. Für eine noch kleine Gruppe von entschlossenen Aktivisten, die sich seit 1954 zusammentaten und die Gründung der Front de la Libération Nationale (FLN) vorbereiteten, war der Bruch mit Frankreich unvermeidlich geworden. Ihr Ziel eines unabhängigen Algeriens glaubten sie nur noch im bewaffneten Kampf erreichen zu können.

Wie Paris auf diese Rebellion reagieren wollte, umriss Innenminister Mitterrand bereits wenige Tage nach den Anschlägen mit martialischer Rhetorik: „Algerien ist Frankreich; von Flandern bis zum Kongo gibt es nur ein Gesetz, nur eine Nation, nur ein Parlament. So will es die Verfassung, so wollen wir es ... Die einzige Verhandlung ist der Krieg ..."[33] Gemäß dieser Einstellung entsandte die Vierte Republik unverzüglich Truppen- und Polizeiverstärkungen ins Unruhegebiet, verfügte die Auflösung von Parteien und befahl die Verhaftung ihrer Führer. Um die Erhebung im Keim zu ersticken, schreckten die kommandierenden Befehlshaber auch vor Bombardierungen und dem Einsatz von Napalm nicht zurück. Selbst gestapoähnliche Foltermethoden wurden bekannt. Diese grausamen Strafaktionen engten den Raum für Verhandlungslösungen natürlich erheblich ein. Daher mussten ohnehin halbherzige Reformvorschläge, wie sie der noch vom Kabinett Mendès-France ernannte Generalgouverneur Jacques Soustelle erarbeitet hatte,[34] bereits im Ansatz scheitern. Die Verabschiedung der Notstandsgesetze im April 1955, die die vom Militär begangenen Exzesse legitimierten, trieb weitere gemäßigte Nationalisten in die Arme der von der muslimischen Bevölkerung zunehmend unterstützten Unabhängigkeitsbewegung. Der algerische Widerstand rückte unter Führung der FLN zusammen und gewann an Schlagkraft.

Die permanente Ausweitung des Konflikts beunruhigte inzwischen nicht mehr nur noch die mit diesem Thema befassten Politiker, Behörden und Lobbyisten,

---

[33] Zit. nach: Dantes, E., Mitterrand par lui-même, Paris 1992, S. 70f.
[34] Vgl. Münchhausen, Th., Ziele und Widerstände der französischen Algerienpolitik von 1945-1958, München 1962, S. 143ff.

sondern spiegelte sich auch in den parlamentarischen Debatten, in der öffentlichen Diskussion sowie in den Wahlauseinandersetzungen deutlich wider.

Anfang 1956 unternahm der gerade zum Ministerpräsidenten gewählte Mollet noch einmal einen Anlauf zur Entschärfung des Konflikts. Er berief General Catroux zum residierenden Minister und beauftragte ihn mit der Vorbereitung umfassender sozialer Reformen und der Aufhebung des Zweiklassenwahlrechts. Als bei einem Algierbesuch dem Regierungschef jedoch die geballte Wut der Algerienfranzosen entgegenschlug, rückte der Sozialist von den angedachten Projekten sofort ab, trennte sich von Catroux und stellte sich bedingungslos auf die Seite der Demonstranten. Die Siedler fühlten sich in ihrem maßgeblichen Einfluss auf die classe politique bestätigt.

Als Folge dieses Kurswechsels setzte die Regierung die Entsendung von Wehrpflichtigen durch, deckte die spektakuläre Entführung von Ahmed Ben Bella und anderen FLN-Funktionären und unterstützte mittels Sondervollmachten das rücksichtslose Vorgehen der Armee weiter.

In diese Phase der kriegerischen Eskalation platzte im Juli 1956 die Nachricht von der Verstaatlichung des Suezkanals, woraufhin die Erregung in Paris kaum noch rationale Grenzen kannte. Die Empörung über das Nationalisierungsdekret speiste sich vor allem aus der ägyptischen Unterstützung der FLN und Nassers Panarabismus, der die vorsichtige Wiederannäherung Marokkos und Tunesiens an das ehemalige Mutterland gefährdete. Angesteckt von einer kollektiven Hysterie wurde Nasser in der französischen Öffentlichkeit nicht selten mit Mussolini und Hitler gleichgesetzt und der Verzicht auf ein Eingreifen am Suezkanal mit einem neuen München assoziiert. Gewarnt vor einem Rückfall in einen erneuten „attentisme", organisierte die Regierung in geheimer Diplomatie eine Militäroperation gegen Ägypten.[35] Dabei machte sie auch vor einer absichtlichen Täuschung der Eisenhower-Administration nicht halt.

Die Umsetzung dieser konspirativen Pläne begann Ende Oktober mit dem Angriff Israels auf die Sinaihalbinsel. Nach einem zuvor mit London und Tel Aviv abgesprochenen Szenario folgten der ultimativen Scheinaufforderung an beide Staaten, die Kampfhandlungen einzustellen, Luftangriffe, die den Einsatz von britischen und französischen Fallschirmjägern vorbereiteten. Nach deren Landung in der Kanalzone am 5. November 1956 setzte allerdings ein für die Zeit des Kalten Krieges atypisches amerikanisch-sowjetisches Einvernehmen der Intervention noch am selben Tag ein vorzeitiges Ende. Während die Vereinigten Staaten ihren Druck auf das britische Pfund verstärkten und die Europäer aufforderten, die Intervention unverzüglich zu beenden, drohte die Sowjetunion mit dem Einsatz von Raketen. Wider Willen befahl Paris seinen Truppen die Einstellung der Kampfhandlungen. Wenige Wochen nach dieser Demütigung musste Frankreich diese Einheiten restlos abziehen.

Die Verbitterung über diesen peinlichen Misserfolg entlud sich vor allem in einer härteren Gangart in Algerien. Um die administrative und militärische Kontrolle auf das gesamte Land auszudehnen, beorderte die Re-

---

[35] Vgl. Zimmermann, D., Frankreich und die Suezkrise 1956, in: Das internationale Krisenjahr 1956. Polen, Ungarn, Suez. Im Auftrag des Militärgeschichtlichen Forschungsamtes hrsg. von Winfried Heinemann und Norbert Wiggershaus, München 1999, S. 395ff.

gierung Mollet die aus Indochina zurückkehrenden Kolonialsoldaten nach Nordafrika und stockte die Militärkontingente massiv auf. Anfang 1957 standen ca. 450.000 Mann zur Verfügung. Diese deutliche Überlegenheit stärkte vorerst die Zuversicht auf einen Siegfrieden. In der sogenannten „Schlacht um Algier" (Ende 1956 bis September 1957) gelang es den Fallschirmjägern unter General Jacques Massu, das gut organisierte und ausgedehnte Widerstandsnetz der Stadt zu zerschlagen. Die Unabhängigkeitsbewegung erlitt einen schweren Rückschlag.

Trotz dieses militärischen Erfolges verstummten die Diskussionen über die Belastungen des Krieges aber nicht. Die Verluste an Rekruten (mehr als 10.000), die enormen finanziellen Ausgaben, die an der Substanz der Gesellschaft zehrten und deren Modernisierung verzögerten, die skrupellose Kriegsführung sowie der Entzug französischer Einheiten für einen eventuellen Verteidigungsbeitrag in Europa bildeten den Hintergrund der Kritik. Befürchtungen über die Aussichtslosigkeit des Krieges untergruben überdies die Stabilität des parlamentarischen Systems und das Ansehen seiner Parteien. Die politische Ohnmacht der kurzlebigen Kabinette von Maurice Bourgès-Maunoury und Félix Gaillard sowie der Vertrauensverlust in deren Algerienpolitik motivierte rechtsextreme Kreise zum langgeplanten Angriff auf die Republik. Sie stürmten am 13. Mai 1958 das Generalgouvernement in Algier, bildeten einen „Wohlfahrtsausschuss" und verlangten von Paris die Einsetzung einer „Wohlfahrtsregierung", die den Verbleib Algeriens bei Frankreich garantieren sollte. Da sich dem Putsch auch ranghohe Offiziere, darunter General Massu, anschlossen, befürchtete man an der Seine ein Übergreifen der Verschwörung auf das Mutterland.

Angesichts dieser Gefahr suchten die politischen Kreise verzweifelt nach einem starken Mann, dem man die Lösung des Algerienproblems zutraute. Ihr Ruf nach de Gaulle traf auf den erklärten Willen des Generals zur Übernahme der Macht. Sowohl den Algerienfranzosen als auch den Eliten in Paris erschien er als überparteilicher Retter in der Not. Am 1. Juni 1958 wurde de Gaulle Ministerpräsident der sich in Agonie befindlichen Vierten Republik.

Das Ende kolonialer Herrschaft

Mit de Gaulle gelangte ein Politiker an die Macht, der wohl ahnte, dass die Ära des „klassischen Kolonialismus" zu Ende ging. Die Putschisten waren ihm nur Mittel zum Zweck gewesen und der vielzitierte Satz „Ich habe Euch verstanden!", den er ihnen am 4. Juni in Algier zurief, sollte die colons in der Illusion wiegen, den „starken Mann" gefunden zu haben, der an ihrem Algérie française festhalten würde. Die frondierende Generalität wiederum erhoffte sich von ihm Unterstützung, um ein algerisches Dien Bien Phu zu verhindern.

Indessen ging es de Gaulle vor allem darum, Frankreichs grandeur wiederherzustellen.[36] Verlustreiche und kostspielige Kolonialkriege hinderten das Land nur an einem wirkungsvollen Eingreifen in die Welt- und Europapolitik und hemmten seine notwendige Modernisierung. Mithin schwebte dem neuen Ministerpräsidenten der Abbau kolonialer Hypotheken vor.[D4] Ob er dabei

---

[36] Vgl. Fuchs, G./Henseke, H., Charles de Gaulle. General und Präsident, Berlin 1974, S. 101ff.

von Anbeginn einen konfliktfreien Übergang zu nachkolonialen Kooperationen im Sinn hatte, wie er später
selbst nicht müde wurde zu behaupten, darf allerdings
bezweifelt werden. Vielmehr kann davon ausgegangen
werden, dass zum Zeitpunkt seines erneuten Machtan-
tritts der General noch keinen vorgefassten und ausge-
arbeiteten Plan besaß.[37]

Während sich de Gaulle unmittelbar nach Regie-
rungsantritt dem Algerienkonflikt zuwandte, arbeitete
eine Gruppe von wenigen Autoren emsig an der Formulierung einer neuen Verfassung. Bereits im Juni
1946 hatte de Gaulle in einer Rede in Bayeux seine
Vorstellungen von einem régime personnel vorgestellt,
die nunmehr in den Verfassungsentwurf einflossen. In
ihm schlug de Gaulle den bisherigen überseeischen Territorien eine Föderation vor. Diese Konstruktion stieß
allerdings bei den afrikanischen Führern auf heftigen
Widerspruch, da sie ihnen die Perspektive der Unabhängigkeit nicht aufzeigte.

Der Verfassungsentwurf drohte einen Bruch zwischen Frankreich und seinen schwarzafrikanischen Kolonien zu provozieren, den de Gaulle gerade zu verhindern suchte. Daher griff er selbst in die Verfassungsdebatte ein. Auf einer Afrikareise verkündete er im August 1958 in Brazzaville, dass sich den Kolonien prinzipiell zwei Alternativen böten. Entweder sie entschieden
sich für eine Communauté française, in der die Territorien eine innere Autonomie erhielten, oder sie bevorzugten die Unabhängigkeit, der sich das Mutterland
nicht widersetzen würde. Im letzteren Fall, fügte er allerdings drohend hinzu, verlören die Territorien jeden

---

[37] Vgl. Schunck, P., Charles de Gaulle. Ein Leben für Frankreichs Größe,
Berlin 1998, S. 466.

Anspruch auf französische Hilfe und blieben auf sich allein gestellt.[D5]

Nicht zuletzt diese Drohung bewog fast alle schwarzafrikanischen Territorien, der Verfassung im September 1958 zuzustimmen.[D6] Nur Guinea stimmte beim Referendum mit „Nein" und wurde von der ehemaligen Kolonialmacht rachsüchtig mit dem Sperren aller Kredite und Zuwendungen sowie dem sofortigen Abzug des Personals gestraft. Die Lektion, die de Gaulle Sékou Touré damit erteilen wollte, richtete sich aber alsbald gegen Frankreich selbst, da das unabhängige Guinea weder im vorhergesagten Chaos versank, noch diplomatisch isoliert wurde.[38]

In einem zweiten Wahlgang im Rahmen der Territorialversammlungen vom 14. Oktober bis 18. Dezember 1958 votierten die Kolonien dann über ihren politischen Status - Departement, Territorium oder Staat - innerhalb der Communauté française. Da sich 12 Mitglieder der Gemeinschaft für den Status eines Staates entschieden,[39] rückte das Ende französischer Herrschaft unaufhaltsam näher. Damit geriet aber auch die Gefahr einer „Balkanisierung" ins Blickfeld afrikanischer Politiker.

---

[38] Vgl. Allain, J. C., La France et l'admission de la Guinée-Conakry à l'ONU (1958), in: Ageron, Ch.-R./Michel, M. (Hg.), L'Afrique noire française. L'heure des Indépendances, Paris 1992, S. 551ff.

[39] Es waren: Madagaskar (14.10.), Französisch-Sudan (Mali; 24.11.), Senegal (25.11.), Gabun (28.11.), Mauretanien (28.11.), Mittlerer-Kongo (Kongo-Brazzaville; 28.11.), Tschad (28.11.), Obangi-Schari (Zentralafrikanische Republik; 1.12.), Dahomey (Benin; 4.12.), Elfenbeinküste (11.12.), Obervolta (Burkina Faso; 11.12.) und Niger (18.12.). Fünf weitere Kolonien optierten für die Beibehaltung des status quo als Territoire d'outre-mer: Französisch-Somalia (heute Djibouti), die Komoren, die pazifischen Territorien Neukaledonien und Französisch-Polynesien sowie im Atlantik St.-Pierre-et-Miquelon. Den Status eines Departements wählte keine Kolonie. Vgl., Gaulle, Ch. de, Memoiren der Hoffnung. Die Wiedergeburt 1958-1962, Wien, München, Zürich 1971, S. 460f.

Insbesondere der Senegalese Senghor warnte vor einer territorialen Zersplitterung.[40] Auch um Frankreich die Möglichkeit eines Gegeneinanderausspielens der Kleinstaaten zu nehmen, setzten der Senegal und der französische Sudan (Mali) mit der Gründung der Maliföderation ein Zeichen. Auch wenn Paris weitere Beitritte verhindern konnte, so war der koloniale Erosionsprozess kaum noch zu bremsen.

Als die Föderation von Mali im September 1959 ihr Recht auf Unabhängigkeit reklamierte,[41] trat der General die Flucht nach vorn an. Zur Vermeidung konfrontativer Trennungen plante de Gaulle eine „erneuerte Gemeinschaft", die auch den unabhängigen Staaten Platz bieten sollte. Diese Überlegungen wurden jedoch von der Realität überholt. Anfang 1960 setzten Togo und Kamerun, die als UNO-Treuhandgebiete nicht Mitglied der Communauté geworden waren, ihre Selbständigkeit durch. Als Madagaskar ebenfalls seine Unabhängigkeit einforderte, gaben die übrigen Besitzungen gleichfalls ihre Zurückhaltung auf. Binnen weniger Monate zerfiel die Communauté française. Bis zum Sommer 1960 musste die einst stolze Kolonialmacht fast allen ehemaligen Besitzungen in Schwarzafrika die Unabhängigkeit gewähren.

Konfliktreicher als in West- und Äquatorialafrika vollzog sich der Rückzug aus Algerien. Das lag am angestauten Streitpotential, an der bereits erreichten Intensität der Auseinandersetzungen sowie an de Gaulles

---

[40] Vgl. Ki-Zerbo, J., Die Geschichte Schwarzafrikas, Frankfurt/M. 1990, S. 563f.

[41] Die Maliföderation zerfiel allerdings im September 1960 bereits wieder. Vgl. Brasseur, P, L'éclatement de la Fédération du Mali, in: Ageron, Ch.-R./Michel, M. (Hg.), L'Afrique noire française. L'heure des Indépendances, a.a.O., S. 401ff.

Vorstellungen, Verhandlungen mit der FLN nur von einer Position der Stärke aus zu führen. Offenbar wirkte hier das Indochinatrauma noch nach.

Demzufolge setzte der General unverändert auf einen militärischen Sieg. Er billigte die Einrichtung von verbotenen Zonen entlang der Grenze zu Tunesien, die den Nachschub für die Befreiungsfront empfindlich störten, unterstützte gigantische Umsiedlungsaktionen und forcierte die Bemühungen der Armeeführung, Struktur und Taktik der Streitkräfte besser den örtlichen Kampfbedingungen anzupassen. Flankiert wurden die erfolgreichen Kriegsanstrengungen von der Ankündigung umfangreicher wirtschaftlicher Maßnahmen (Plan von Constantine) sowie einer Generalamnestie für die Aufständischen (Frieden der Tapferen).[42]

Nach vielen Jahren des Blutvergießens stießen diese ersten vorsichtigen Verhandlungssignale bei der FLN, die im September 1958 den Gouvernement provisoire de la République algérienne (GPRA) gegründet hatte, jedoch auf wenig Gegenliebe. Das offensive Konzept des Challe-Planes[43] verbesserte zwar insgesamt die militärische Lage der Armee, setzte Frankreich aber zugleich immer häufiger den Anklagen und Angriffen der Weltöffentlichkeit aus. Unter ihrem Druck verließ de Gaulle im September 1959 seine bisherigen Positionen und bot dem algerischen Volk unter der Bedingung der Waffenniederlegung und einer Normalisierungsphase von unbestimmter Dauer die Selbstbestimmung an.

Mit dieser Kurskorrektur erreichte er zwar noch nicht alle Führer der FLN, versetzte aber die Verfechter eines

---

[42] Vgl. Gaulle, Ch. de, Discours et messages, Bd. III, Paris 1970, S. 60.

[43] Vgl. Michels, E., Deutsche in der Fremdenlgion 1870-1965. Mythen und Realitäten, Paderborn 1999, S. 287.

französischen Algeriens in Empörung. Deren zeitweilige Meinungsübereinstimmung mit dem General zerbrach. Von nun an betrachteten sie ihn als Verräter. Mögliche Zweifel an seiner politischen Autorität räumte der Staatspräsident allerdings umgehend aus, indem er mit harter Hand durchgriff.[44] Jedoch signalisierten der rasch scheiternde „Barrikaden-Putsch" vom Januar 1960, vor allem aber die Sympathiebekundungen mancher Offiziere, die Gefahr einer politischen Destabilisierung des Landes.

Die Perspektive einer offenen Staatskrise bestärkte de Gaulle in seiner Auffassung, gegen alle Widerstände eine politische Lösung des Algerienkonflikts energisch anzustreben. In Melun, der Hauptstadt des Departements Seine-et-Marne, fanden dann die ersten Verhandlungen statt, die zunächst scheiterten, aber der FLN und ihrer Exilregierung die Anerkennung als legitimer Gesprächspartner brachten. Um sich den notwendigen Rückhalt für die Fortsetzung seiner Politik zu verschaffen, ließ er im Januar 1961 in Frankreich, in Algerien und in den überseeischen Gebieten über seine Algerienpolitik in einem Referendum abstimmen und erreichte eine eindrucksvolle Mehrheit. Damit besaß der General quasi ein Mandat für Verhandlungen mit der Provisorischen Regierung, die im Mai 1961 begannen.

Ein extremistischer Teil der Militärs wollte sich indes mit dieser Entwicklung immer noch nicht abfinden. Er putschte am 22. April 1961 in Algier, rief den Belagerungszustand aus und versuchte selbst, Einheiten im Mutterland auf seine Seite zu ziehen. Da das Gros der Streitkräfte in Algerien stand, konnte ein Übergreifen

---

[44] Vgl. Loth, W., Geschichte Frankreichs im 20. Jahrhundert, a.a.O., S. 183f.

des „Staatsstreichs der Generäle" auf Frankreich nicht ausgeschlossen werden. In dieser kritischen Situation verfehlten die Sondervollmachten des Präsidenten sowie die breite Unterstützung für seine Algerienpolitik aber ihre Wirkung nicht. Während die Generäle Challe und Zeller aufgaben, gingen Salan und Jouhaud in den Untergrund und stellten sich an die Spitze der Organisation de l'Armée secrète (OAS), die, einige Monate zuvor gegründet, ihr Heil nun in Attentaten und Anschlägen suchte.

Auch wenn die Gefahr eines Bürgerkrieges abgewendet war, verliefen die Gespräche mit der FLN weiterhin schleppend. Auf französischer Seite dachte man noch über eine Teilung Algeriens nach vietnamesischem Muster nach, hielt am Flottenstützpunkt Mers el-Kebir fest und wollte unbedingt die Sahara als Ölreservoir und Testgebiet für die Entwicklung von Atomwaffen behalten. Der Amoklauf der OAS, der auch auf das Mutterland übergriff, setzte Paris aber weiter unter Zeitdruck und zwang zu Konzessionen. Ohne die militärische Überlegenheit in den Verhandlungen ausspielen zu können, musste Frankreich schließlich die Integrität Algeriens, einschließlich der Sahara, anerkennen.

Am 18. März 1962 einigten sich die Verhandlungsführer auf eine Feuereinstellung und - vorbehaltlich eines in beiden Ländern getrennt durchzuführenden Referendums - auf die politische Selbständigkeit Algeriens.[45] Nachdem die Volksabstimmungen sowohl in Frankreich als auch in Algerien die Vereinbarungen von Evian gebilligt hatten, erkannte de Gaulle am 3. Juli

---

[45] Vgl. Handbuch der Verträge 1871-1964, a.a.O., S. 736ff.

1962 die Unabhängigkeit des nordafrikanischen Landes an. Der erzwungene Rückzug aus Algerien bedeutete nicht nur das ersehnte Ende eines sieben Jahre und neun Monate andauernden Kolonialkrieges, der auf beiden Seiten zu unermesslichen Verlusten führte. Er brachte auch das unwiderrufliche Ende einer Ära: des Kolonialismus. Nach 132 Jahren musste Frankreich in einer seiner ersten Eroberungen die Flagge einholen. Fortan wehte die Trikolore nur noch in Französisch-Somalia und Französisch-Guayana sowie in den weitverstreuten insularen Relikten des Ersten und Zweiten Empire im Atlantik (St.-Pierre-et-Miquelon), im Indischen Ozean (Komoren, Réunion, Mayotte), in der Karibik (Guadeloupe, Martinique) und im Südpazifik (Neukaledonien, Neue Hebriden, Französisch-Polynesien, Wallis und Futuna).

Der Abschied vom Kolonialreich, insbesondere von den ehemaligen afrikanischen Territorien, hinterließ - entgegen nicht wenigen zeitgenössischen Einschätzungen - keineswegs tiefe und lang schmerzende Wunden im öffentlichen Leben Frankreichs. Die relativ schnelle Überwindung des Algerienkomplexes war vor allem auf das entschlossene Bemühen de Gaulles zurückzuführen, das bisherige koloniale Herrschaftsverhältnis durch eine völkerrechtsverträgliche politique de la coopération zu ersetzen, die sich vornehmlich an den geostrategischen und wirtschaftspolitischen Interessen Frankreichs orientierte.

Die Aufwertung der ehemaligen Besitzungen war somit zuallererst Ausdruck des ambitiösen Versuchs der Fünften Republik, sich im Schatten des Kalten Krieges als eigenständige Macht hinter den USA und der Sowjetunion zu behaupten und zu profilieren. Überdies bot ein Jahrhundert Kolonialherrschaft natürlich zahlreiche exklusive Voraussetzungen für eine umfassende wirtschaftliche Einflussnahme. Beide Zielsetzungen führten in der Summe aber nicht zu einer Distanzierung, sondern eher zu einer nachkolonialen Intensivierung der Beziehungen, die sich in den nachfolgenden Jahrzehnten als außerordentlich stabil erwies. Allerdings bleibt abzuwarten, ob es Frankreich unter veränderten geostrategischen Gegebenheiten und verstärkten innen- bzw. wirtschaftspolitischen Zwängen auch gelingen wird, seine privilegierte Einflusssphäre perspektivisch zu erhalten.

Dokumente

*[**D1**] Der Aufruf de Gaulles vom 18. Juni 1940*

Die Männer, die seit vielen Jahren an der Spitze der französischen Armeen stehen, haben eine Regierung gebildet.

Diese Regierung hat sich unter dem Vorwand der Niederlage unserer Armeen mit dem Feind in Verbindung gesetzt, um den Kampf zu beenden.

Gewiß, wir waren und wir sind überschwemmt von der technischen Übermacht des Feindes zu Lande und in der Luft.

Unendlich viel mehr noch als ihre Zahl haben uns die Panzer, die Flugzeuge, die Taktik der Deutschen zurückweichen lassen. Die Panzer, die Flugzeuge, die Taktik der Deutschen haben unsere Heerführer so überwältigt, daß sie dorthin gelangt sind, wo sie sich heute befinden.

Aber ist das letzte Wort gesagt? Muß die Hoffnung schwinden? Ist die Niederlage endgültig? Nein!

Glaubt mir, glaubt dem, der die Dinge kennt, von denen er spricht, und der euch sagt, daß für Frankreich noch nichts verloren ist. Dieselben Mittel, die uns überwältigt haben, können eines Tages den Sieg herbeiführen.

Denn Frankreich ist nicht allein! Es ist nicht allein! Es ist nicht allein! Es hat ein großes Weltreich hinter sich. Es kann einen Block bilden mit dem Britischen Empire, das die Meere beherrscht und weiterkämpft. Es kann, wie England, uneingeschränkten Gebrauch machen von der unermeßlichen Industrie der Vereinigten Staaten von Nordamerika.

Dieser Krieg ist nicht auf unser unglückliches Mutterland beschränkt. Dieser Krieg ist nicht durch die Schlacht von Frankreich entschieden. Dieser Krieg ist ein Weltkrieg. Alle Fehler, alles Hinzögern, alle Leiden verhindern nicht, daß in der Welt die Mittel vorhanden sind, um eines Tages unsere Feinde zu vernichten. Obgleich wir heute von der technischen Übermacht zerschmettert sind, werden wir in der Zukunft durch eine überlegene technische Macht siegen können. Darin liegt das Schicksal der Welt.

Ich, General de Gaulle, zur Zeit in London, fordere die französischen Offiziere und Soldaten auf, ob sie sich mit oder ohne Waffen auf britischem Boden befinden oder befinden werden, sich mit mir in Verbindung zu setzen. Ich fordere ebenso auf die Ingenieure und die Spezialarbeiter der Rüstungsindustrie, die sich auf britischem Boden befinden oder befinden werden.

Was auch immer geschehen mag, die Flamme des französischen Widerstandes darf nicht erlöschen und wird nicht erlöschen.

Morgen werde ich, wie heute, über Radio London sprechen.

In : Gaulle, Ch. de, Memoiren. Der Ruf (1940-1942), Berlin,Frankfurt/M. 1955, S. 75f. ; franz : Mémoires de guerre. L'Appel 1940-1942, Paris 1954, S. 331f.

[D2] *Discours prononcé par le Général de Gaulle Président du Comité Français de la Libération Nationale à l'ouverture de la Conférence Africaine Française le 30 janvier 1944*

Messieurs,

Si l'on voulait juger des entreprises de notre temps suivant les errements anciens, on pourrait s'étonner que le Gouvernement français ait décidé de réunir cette Conférence Africaine. Attendez, nous conseillerait, sans doute, la fausse prudence d'autrefois. La guerre n'est pas à son terme. Encore moins peut-on savoir ce que sera demain la paix. La France, d'ailleurs, n'a-t-elle pas, hélas! des soucis plus immédiats que l'avenir de ses territoires d'outre-mer?

Messieurs, il a paru au Gouvernement que rien ne serait en réalité moins justifié que cet effacement, ni plus imprudent que cette prudence. C'est qu'en effet, loin que la situation présente, pour cruelle et compliquée qu'elle soit, doive nous conseiller l'abstention, c'est au contraire l'esprit d'entreprise qu'elle nous commande. Cela est vrai dans tous les domaines, en particulier dans celui que va parcourir la Conférence de Brazzaville. Car, sans vouloir exagérer l'urgence des raisons qui nous pressent d'aborder l'étude d'ensemble des problèmes africains français, nous croyons que les immenses événements qui bouleversent le monde nous engagent à ne pas tarder; que la terrible épreuve que constitue l'occupation provisoire de la Métropole par l'ennemi ne retire rien à la France en guerre de ses devoirs et de ses droits; enfin, que le rassemblement maintenant accompli de toutes nos possessions d'Afrique nous offre une occasion excellente de réunir, à l'initiative et sous la direction de Monsieur le Commissaire aux Colonies, pour travailler ensemble, confronter leurs idées et leur expérience, les hommes qui ont l'honneur et la charge de gouverner, au nom de la France, ses territoires africains. Et où donc une telle réunion devait-elle se tenir, sinon à Brazzaville, qui pendant de terribles années fut le refuge de notre honneur et de notre indépendance et qui restera l'exemple du plus méritoire effort français.

.

Depuis un demi-siècle, à l'appel d'une vocation civilisatrice vieille de beaucoup de centaines d'années, sous l'impulsion des gouvernements de la République et sous la conduite d'hommes tels que : Gallieni, Brazza, Dodds, Joffre, Binger, Marchand, Gentil, Foureau, Lamy, Borgnis-Desbordes, Archinard, Lyautey, Gouraud, Largeau, les Français ont pénétré, pacifié, ouvert au monde une grande partie de cette Afrique noire, que son étendue, les rigueurs du climat, la puissance des obstacles naturels, la misère et la diversité de ses populations avaient maintenue, depuis l'aurore de l'Histoire, douloureuse et imperméable.

Ce qui a été fait par nous pour le développement des richesses et pour le bien des hommes, à mesure de cette marche en avant, il n'est, pour le discerner, que de parcourir nos territoires et, pour le reconnaître, que d'avoir du cœur. Mais, de même qu'un rocher lancé sur la pente roule plus vite à chaque instant, ainsi l'oeuvre que nous avons entreprise ici nous impose sans cesse de plus larges tâches. Au moment où commençait la présente guerre mondiale, apparaissait déjà la nécessité d'établir sur des bases nouvelles les conditions de la mise en valeur de notre Afrique, celles du progrès humain de ses habitants et celles de l'exercice de la souveraineté française.

Comme toujours, la guerre elle-même précipite l'évolution. D'abord, par le fait qu'elle fut jusqu'à ce jour, pour une bonne part, une guerre africaine et que, du même coup, l'importance absolue et relative des ressources, des communications, des contingents d'Afrique, est apparue dans la lumière drue des théâtres d'opérations, mais ensuite et surtout parce que cette guerre a pour enjeu ni plus ni moins que la condition de l'homme et que, sous l'action des forces psychiques qu'elle a partout déclenchées, chaque population, chaque individu, lève la tête, regarde au-delà du jour et s'interroge sur son destin.

S'il est une puissance impériale que les événements conduisent à s'inspirer de leurs leçons, et à choisir noblement, libéralement, la route des temps nouveaux où elle entend diriger les soixante millions d'hommes qui se trouvent associés au sort de ses quarante-deux millions d'enfants, cette puissance c'est la France.

En premier lieu et tout simplement parce qu'elle est la France, c'est-à-dire la nation dont l'immortel génie est désigné pour les initiatives qui, par degrés, élèvent les hommes vers les sommets de dignité et de fraternité où quelque jour tous pourront s'unir. Ensuite parce que, dans l'extrémité où une défaite provisoire l'avait refoulée, c'est dans ses terres d'outre-mer, dont toutes les populations, dans toutes les parties du monde, n'ont pas une seule minute altéré leur fidélité magnifique, qu'elle a trouvé son recours et la base de départ pour sa libération et qu'il y a, désormais, de ce fait, entre la Métropole et l'Empire, un lien définitif. Enfin, pour cette raison que, tirant à mesure du drame les conclusions qu'il comporte, la France est aujourd'hui animée, pour ce qui la concerne elle-même et pour ce qui concerne tous ceux qui dépendent d'elle, d'une volonté ardente et pratique de renouveau. Est-ce à dire que la France veuille poursuivre sa tâche outre-mer en enfermant ses territoires dans des barrières qui les isoleraient du monde et, d'abord, de l'ensemble des contrées africaines? Non certes ! et pour le prouver, il n'est que d'évoquer comment, dans cette guerre, l'Afrique Equatoriale et le Cameroun français n'ont cessé de collaborer de la façon la plus étroite avec les territoires voisins, et comment, à l'heure qu'il est, l'Empire français tout entier, à l'exception momentanée de l'Indochine, contribue dans d'importantes proportions, par ses positions stratégiques, ses voies de communications, sa production, ses bases aériennes, sans préjudice de ses effectifs militaires, à l'effort commun des alliés. Nous croyons que, pour ce qui concerne la vie du monde de demain, l'autarcie ne serait, pour personne, ni souhaitable, ni même possible. Nous croyons, en particulier, qu'au point de vue du développement des ressources et des grandes communications, le continent africain doit constituer, dans une large mesure, un tout. Mais en Afrique française, comme dans tous les autres territoires où des hommes vivent sous notre drapeau, il n'y aurait aucun progrès qui soit un progrès, si les hommes, sur leur terre natale, n'en profitaient pas, moralement et matériellement, s'ils ne pouvaient s'élever peu à peu jusqu'au niveau où ils seront capables de participer chez eux à la gestion de leurs propres affaires. C'est le devoir de la France de faire en sorte qu'il en soit ainsi.

Tel est le but vers lequel nous avons à nous diriger. Nous ne nous dissimulons pas la longueur des étapes. Vous avez, Messieurs les

Gouverneurs généraux, Messieurs les Gouverneurs, les pieds assez bien enfoncés dans la terre d'Afrique pour ne jamais perdre le sens de ce qui est réalisable et, par conséquent, pratique. Au demeurant, il appartient à la Nation Française et il n'appartient qu'à elle, de procéder, le moment venu, aux réformes impériales de structure qu'elle décidera dans sa souveraineté.

Mais, en attendant, il faut vivre, et vivre c'est chaque jour entamer l'avenir.

Vous étudierez ici, pour les soumettre au Gouvernement, quelles conditions morales, sociales, politiques, économiques et autres vous paraissent devoir être progressivement appliquées dans chacun de nos territoires pour que, par leur développement même et le progrès de leur population, ils s'intègrent dans la communauté française avec leur personnalité, leurs intérêts, leurs aspirations, leur avenir.

Messieurs, la Conférence Africaine Française de Brazzaville est ouverte.

In : La Conférence africaine française. Brazzaville, 30 janvier - 8 février 1944, a.a.O., S. 27ff.

236

[D3] *Verfassung der Französischen Republik (Präambel und Titel VIII) vom 13. Oktober 1946*

Präambel

(...) Frankreich bildet mit den überseeischen Völkern eine Union, die ohne Unterschied der Rasse oder der Religion auf der Gleichheit der Rechte und Pflichten begründet ist. Die Französische Union setzt sich aus Nationen und Völkern zusammen, die eine Gemeinschaft bilden und ihre Hilfsquellen und Anstrengungen verbinden, um ihre Zivilisationen gegenseitig zu entwickeln, ihren Wohlstand zu mehren und ihre Sicherheit zu wahren. Treu seiner überlieferten Sendung beabsichtigt Frankreich die Völker, die es in seine Obhut genommen hat, der Freiheit, sich selbst zu verwalten und ihre eigenen Angelegenheiten demokratisch zu ordnen, zuzuführen. Indem es jedes auf Willkür gegründete Kolonialsystem ablehnt, sichert es allen den gesetzlichen Zutritt zu den öffentlichen Ämtern und die persönliche oder gemeinschaftliche Ausübung der nachstehend verkündeten und bestätigten Rechte und Freiheiten zu.
(...)
Titel VIII. Von der Französischen Union
Abschnitt I. Grundsätze

Art. 60. Die Französische Union wird einerseits aus der Französischen Republik, die das Mutterland Frankreich und die überseeischen Departements und Gebiete umfaßt, und andererseits aus den assoziierten Gebieten und Staaten gebildet.
Art. 61. Die Stellung der assoziierten Staaten in der Union folgt für jeden von ihnen aus dem Vertrag, der seine Beziehungen zu Frankreich festlegt.
Art. 62. Die Mitglieder der Französischen Union vereinigen die Gesamtheit ihrer Mittel, um die Verteidigung der ganzen Union zu sichern. Die Regierung der Republik nimmt die Zusammenfassung dieser Mittel und die Führung der eigenen Politik auf sich, um diese Verteidigung vorzubereiten und zu sichern.

Abschnitt II. Von der Organisation

Art. 63. Die zentralen Organe der Französischen Union sind: die Präsidentschaft, der Hohe Rat und die Versammlung.

Art. 64. Der Präsident der Französischen Republik ist Präsident der Französischen Union, deren dauernde Interessen er vertritt.

Art. 65. Der Hohe Rat der Französischen Union setzt sich unter dem Vorsitz des Präsidenten der Union aus einer Abordnung der französischen Regierung und der Vertretung, die jeder der assoziierten Staaten beim Präsidenten der Union benennen kann, zusammen.

Er hat die Aufgabe, die Regierung bei der allgemeinen Leitung der Union zu unterstützen.

Art. 66. Die Versammlung der Französischen Union setzt sich zur Hälfte aus Mitgliedern zusammen, die das Mutterland Frankreich vertreten, und zur Hälfte aus Mitgliedern, welche die überseeischen Departements und Gebiete und die assoziierten Staaten vertreten.

Ein Grundgesetz bestimmt, unter welchen Bedingungen die verschiedenen Teile der Bevölkerung vertreten sein können.

Art. 67. Die Mitglieder der Versammlung der Union werden durch die Gebietsversammlungen gewählt, soweit es die überseeischen Departements und Gebiete betrifft. Sie werden, was das Mutterland Frankreich betrifft, zu zwei Dritteln durch die Mitglieder der Nationalversammlung, die das Mutterland vertreten, und zu einem Drittel durch die Mitglieder des Rates der Republik, die das Mutterland vertreten, gewählt.

Art. 68. Die assoziierten Staaten können in den Grenzen und unter den Bedingungen, die durch ein Gesetz und eine interne Verfügung jedes Staates festgelegt werden, Vertreter für die Versammlung der Union benennen.

Art. 69. Der Präsident der Französischen Union beruft die Versammlung der Französischen Union ein und schließt ihre Tagungen. Er muß sie auf Ansuchen der Hälfte ihrer Mitglieder einberufen.

Die Versammlung der Französischen Union kann während der Unterbrechungen der Tagungen des Parlamentes keine Sitzungen abhalten.

Art. 70. Die Anordnungen der Artikel 8, 10, 21, 22 und 23 sind auf die Versammlung der Französischen Union unter den gleichen Bedingungen wie auf den Rat der Republik anwendbar.

Art. 71. Die Versammlung der Französischen Union erkennt über die Vorschläge und Entwürfe, die ihr gutachtlich durch die Nationalversammlung oder die Regierung der Französischen Republik oder durch die Regierungen der verbündeten Staaten unterbreitet werden.

Die Versammlung hat die Berechtigung, sich über die Vorschläge von Entschließungen, die ihr durch eines ihrer Mitglieder vorgelegt werden, zu äußern und, wenn sie diese in Erwägung zieht, ihr Büro zu beauftragen, sie der Nationalversammlung zu übersenden. Sie kann der französischen Regierung und dem Hohen Rat der Französischen Union Vorschläge machen.

Um zulässig zu sein, müssen die Vorschläge von Entschließungen auf Grund des vorstehenden Absatzes in der betreffenden gesetzgebenden Versammlung der überseeischen Gebiete behandelt worden sein.

Art. 72. In den überseeischen Gebieten steht die gesetzgebende Gewalt dem Parlament zu, soweit es die Strafgesetzgebung, die Ordnung der öffentlichen Freiheiten und die politische und verwaltungsmäßige Organisation betrifft.

In allen anderen Fällen ist das französische Gesetz auf die überseeischen Gebiete nur durch ausdrückliche Verfügung anwendbar oder wenn es durch Dekret nach Anhörung der Versammlung der Union auf die überseeischen Gebiete ausgedehnt worden ist.

Außerdem können in Abweichung von Artikel 13 besondere Verfügungen für jedes Gebiet durch den Präsidenten der Republik im Ministerrat nach vorheriger Anhörung der Versammlung der Union erlassen werden.

Abschnitt III. Von den überseeischen Departements und Gebieten

Art. 73. Die gesetzliche Regierung der überseeischen Departements ist die gleiche wie die der Departements des Mutterlandes bis auf die durch Gesetz festgelegten Ausnahmen.

Art. 74. Die überseeischen Gebiete werden mit einem besonderen Statut ausgestattet, das im Rahmen der Interessen der Republik ihren eigenen Interessen Rechnung trägt.

Dieses Statut und die innere Organisation jedes überseeischen Gebietes oder jeder Gruppe von Gebieten werden nach Anhören der Versammlung der Französischen Union und Befragung der Versammlungen der Gebiete durch Gesetz festgelegt.

Art. 75. Die Statuten über die Mitglieder der Republik und der Französischen Union sind entwicklungsfähig.

Die Änderung des Statuts und der Übergang von einer Kategorie zur anderen indem durch Artikel 60 festgesetzten Rahmen können nur durch ein Gesetz erfolgen, das die Nationalversammlung nach Befragung der Versammlungen der Gebiete und der Versammlung der Union beschließt.

Art. 76. Der Regierungsvertreter in jedem Gebiet oder jeder Gruppe von Gebieten ist der Wahrer der Vollmachten der Republik.

Er ist der Chef der Verwaltung des Gebietes.

Er ist der Regierung für seine Handlungen verantwortlich.

Art. 77. In jedem Gebiet wird eine gewählte Versammlung eingerichtet.

Die Wahlordnung, die Zusammensetzung und die Zuständigkeit dieser Versammlung wird durch Gesetz festgelegt.

Art. 78. In den Gruppen von Gebieten wird die Wahrnehmung der gemeinschaftlichen Interessen einer Versammlung anvertraut, die aus Mitgliedern besteht, die durch die Versammlungen der [einzelnen] Gebiete gewählt wurden.

Ihre Zusammensetzung und ihre Machtbefugnisse werden durch Gesetz bestimmt.

Art. 79. Die überseeischen Gebiete wählen Vertreter zur Nationalversammlung und zum Rat der Republik unter den durch das Gesetz vorgesehenen Bedingungen.

Art. 80. Alle Staatsangehörigen der überseeischen Gebiete haben das Bürgerrecht mit dem gleichen Rechtsanspruch wie die gebürtigen Franzosen des Mutterlandes oder der überseeischen Gebiete. Besondere Gesetze legen die Bedingungen fest, unter denen sie ihre Bürgerrechte ausüben.

Art. 81. Alle geborenen Franzosen und alle Angehörigen der Französischen Union haben das Bürgerrecht der Französischen Union. Es sichert ihnen den Genuß der durch die Präambel dieser Verfassung garantierten Freiheiten und Rechte zu.

Art. 82. Die Bürger, die nicht den französischen Zivilstand haben, behalten ihren persönlichen Stand, so lange sie nicht darauf verzichtet haben.

Das Statut kann in keinem Fall einen Grund bilden, um die Rechte und Freiheiten, die einem französischen Bürger eignen, zu verewigen oder zu begrenzen.

(...)

In: Staatsverfassungen. Eine Sammlung wichtiger Verfassungen der Vergangenheit und Gegenwart im Urtext und Übersetzung, a.a.O., S. 413ff.

(...) Wie nennt man das alles? Man nennt es Entkolonisierung. Ich habe sie nicht etwa nur deswegen seit langem unternommen und fortgesetzt, weil man vorhersehen und hernach feststellen konnte, welch gewaltige Befreiungsbewegung der Weltkrieg und seine Folgen von einem Ende der Erde bis zum anderen ausgelöst haben, eine Befreiungsbewegung, die noch kräftig dramatisiert wurde von den rivalisierenden Übervorteilungsversuchen der Sowjetunion und Amerikas. Ich habe sie auch, und habe sie vor allem deshalb durchgeführt, weil es den heutigen Belangen und dem neuen Streben Frankreichs zuwiderliefe, an Verpflichtungen und Belastungen gekettet zu bleiben, die dem entgegenstehen, was seine Macht und seine Ausstrahlung heute fordern.

(...) Man muß sich einmal klarmachen, daß der Sauerteig des Unabhängigkeitsstrebens, das die vordem beherrschten Völker erfaßt hat, und auch die Einflüsterungen all der Demagogen auf dem Erdenrund, nicht die einzigen Beweggründe sind in der großen Umwandlung, die den Erdball von einem Ende zum anderen umstülpt. (...) Ich will damit sagen, daß die Gründe - die einst manche zivilisierten Völker veranlaßt haben, für andere, für unzivilisierte Völker die direkte Verantwortung zu übernehmen -, daß diese Gründe allmählich sogar aus dem Bewußtsein der einstigen Kolonisatoren verschwinden. Heute beginnen selbst die Mächtigsten zu begreifen, daß ihre Zukunft, ihr Heil und ihre Handlungsfähigkeit in der Welt mehr von ihrer eigenen Entwicklung und von der Zusammenarbeit mit den vormals kolonisierten Ländern abhängt als von der Herrschaft, die man Fremden aufzwingt.

Das war nicht immer so. Wir Franzosen schufen unser Weltreich zu einer Zeit, da unsere Wirkensmöglichkeiten im Innern ihr Limit erreicht hatten: eine Industrie, die kaum noch Neues hervorbrachte, eine Landwirtschaft, die im alten Gleis weitertrottete, Handelsströme, die kaum über das vorgegrabene Bett hinausgriffen, Löhne und Gehälter, die festgefroren waren, ein öffentlicher Haushalt, der stereotyp neuaufgelegt wurde (...) Zum anderen wurde unserem alten Trachten nach Vorherrschaft in Europa und nach natürlichen Grenzen Einhalt geboten durch die Schranken des Vertrages von 1815 und später jenes von 1870, durch die Geschlossenheit und Stärke des sich bedrohlich gebärdenden Deutschland. Da suchten wir eben in der Ferne ein neues Ventil für unseren überschüssigen Unternehmungsgeist, einen Glanz für unser Prestige, Soldaten für unsere Verteidigung.

Was Frankreich für und in Übersee geleistet hat, das braucht es keineswegs zu bereuen. (...) Es ist das ein großartiges menschliches Werk, das ihm - mag es auch hier und da Verirrungen und Fehler gegeben haben, und mögen auch allerlei engstirnige Demagogen daran herumnagen - auf immer zur Ehre gereicht. (...) Heute gilt unser großes nationales Streben unserem eigenen Fortschritt, denn dieser ist die wahre Quelle der Kraft und des Einflusses. Heute erlaubt uns, gebietet uns die moderne Zeit eine riesige Entwicklung. Heute müssen wir, um alles in guter Ordnung zu vollbringen, die uns verfügbaren Mittel in erster Linie für uns selbst, bei uns selbst einsetzen. Zumal wir diese Mittel brauchen, um unsere Verteidigung und die Verteidigung unserer Nachbarn gegen den größten Imperialismus zu gewährleisten, den die Welt je kannte: gegen den sowjetischen. Und dann brauchen wir diese Mittel auch, um in dem gewaltigen wirtschaftlichen, technischen und sozialen Konkurrenzkampf bestehen zu können, der zwischen den menschlichen und den knechtischen Staatsformen entbrannt ist.

Jawohl: Entkolonisierung heißt unser Anliegen und damit unsere Politik. Wozu sollen wir uns an kostspieligen, blutigen und ausweglosen Herrschaftsgebieten festkrallen, wo doch unser Land durch und durch der Erneuerung bedarf, wo alle unterentwickelten Länder - und in erster Linie jene, die gestern von uns abhängig waren und heute unsere vorzüglichen Freunde sind - unsere Hilfe und unsere Mitwirkung erbitten? Diese Hilfe und diese Mitwirkung aber, wozu sollten wir sie gewähren, wenn sich das nicht lohnt? Wenn es kein Zusammenwirken gibt? Wenn das, was wir einbringen, keine Gegenleistung findet? Jawohl, Austausch muß sein, weil uns einiges zusteht, aber auch weil es um die Würde jener geht, mit denen wir zu tun haben. (...)

Zit. nach : Gaulles, Charles de, Memoiren der Hoffnung. Die Wiedergeburt 1958-1962, a.a.O., S. 420ff.

Welche Vorschläge, was für ein Entwurf werden der freien und bewußten Wahl aller unterbreitet werden? Es ist der Entwurf zur Schaffung der Gemeinschaft. Darin wird vorgeschlagen, daß das Mutterland und die überseeischen Gebiete eine Gemeinschaft bilden, in der - ich wiederhole es - jeder eine freie Regierung mit voller Entscheidungsfreiheit haben wird und in der alle im gemeinsamen Interesse die Belange der Verteidigung, der Außenpolitik, der Wirtschaft, die Leitung der Gerichtsbarkeit, des Unterrichtswesens und der Fernverbindungen zusammenlegen.

Diese Gemeinschaft wird entsprechende Institutionen besitzen: einen Präsidenten der Gemeinschaft, einen Exekutivrat, der die Regierungschefs mit den Ministern für die gemeinsamen Aufgaben sowie einen Senat der Gemeinschaft umfassen wird, der aus Vertretern aller Territorien des Mutterlandes zusammengesetzt sein wird und über die gemeinsamen Angelegenheiten zu beraten haben wird; schließlich wird ein Schiedsgerichtshof für die reibungslose Regelung eventuell auftretender Streitfragen sorgen. (...)

Diese Unabhängigkeit werde ich allen und jedem, ganz gleich, wo sie sind, vorschlagen. Man sagt: „Wir haben einen Anspruch auf die Unabhängigkeit". Aber natürlich, wer auch immer die Unabhängigkeit will, kann sie sogar gleich erhalten. Das Mutterland wird sich dem nicht widersetzen.

Ein bestimmtes Territorium, das auf den Volksentscheid am 28. September mit „nein" antwortet, kann die Unabhängigkeit sofort bekommen. Das wird bedeuten, daß es sich an der vorgeschlagenen Gemeinschaft nicht beteiligen und sich loslösen will. Das wird bedeuten, daß es seinen eigenen Weg gehen will, allein, und die damit verbundenen Risiken und Gefahren auf sich nimmt. Das Mutterland wird hieraus die Folgen ziehen, und ich garantiere, daß es sich dem nicht widersetzen wird.

Wenn aber die Wählerschaft in den afrikanischen Gebieten bei dem Volksentscheid mit „ja" stimmt, wird das bedeuten, daß die Bürger durch freien Entschluß die Wahl getroffen haben, die Gemeinschaft zu schaffen, von der ich gesprochen habe. Diese

Gemeinschaft wird dann errichtet werden, und sie wird ihre Funktionen aufnehmen. Ich bin sicher, daß dies zum Wohle aller sein wird.

Mehr noch: Wenn irgendein Territorium sich nach Ablauf einer gewissen Zeit, deren Dauer ich nicht festlege, imstande fühlt, alle Aufgaben und alle Pflichten, die mit der Unabhängigkeit verbunden sind, auf sich zu nehmen, so wird es ihm freigestellt sein, darüber in seiner gewählten Volksvertretung zu entscheiden, und, wenn es erforderlich wäre, durch einen Volksentscheid seiner Bewohner. Die Gemeinschaft wird dies dann zur Kenntnis nehmen, und in einem Abkommen werden die Bedingungen dieser Änderung mit dem Territorium geregelt, das die Unabhängigkeit erlangt und seinen Weg gehen wird, wie es auch die Gemeinschaft selbst tun wird.

Ich verspreche im voraus, daß sich das Mutterland auch in diesem Fall einer solchen Entwicklung nicht widersetzen wird. Selbstverständlich wird aber auch das Mutterland innerhalb der Gemeinschaft sich die freie Entscheidung über ihre eigenen Wege vorbehalten. Es wird, wenn es dies für notwendig hält, die Bindungen der Gemeinschaft mit diesem oder jenem Territorium lösen, denn es kann niemandem entgehen, daß die Gemeinschaft für das Mutterland schwere Lasten mit sich bringen wird, die ohnehin schon sehr groß sind.

Zit. nach: De Gaulle hat gesagt ... Eine Dokumentation seiner Politik, hrsg. von Hans Stercken, Stuttgart 1967, S. 222 f.

[D6] *Verfassung der Französischen Republik (Präambel und Titel XII) vom 28. September 1958*

Präambel

Das französische Volk verkündet feierlich seine Verbundenheit mit den Menschenrechten und mit den Grundsätzen der nationalen Souveränität, so wie sie in der Erklärung von 1789 niedergelegt und in der Präambel der Verfassung von 1946 bestätigt und ergänzt wurden.

Kraft dieser Grundsätze und desjenigen der freien Selbstbestimmung der Völker bietet die Republik den Völkern der überseeischen Gebiete, die den Willen bekunden, ihr anzugehören, neue Einrichtungen, die das gemeinsame Ideal der Freiheit, Gleichheit und Brüderlichkeit zur Grundlage haben und deren Beschaffenheit ihre demokratische Entwicklung ermöglicht.

Art. 1. Die Republik und die Völker der überseeischen Gebiete, die in freier Entscheidung diese Verfassung annehmen, bilden eine Gemeinschaft.

Die Gemeinschaft gründet sich auf die Gleichheit und Solidarität der Völker, die ihr angehören.

(...)

XII. Die Gemeinschaft

Art. 77. Innerhalb der durch diese Verfassung errichteten Gemeinschaft genießen die Mitgliedsstaaten die Autonomie; sie verwalten sich selbst und sorgen in demokratischer und freier Weise für die Erledigung ihrer eigenen Angelegenheiten.

Es gibt nur eine Staatszugehörigkeit der Gemeinschaft.

Alle Staatsangehörigen genießen gleiche Rechte ohne Unterschied ihrer Herkunft, Rasse und Religion. Sie haben die gleichen Pflichten.

Art. 78. Die Zuständigkeit der Gemeinschaft erstreckt sich auf die Außenpolitik, die Verteidigung, das Geldwesen, die gemeinsame Wirtschafts- und Finanzpolitik sowie die kriegswichtigen Rohstoffe.

Sie umfaßt ferner, wenn nicht Sondervereinbarungen getroffen werden, die Kontrolle des Justizwesens, des Hochschulunterrichts, und die allgemeine Organisation des gemeinsamen Außenverkehrs sowie des Fernmeldewesens.

Durch Sonderabkommen können andere gemeinsame Zuständigkeitsbereiche geschaffen oder die Übertragung von Zuständigkeiten der Gemeinschaft auf eines ihrer Mitglieder geregelt werden.

Art. 79. Die Mitgliedsstaaten kommen gleich nach der gemäß Artikel 76 vollzogenen Wahl in den Genuß der Bestimmungen des Artikels 77.

Bis zum Inkrafttreten der notwendigen Maßnahmen zur Anwendung dieses Titels werden die gemeinsamen Kompetenzfragen von der Republik wahrgenommen.

Art. 80. Der Präsident der Republik ist zugleich Präsident und Vertreter der Gemeinschaft.

Ihre Organe sind ein Exekutivrat, ein Senat und ein Schiedsgerichtshof.

Art. 81. Die Mitgliedsstaaten der Gemeinschaft nehmen unter den in Artikel 6 festgelegten Bedingungen an der Wahl des Präsidenten teil.

Der Präsident der Republik ist in seiner Eigenschaft als Präsident der Gemeinschaft in jedem Mitgliedsstaat der Gemeinschaft vertreten.

Art. 82. Der Vorsitz im Exekutivrat der Gemeinschaft wird vom Präsidenten der Gemeinschaft geführt. Der Exekutivrat setzt sich zusammen aus dem Premierminister der Republik, den Regierungschefs aller Mitgliedsstaaten der Gemeinschaft und den mit der Leitung der gemeinsamen Angelegenheiten der Gemeinschaft beauftragten Ministern.

Der Exekutivrat sorgt für die Organisation der Zusammenarbeit der Mitglieder der Gemeinschaft auf Regierungsebene und auf dem Gebiet der Verwaltung.

Die Organisation und die Tätigkeit des Exekutivrates werden durch ein Organisationsgesetz geregelt.

Art. 83. Der Senat der Gemeinschaft besteht aus den Delegierten, die das Parlament der Republik und die gesetzgebenden Versammlungen der anderen Mitglieder der Gemeinschaft aus ihren Reihen wählen. Die Zahl der Delegierten jedes Mitgliedsstaates hängt von der Größe ihrer Bevölkerung sowie Verantwortung ab, die ihnen innerhalb der Gemeinschaft zufällt.

Er tritt jedes Jahr zu zwei Sitzungsperioden zusammen, die durch den Präsidenten der Gemeinschaft eröffnet und geschlossen werden und jeweils einen Monat nicht überschreiten dürfen.

Auf Veranlassung des Präsidenten der Gemeinschaft beschließt er über die gemeinsame Wirtschafts- und Finanzpolitik, bevor das Parlament der Republik und gegebenenfalls die gesetzgebenden Versammlungen der anderen Mitglieder der Gemeinschaft die hierfür erforderlichen Gesetze beschließen.

Der Senat der Gemeinschaft prüft die internationalen Verträge und Abkommen, die gemäß der Artikel 35 und 53 geschlossen werden und die die Gemeinschaft verpflichten.

Er faßt die Ausführungsbeschlüsse auf den Gebieten, für deren Wahrnehmung er von den gesetzgebenden Versammlungen der Mitglieder der Gemeinschaft beauftragt wird. Diese Beschlüsse werden in der gleichen Form wie die Gesetze im Gebiet eines jeden betroffenen Staates veröffentlicht.

Ein Grundgesetz regelt seine Zusammensetzung und seine Tätigkeit.

Art. 84. Ein Schiedsgerichtshof der Gemeinschaft entscheidet über Streitfragen, die zwischen den Mitgliedern der Gemeinschaft entstehen.

Seine Zusammensetzung und Zuständigkeit werden durch ein Grundgesetz geregelt.

Art. 85. In Abweichung von dem im Artikel 89 vorgesehenen Verfahren werden die Bestimmungen dieses Titels, die sich auf die Tätigkeit der gemeinsamen Einrichtungen beziehen, durch Gesetze geändert, die in gleicher Fassung vom Parlament der Republik und vom Senat der Gemeinschaft beschlossen werden.

Die Bestimmungen dieses Titels können auch durch Abkommen revidiert werden, die zwischen allen Staaten der Gemeinschaft geschlossen werden; die neuen Bestimmungen werden unter den durch die Verfassung eines jeden Staates festgelegten Bedingungen in Kraft gesetzt. (Absatz 2 zugefügt 4. Juni 1960)

Art. 86. Die Änderung des Statuts eines Mitgliedsstaates der Gemeinschaft kann sowohl von der Republik als auch durch eine durch örtlichen Volksentscheid bestätigte Entschließung der gesetzgebenden Versammlung des betreffenden Staates beantragt werden. Die Art dieser Änderung wird in einem Abkommen festgelegt, das der Annahme durch das Parlament der Republik und der zuständigen gesetzgebenden Versammlung bedarf.

Unter den gleichen Bedingungen kann ein Mitgliedsstaat der Gemeinschaft seine Unabhängigkeit erlangen. Mit Erlangung der Selbständigkeit hört seine Zugehörigkeit zur Gemeinschaft auf.

Ein Mitgliedsstaat der Gemeinschaft kann auch durch Abkommen unabhängig werden, ohne deshalb aus der Gemeinschaft auszuscheiden.

Ein unabhängiger Staat, der nicht Mitglied der Gemeinschaft ist, kann durch Abkommen der Gemeinschaft beitreten, ohne dadurch die Selbständigkeit zu verlieren.

Die Lage dieser Staaten innerhalb der Gemeinschaft ist durch die zu diesem Zweck geschlossenen Abkommen festgelegt, und zwar durch die in den vorstehenden Absätzen genannten Abkommen sowie gegebenenfalls durch die im zweiten Absatz des Artikels 85 vorgesehenen Abkommen. (Absatz 3-5 zugefügt 4. Juni 1960)

Art. 87. Die zur Anwendung dieses Titels geschlossenen Sonderabkommen bedürfen der Zustimmung des Parlaments der Republik und der betreffenden gesetzgebenden Versammlung.

(...)

Staatsverfassungen. Eine Sammlung wichtiger Verfassungen der Vergangenheit und Gegenwart im Urtext und Übersetzung, a.a.O., S. 453ff.

Anhang

Chronologie

1432-1451	Jacques Coeur erschließt den Mittelmeerhandel.
1461-1483	Ludwig XI. vollendet das zentralisierte Königtum, die Voraussetzung für die absolutistische Monarchie.
1492	Christoph Kolumbus entdeckt Amerika.
1494	Vertrag von Tordesillas. Globale Abgrenzung der kolonialen Machtbereiche zwischen Spanien und Portugal.
1497/98	Vasco da Gama findet den Seeweg nach Indien.
1515-1547	Franz I., Beginn des französischen Absolutismus.
1519-1522	Erste Erdumsegelung durch Fernand de Magellan.
1534	Jacques Cartier erreicht die Mündung des St.-Lorenz-Stromes und gründet 1535 Montreal.
1555	Vizeadmiral de Villegagnon gründet auf einer Rio de Janeiro vorgelagerten Insel die erste französische Niederlassung in Südamerika.
1589-1610	Heinrich IV. begründet die Dynastie Bourbon.
1598	Edikt von Nantes sichert den Hugenotten volle Gleichberechtigung zu.
1604	Französische Kolonisten siedeln in Guayana.
1608	Samuel de Champlain gründet Quebec und erforscht Gebiete bis zur Großen Seenplatte.
1624-1642	Unter Kardinal Richelieu beginnt der Aufbau des absolutistischen französischen Kolonialreiches.

1642	Erste französische Ansiedlungen auf Madagaskar.
1643-1715	Ludwig XIV., Höhepunkt und beginnender Verfall des französischen Absolutismus.
1661-1683	Colbert beschleunigt die wirtschaftliche Entwicklung Frankreichs und gründet Monopolgesellschaften für den Außenhandel (West- und Ostindische Compagnie).
1668	Erste französische Flotte im Golf von Kambay. Gründung von Handelsniederlassungen in Indien durch die Ostindische Compagnie.
1673	Pater Marquette und Louis Jolliet erreichen den Michigansee und den Mississippi.
1682	Robert Cavelier de La Salle erreicht die Mündung des Mississippi in den Golf von Mexiko und erklärt Louisiana für französisch.
1685	Einführung des Code Noir in den Kolonien. Aufhebung des Edikts von Nantes.
1697	Frieden von Rijswijk. Spanien verliert Haiti an Frankreich.
1701-1714	Spanischer Erbfolgekrieg. Frankreich verliert Gibraltar, die Insel Minorca, Neufundland und Akadien an England.
1713	Asiento-Vertrag zwischen Frankreich und Spanien „legalisiert" den französischen Sklavenhandel.
1715-1774	Ludwig XV., Krise des französischen Absolutismus.
1717	John Law gründet die Compagnie des Indes. Französische Siedler gründen Nouvelle Orléans.
1742-1754	Dupleix Generalgouverneur der französischen Besitzungen in Indien.

1753	Gründung von Fort Duquesne (heute Pittsburg).
1756-1763	Siebenjähriger Krieg. Frankreich wird von England aus Nordamerika verdrängt.
1758	England erobert Guadeloupe.
1761	Französische Niederlassungen in Indien gehen an England verloren.
1766-1769	Erste französische Weltumsegelung unter Louis-Antoine de Bougainville.
1774-1792	Ludwig XVI.
1776-1783	Amerikanischer Unabhängigkeitskrieg. Frankreich wird Verbündeter der 13 Kolonien Englands.
1788	Societé des Amis des Noirs gegründet.
1789-1795	Französische bürgerliche Revolution.
1790-1803	Revolution auf Haiti unter Führung von Toussaint Louverture.
04.02.1794	Aufhebung der Sklaverei in allen französischen Kolonien.
1804-1814	Erstes Kaiserreich unter Napoleon I.
01.06.1804	Ausrufung der unabhängigen Negerrepublik Haiti.
21.10.1805	Seeschlacht von Trafalgar. Die Vernichtung der französischen Flotte nimmt Frankreich die Möglichkeit zur aktiven Kolonialpolitik.
1805	Frankreich verkauft Louisiana an die USA.
1814-1830	Rückkehr der Bourbonendynastie auf den Thron in Frankreich. Restaurationsperiode in Frankreich.
1815	Wiener Kongress. Seine Beschlüsse besiegeln den Zusammenbruch des ersten französischen Kolonialreiches. Frankreich verbleiben in Indien: Pondicherry, Chandernagore, Karikal, Mahé und Yanaon;

im Indik: die Île Bourbon;
in der Karibik: Martinique, Guadeloupe und Haiti;
in Südamerika: Guayana und
in Nordamerika: die Inseln St.-Pierre-et-Miquelon.

27.-29.07.1830 Nach der Julirevolution wird Louis-Philippe, Herzog von Orléans, König von Frankreich.

1830-1848 Julimonarchie.

1830-1847 Frankreich okkupiert Algerien. Antikolonialer Widerstand unter Abd el-Kader.

1837/38 Kapitän Broquant erkundet die Gebiete Senegals und Guineas.

1843 Tahiti mit angrenzenden Inseln wird französische Kolonie.

1848/49 Februarrevolution in Frankreich erzwingt Abdankung Louis-Philipps. Ausrufung der Zweiten Republik (1848-1852).

1852-1870 Zweites Kaiserreich in Frankreich. Herrschaft Kaiser Napoleons III.

1853 Neukaledonien wird französische Kolonie.

1854 Louis Faidherbe beginnt mit der Eroberung des Senegalgebietes. Antikolonialer Widerstand unter El-Hadj Omar.

1857 Dakar wird französisches Fort.

1859-1884 Französische Kolonialkriege in Indochina.

1862 Frankreich annektiert Obok am Roten Meer.

1869 Eröffnung des Suezkanals.

1870-1871 Deutsch-Französischer Krieg.

1875-1880 De Brazza erforscht und okkupiert Gebiete am Kongo. Gründung von Brazzaville (1880).

1881 Frankreich okkupiert Tunesien. Vertrag von Bardo.

1882-1886 Französische Truppen erobern Guinea.

1884/85	Berliner Kongo-Konferenz. Aufteilung Afrikas in koloniale Einflusssphären.
1887	Bildung einer Indochinesischen Union durch verwaltungsmäßigen Zusammenschluss von Kambodscha, Cochinchina, Annam und Tongking. 1895 Anschluß von Laos.
1888	Djibouti wird französische Kolonie.
1893	Frankreich schließt „Schutzverträge" mit Herrschern im Gebiet der heutigen Elfenbeinküste. Antikolonialer Widerstand unter Führung von Samori Touré.
1894	Französisches Protektorat über Dahomey.
1896	Madagaskar wird französische Kolonie.
1898	Zusammenstoß englischer und französischer Kolonialtruppen bei Faschoda.
1900-1904	Französische Truppen erobern das Nigergebiet.
1903	Bildung der kolonialen Verwaltungseinheit Französisch-Ozeanien.
1904	Entstehung der Entente cordiale. 1907 Einbeziehung Rußlands. Bildung der Tripleentente. Bildung des Generalgouvernements Französisch-Westafrika mit Sitz in Dakar.
1905/06	Erste Marokkokrise.
1910	Bildung des Generalgouvernements Französisch-Äquatorialafrika mit Sitz in Brazzaville.
1911	Zweite Marokkokrise. Deutschland erhält für die Anerkennung des französischen Protektorats über Marokko Teile von Französisch-Kongo (4.11.).
1914-1918	Erster Weltkrieg.
09./16.05.1916	Sykes-Picot-Abkommen.
08.01.1918	14-Punkte-Programm Wilsons.
28.06.1919	Friedensvertrag von Versailles.

	Frankreich erhält die ehemaligen deutschen Kolonien Togo und Kamerun als Völkerbundsmandate.
1921-1926	Aufstand der Rifkabylen unter Führung von Abd el-Krim.
1925-1927	Drusenaufstände in Syrien.
1939-1945	Zweiter Weltkrieg.
18.06.1940	Aufruf de Gaulles zum Widerstand.
22.06.1940	Waffenstillstand mit Hitlerdeutschland.
27.10.1940	Gründung des Verteidigungsrates des Empire.
08.-11.11.1942	Landung der Alliierten in Nordafrika.
03.06.1943	Konstituierung des Comité français de libération nationale (CFLN) unter General de Gaulle in Algier.
30.01.-08.02.1944	Kolonialkonferenz in Brazzaville.
08.-10.05.1945	Antifranzösische Erhebungen in Ostalgerien.
02.09.1945	Verkündung der Unabhängigkeit der Demokratischen Republik Vietnam durch Ho Chi Minh.
13.10.1946	Annahme der Verfassung der Vierten Republik.
19.12.1946	Beginn des Vietnamkrieges.
März 1947	Aufstand in Madagaskar.
27.08.1947	Verabschiedung des Algerienstatuts.
27.08.1953	Absetzung des Sultans von Marokko.
07.05.1954	Fall der Festung von Dien Bien Phu.
26.04.-21.07.1954	Genfer Indochina-Konferenz.
01.11.1954	Beginn des Algerienkrieges.
18.-24.04.1955	Afro-asiatische Konferenz von Bandung.
03.06.1955	Innere Autonomie Tunesiens.
02.03.1956	Unabhängigkeit Marokkos.
20.03.1956	Unabhängigkeit Tunesiens.
23.06.1956	Verabschiedung des Loi cadre.
26.07.1956	Verstaatlichung des Suezkanals.

29.10.-05.11.1956	Suezintervention Frankreichs, Großbritanniens und Israels.
13.05.1958	Putschversuch französischer Siedler in Algerien.
01.06.1958	De Gaulle wird Ministerpräsident.
28.09.1958	Referendum über die Verfassung der Fünften Republik. Gründung der Communauté française
02.10.1958	Unabhängigkeit Guineas.
08.01.1959	Amtseinführung de Gaulles als Präsident der Fünften Republik.
1960	Nahezu alle Kolonien Frankreichs in Afrika werden unabhängig: Kamerun, 1. Januar, Togo, 27. April, Maliföderation (Senegal und Mali), 20. Juni, Madagaskar, 26. Juni, Dahomey (Benin), 1. August, Niger, 3. August, Obervolta (Burkina Faso), 5. August, Elfenbeinküste, 7. August, Tschad, 11. August, Obangi-Schari (Zentralafrikanische Republik), 13. August, Kongo-Brazzaville, 15. August, Gabun, 17. August, Mauretanien, 28. November.
24.-31.01.1960	„Barrikaden-Putsch" in Algier.
13.02.1960	Explosion der ersten französischen Atombombe in der Sahara.
08.01.1961	Referendum über die Unabhängigkeit Algeriens.
22.-25.04.1961	„Staatsstreich der Generäle" in Algier.

18.03.1962	Abkommen von Evian. Ende des Algerienkrieges.
08.04.1962	Referendum über die Abkommen von Evian in Frankreich.
01.07.1962	Referendum über die Abkommen von Evian in Algerien.
03.07.1962	Frankreich erkennt die Unabhängigkeit Algeriens an.
06.07.1975	Unabhängigkeit der Komoren (ohne Insel Mayotte).
27.06.1977	Unabhängigkeit von Französisch-Somalia (Djibouti).
1980	Unabhängigkeit der Neuen Hebriden.

Ausgewählte Personendaten

Abd el-Kader
1808 Mascara - 26.05.1883 Damaskus
Arabischer Emir, Verfasser von Lyrik, religiösen und militärischen Schriften; einigte und führte mehrere algerische Berberstämme im antikolonialen Widerstand gegen Frankreich (1835-1847); 1847-1852 Internierung in Frankreich.

Abd el-Krim
1882 Adjdir - 06.02.1963 Kairo;
Stammesführer der Ben Uriaghel, des größten und stärksten Stammes des zentralen Rifgebirges; trat 1921 an die Spitze des antikolonialen Widerstandes der Rifkabylen (1921-1926) gegen Spanien und Frankreich; nach seiner Gefangennahme durch französische Truppen 1926 Verbannung auf die Insel Réunion.

Argenlieu, Georges Thierry de
1889 Brest - 1964 Carmel de Releq-Kerhoun
Französischer Militär; begleitete de Gaulle in die Résistance nach London; 1941-1943 Hochkommissar für den Pazifik, danach kommandierte er die Kriegsmarine des Freien Frankreichs; als Hochkommissar für Indochina (1945-1947) setzte er sich für eine stringente Durchsetzung der kolonialen Interessen Frankreichs ein.

Bourguiba, Habib
03.08.1903 Monastir - 07.04.2000 Monastir
Tunesischer Politiker; Begründer der für die Unabhängigkeit Tunesiens kämpfenden Neo-Destour-Partei (1934); in französischer Haft: 1934-1936, 1938-1942, 1952-1954; nach der Unabhängigkeit Tunesiens (20.03.1956) Premierminister und 1957-1987 Staatspräsident.

Brazza, Pierre Savorgnan de
26.01.1852 Rom - 14.09.1905 Dakar
Französischer Westafrikaforscher; leitete ab 1875 mehrere Kolonialexpeditionen, erforschte dabei den Wasserlauf des Ogowe

und bereiste den Kongo; Ziel war es, den Raum zwischen den Flüssen Ogowe und Kongo politisch und wirtschaftlich für Frankreich zu gewinnen; gründete in diesem Territorium Niederlassungen, u.a. 1880 das heutige Brazzaville; 1886 Ernennung zum Generalkommissar von Französisch-Kongo.

Bugeaud, Thomas
15.10.1784 Limoges - 10.06.1849 Paris;
Französischer Militär; unter dem Bürgerkönig Louis-Philippe zum General befördert unterzeichnete er am 30.05.1837 gemeinsam mit Abd el-Kader den Frieden von Tafna; Febr. 1840 - Sept. 1847 Generalgouverneur in Algerien; für den Sieg über die Marokkaner am Oued Isly (14.08.1844) erhielt er den Marschallstab und die Herzogswürde.

Cartier, Jacques
1491 St.-Malo - 01.09.1577 St.-Malo
Französischer Seefahrer und Entdecker; 1534 erreichte er im Auftrag Franz I. auf der Suche nach der Nordwestpassage Neufundland, erforschte den St.-Lorenz-Golf, bekam bei Quebec Kontakt mit den Irokesen und kehrte im September 1534 nach Frankreich zurück; 1535 fuhr er in einer zweiten Reise den St.-Lorenz-Strom bis in die Gegend des heutigen Montreal aufwärts und überwinterte erstmals; eine dritte Expedition 1541 diente einem Siedlungsversuch, der allerdings scheiterte; die Unterlagen Cartiers schufen die Voraussetzungen für die spätere französische Kolonisierung Kanadas.

Champlain, Samuel de
um 1750 Brouage - 25.12.1635 Quebec
Französischer Forscher und Entdecker; unternahm zwischen 1603 und 1633 mehrere Reisen in den Nordosten Nordamerikas und leitete die französische Kolonisierung Kanadas ein („Père du Canada"); untersuchte und karthographierte den Küstenbereich zwischen Kap Cod und Kap-Breton-Insel, den von Cartier entdeckten St.-Lorenz-Strom, an dem er 1608 Quebec gründete, entdeckte gleichfalls 1608 den nach ihm benannten See und erschloss das Gebiet westwärts bis zum Huronsee, den er als erster

Europäer befuhr und beschrieb; seine Karten blieben während des gesamten 17. Jahrhunderts maßgebend; leitete mit Unterbrechungen die Verwaltung „Neu Frankreichs".

Choiseul, Etienne François duc de
28.06.1719 Nancy - 08.05.1785 Paris
Staatssekretär im Außenministerium (1758/61), im Kriegsministerium (1761/70) und im Marineministerium (1761/66), reorganisiert Armee und Flotte, annektiert 1768 Korsika, vehementer Befürworter einer französisch-österreichischen Allianz.

Colbert, Jean-Baptiste
29.08.1619 Reims - 06.09.1683 Paris
Französischer Politiker; klassischer Vertreter des Merkantilismus (Colbertismus); in seinen Ämtern als Intendant, Oberintendant, Generalkontrolleur der Finanzen (seit 1665) und Marineminister (seit 1669) verbesserte er mit der Erweiterung der Infrastruktur, dem Ausbau der Handels- und Kriegsflotte sowie der Gründung der staatlich gestützten West- und Ostindischen Gesellschaften (1664) maßgeblich die Bedingungen für eine systematische Fortführung der französischen Kolonialpolitik in Amerika und ihre Ausdehnung auf Afrika und Indien.

Coligny, Gaspard de
16.02.1519 Châtillon-sur-Loing - 24.08.1572 Paris (ermordet in der Bartholomäusnacht)
Französischer Militär und Führer der Hugenotten; befahl die Gründung überseeischer Niederlassungen als vorsorgliche Zufluchtstätte für die Hugenotten, seine Pläne scheiterten in der Bucht von Rio Janeiro allerdings am Widerstand Portugals genauso wie auf der Halbinsel Florida am Widerstand Spaniens.

Delcassé, Théophile
01.03.1852 Pampiers - 22.02.1923 Nizza
Französischer radikalsozialistischer Politiker und Journalist; als Kolonial-, (1894/1895), Außen-, (1898-1905, 1914-1915) und Marineminister (1911-1913) verfolgte er gegenüber Deutschland eine Revanchepolitik und bemühte sich nach der Faschodakrise

(1898) um die Bereinigung kolonialer Gegensätze mit Großbritannien; in seine Amtszeit fielen der Abschluss der Entente cordiale (1904), die 1. Marokkokrise (1905/06) sowie der Erste Weltkrieg (1914-1918).

Dupleix, Joseph-François

01.01.1697 Laudrecies - 13.11.1763 Paris

Französischer Kolonialpolitiker; 1742-1754 Generalgouverneur der Besitzungen in Indien; war im Österreichischen Erbfolgekrieg (1740/41-1748) in der Auseinandersetzung mit der britischen Ostindischen Kompanie 1745 zunächst erfolgreich und dehnte den französischen Einfluss auf südindische Fürstentümer aus; verlor aber im Siebenjährigen Krieg (1756-1763) die französischen Besitzungen an England.

Eboué, Félix

16.12.1885 Cayenne - 17.05.1944 Kairo

Machte trotz seiner schwarzen Hautfarbe Karriere als Kolonialbeamter; wurde Gouverneur von Guadeloupe und organisierte hier unter der Volksfrontregierung 1936 erstmals nicht manipulierte Wahlen; 1939 Versetzung in den Tschad; schloss sich als erster Verwaltungschef einer französischen Kolonie in Afrika im August 1940 der Résistance an; im November 1941 betraute ihn de Gaulle mit dem Amt des Generalgouverneurs von Französisch-Äquatorialafrika.

Faidherbe, Louis

03.06.1818 Lille - 28.09.1889 Paris

Französischer Militär und Kolonialpolitiker; als Offizier hatte er in Algerien und Guadeloupe „koloniale" Erfahrungen gesammelt; 1854-1861 und 1863-1865 Gouverneur vom Senegal; leitete Feldzüge, die zur Annexion benachbarter Territorien führten, gründete 1857 Dakar und ließ erstmals senegalesische Truppen ausheben.

Ferry, Jules
05.04.1832 St.-Dié - 17.03.1893 Paris
Französischer republikanischer Politiker, Rechtsanwalt und Journalist; als Ministerpräsident (1880/81; 1883-1885) forcierte er mit teilweiser Ermunterung durch Bismarck (Berliner Konferenz, 1878) die Kolonialexpansion in der Dritten Republik; in seinen Regierungsjahren wurden Tunesien (1881) und Annam (1885) unterworfen; Madagaskar erhielt den Status eines Protektorats (1885).

Gaulle, Charles de
22.11.1890 Lille - 09.11.1970 Colombey-les-deux-Églises
Französischer Militär und Politiker; forderte am 18.06.1940 in London die Franzosen zur Fortsetzung des Krieges gegen Hitlerdeutschland auf; 1940-1944 organisierte er unter zunehmender Einbeziehung der Kolonien die äußere Résistance, an der Spitze der Prov. Regierung (Mai 1944-Nov. 1945) zog er am 25.08. 1944 in Paris ein; Nov. 1945 - Jan. 1946 Ministerpräsident; nach dem Zusammenbruch der Vierten Republik (1945/47-1958) zum Ministerpräsidenten, später zum Präsidenten (1958-1969) der Fünften Republik gewählt, korrigierte er zahlreiche außen- und kolonialpolitische Positionen Frankreichs.

Ho Chi Minh
19.05.1890 Kim Lien - 03.09.1969 Hanoi
Vietnamesischer Politiker; Mitbegründer der Kommunistischen Partei Indochinas (1930) und des Viet Minh (1941); ab 1945 Präsident der Demokratischen Republik Vietnam (DRV); er leitete im Indochinakrieg (1946-1954) den antikolonialen Widerstandskampf gegen die französischen Kolonialtruppen; nach der Teilung Vietnams (1954) wurde er Staatspräsident Nordvietnams; avancierte im amerikanischen Vietnamkrieg (1960-1973) zur Symbolfigur des vietnamesischen Widerstandswillens.

Houphouet-Boigny, Félix
18.10.1905 Yamoussoukro - 06.12.1993 Yamoussoukro
Afrikanischer Arzt und Politiker; 1945-1959 Abgeordneter der
französischen Nationalversammlung; gründete 1946 mit anderen
Abgeordneten aus Französisch-Westafrika den westafrikanischen
Parteienverband Rassemblement Démocratique Africain (RDA);
1956-1959 Minister in französischen Regierungen; trug maßgeblich dazu bei, dass die französischen Kolonien West- und Zen-
tralafrikas (außer: Guinea) im Rahmen der Communauté française ihre Autonomie erlangten; übernahm 1959 das Amt des Regierungschefs der Republik Elfenbeinküste und erklärte im Einvernehmen mit Frankreich am 07.08.1960 die Unabhängigkeit
seines Landes.

Jolliet, Louis
um 1645 Quebec - 1700 bei Quebec
Französisch-kanadischer Forschungsreisender; 1673 bewies er
gemeinsam mit Marquette, dass der Mississippi entgegen der
damaligen Auffassung nicht in den Pazifik, sondern in den Golf
von Mexiko mündet; er karthographierte auch den St.-Lorenz-
Strom und die Westküste Neufundlands.

La Salle, Robert Cavelier de
21.11.1643 Rouen - 19.03.1687 Texas
Französischer Nordamerika-Forscher; von Abenteuergeist erfüllt,
begab er sich 1667 nach Kanada und durchquerte die Weite des
Landes; erhielt Konzessionen für den Erwerb von Ländern und
die Gründung von Forts u.a. am Ontario-See; 1682 schiffte er als
erster Franzose bis zur Mündung des Mississippi, auf der Rück-
fahrt nahm er das Stromland „Lousiana" für seinen König Ludwig XIV. in Besitz; ihm gebührt das Verdienst, den Anstoß zur
Kolonialisierung und zur weiteren Erforschung Louisianas gegeben zu haben.

Lattre de Tassigny, Jean de
02.02.1889 Mouilleron-en-Pareds - 11.01.1952 Paris
Französischer Militär; 1943 Oberbefehlshaber der französischen
Streitkräfte in Nordafrika; 1945 Oberbefehlshaber der mit den

Alliierten nach Deutschland einmarschierenden französischen Truppen; unterzeichnete als Vertreter Frankreichs am 08.05. 1945 die deutsche Kapitulation; 1950-1952 französischer Hochkommissar in Indochina und Oberkommandierender der Streitkräfte.

Ludwig XIV., König von Frankreich
05.09.1638 St. Germain-en-Laye - 01.09.1715 Versailles
1643-1715 König von Frankreich; „Roi Soleil" (Selbstregierung seit 1661); die absolutistische Hofhaltung in Versailles und die zahlreichen Kriege überforderten bei weitem die Kraft des Landes; im Ergebnis des Spanischen Erbfolgekrieges (1701-1714), fixiert im Frieden von Utrecht (1713), verlor Frankreich zum einen die alleinige Hegemonie in Europa und zum anderen setzte mit der Abtretung strategisch wichtiger Kolonialpositionen an England der Zerfallsprozess des ersten französischen Kolonialreiches ein.

Ludwig XV., König von Frankreich
15.02.1710 Versailles - 10.05.1774 Versailles
1715-1774 König von Frankreich (Selbstregierung seit 1743); im Siebenjährigen Krieg (1756-1763) verlor Frankreich Kanada, Louisiana und die ostindischen Besitzungen an England; der Friede von Paris (1763) besiegelte das Ende des ersten französischen Kolonialreiches.

Lyautey, Louis Hubert
17.11.1854 Nancy - 21.07.1934 Thorey
Französischer General und Politiker; nahm an der Besetzung Tongkings (1894), der Eroberung Madagaskars (1897-1902) sowie an der Unterwerfung algerischer Stämme im Landesinneren (1907) teil; zum Generalresidenten von Marokko (Apr. 1912 - Dez. 1916; Mai 1917 - Okt. 1925) berufen, aber während der Niederschlagung des Aufstandes der Rifkabylen (1921-1926) von seiner Funktion entbunden; 1927-1931 organisierte er die französische Kolonialausstellung.

Marchand, Jean-Baptiste

22.11.1863 Thoissey - 15.01.1934 Paris

Französischer Militär und Afrikaforscher; nahm ab 1890 an mehreren Expeditionen durch das Niger-Gebiet teil; im Auftrag der Regierung führte er 1896-1898 eine Expedition an, die fast 4000 km zwischen dem Hafen Loango an der kongolesischen Atlantikküste über Brazzaville bis zum Weißen Nil zurücklegte, 1898 stieß er bei Faschoda (Kodok) auf die englische Armee unter General Kitchener und musste den Stützpunkt räumen; das koloniale Arrangement der beiden Mächte führte 1904 zum Abschluß der Entente cordiale.

Marquette, Jacques

10.06.1637 Laon - 18.05.1675 nahe dem heutigen Luddington

Französischer Jesuit und Forschungsreisender; ging 1666 als Missionar nach Kanada; unternahm 1673 zusammen mit Jolliet eine Forschungsreise auf dem Mississippi und bewies, dass der Fluss in den Golf von Mexiko mündet.

Mendès-France, Pierre

11.01.1907 Paris - 18.10.1982 Paris

Französischer radikalsozialistischer Politiker; als Ministerpräsident vom 18.06.1954 - 05.02.1955 (seit 20.01.1955 auch Außenminister) unterzeichnete er das Genfer Indochinaabkommen, das den französischen Vietnamkrieg beendete und begann im September 1954 die Autonomieverhandlungen mit Tunesien.

Mitterrand, François

26.10.1916 Jarnac - 08.01.1996 Paris

Französischer Politiker; mehrfacher Minister in der Vierten Republik (1945/47-1958); als Innenminister in der Regierung Mendès-France (1954/55) betonte er am Beginn des Algerienkrieges die Zugehörigkeit des nordafrikanischen Landes zu Frankreich; 1981-1995 Präsident der Fünften Republik.

Mohammed Ben Jussuf
1910 Fès - 26.02.1961 Rabat
1927-1957 Marokkanischer Sultan und 1957-1961 König; sympathisierte in den 30er Jahren mit der Nationalbewegung und forderte 1947 öffentlich die Unabhängigkeit seines Landes; 1953 von Frankreich für abgesetzt erklärt und nach Korsika, später nach Madagaskar verbannt, durfte er 1955 nach Marokko zurückkehren; nach der Unabhängigkeit des Landes (02.03.1956) nahm er am 16.08.1957 den Titel des Königs von Marokko an.

Richelieu, Armand Jean du Plessis
09.09.1585 Paris - 04.12.1642 Paris
Kardinal und Politiker; als erster Minister Ludwig XIII. förderte er eine absolutistische Kolonialpolitik durch die Gründung von Handelsgesellschaften und die Aktivierung des Überseehandels; unter seiner Schirmherrschaft wurden Guadeloupe, Martinique und St.-Dominique in französischen Besitz genommen und erste koloniale Schritte auf dem afrikanischen Kontinent versucht.

Sarraut, Albert
28.07.1872 Bordeaux - 26.11.1962 Paris
Französischer radikalsozialistischer Politiker; Kolonialpolitik beeinflusste er als Gouverneur von Indochina (1911-1914; 1916-1919), als verantwortlicher Ressortchef (1920-1924; 1932/33) und seit 1947 als Mitglied der Vollversammlung der Französischen Union sowie als deren Präsident von 1950-1958; daneben wirkte er als Ministerpräsident (1933, 1936) sowie als Innenminister (1926-1928; 1934-1935, 1938-1940); 1944-1945 Inhaftierung in einem deutschen Konzentrationslager; Eigentümer und nach der Ermordung seines Bruders Maurice auch Herausgeber der auflagenstärksten radikalsozialistischen Zeitung La Dépêche de Toulouse.

Samory, Touré
um 1835 im Mandingoland - 02.07.1900 N'Djolé
Afrikanischer Stammesführer und Politiker im westlichen Sudan; dank seiner politischen Tätigkeit seit 1867 beherrschte er in den 80er Jahren ein großes Territorium am oberen Niger; 1881 stieß

er erstmals auf die Kolonialmacht Frankreich, die vom Senegal
her in den Sudan vordrang; 1884-1886 dehnte er seine Territorien
auf Kosten afrikanischer Rivalen weiter aus; trotz eines Grenz-
und Handelsvertrages (1886) kam es im Dezember 1891 zu militärischen Auseinandersetzungen, in denen französische Truppen
ihn bis ins heutige Ghana zurückdrängten; 1898 Gefangennahme
und Deportation nach Gabun.

Senghor, Léopold Sédar
09.10.1906 Joal (Senegal)
Afrikanischer Politiker, Lehrer und Lyriker; 1946-1959 Abgeordneter der französischen Nationalversammlung; einer der führenden Vertreter der senegalesischen Unabhängigkeitsbewegung;
1959/60 Präsident des Bundesparlaments der Mali-Föderation;
1960-1980 Präsident der Republik Senegal, 1962-1970 auch Ministerpräsident; die Académie français nahm ihn 1983 als ersten
Afrikaner in ihre Reihen auf.

Toussaint Louverture
20.05.1743 nahe Cap Français (St.-Dominique) - 27.04.1803
Festung Joux bei Pontarlier
Freiheitsheld Haitis, der „Schwarze Napoleon"; als Negersklave
aufgewachsen, schloss er sich 1791 der haitianischen Revolution
an; im Dienst der französischen Revolutionsregierung 1797 zum
Oberbefehlshaber der französischen Kolonie St.-Domingue ernannt, eroberte er den spanischen Teil der Insel und proklamierte
1801 ihre Unabhängigkeit; 1802 besiegt und als Gefangener nach
Frankreich deportiert.

Vo Nguyen Giap
01.09.1910 An Xa
Vietnamesischer Militär und Politiker; Mitbegründer des Viet
Minh (1941); nach Ausbruch des Indochinakrieges (1946-1954)
Oberbefehlshaber der Streitkräfte des Viet Minh; siegte mit seinen Truppen bei Dien Bien Phu (07.05.1954) über die französische Kolonialarmee.

Liste der Dokumente

Pläne für den Ausbau von Québec zum Zentrum Neu-Frankreichs: Memorandum von Samuel Champlain an den französischen König (um 1615)

Patentbrief Richelieus für die Kapitäne d'Esnambuc und du Rossey (1626)

Testament politique de Richelieu 1629 (Auszug)

Charte de la Compagnie des Indes Occidentales 1664 (Auszug)

Protokoll der Inbesitznahme von Louisiana an der Mündung [des Mississippi] in das Meer oder den Golf von Mexiko vom 9. April 1682 (Auszug)

Le Code Noir 1685 (Auszug)

Warnungen des Intendanten Chanvalon vor einem staatlich verordneten Wachstum der Kolonie (1764)

Definition des Begriffs Kolonie nach Diderots Enzyklopädie (Auszug)

Schreiben der Gesellschaft der Negerfreunde an Necker. Paris, 6. Juni 1789

Vertrag von Casr el Said Bardo (Bardo-Vertrag) vom 12. Mai 1881

Le 28 juillet 1885 Jules Ferry justifia la politique d'expansion coloniale dans une longue intervention à la Chambre des députés (Auszug)

Vertrag zwischen Großbritannien und Frankreich über Marokko und Ägypten (Entente cordiale) vom 8. April 1904 (Auszug)

Marokkoabkommen zwischen Deutschland und Frankreich vom 4. November 1911 (Auszug)

Sykes-Picot-Abkommen zwischen Großbritannien und Frankreich über die Aufteilung der arabischen Länder des ottomanischen Reiches (9. und 16.5. 1916)

Präsident Wilsons „Vierzehn Punkte". Aus seiner Ansprache an den Kongress am 8. Januar 1918

Aus dem Friedensvertrag von Versailles (Art. 22) vom 28. Juni 1919

L'empire français à la veille du second conflit mondial

Der Aufruf de Gaulles vom 18. Juni 1940

Discours prononce par le Général de Gaulle Président du Comité Français de la Libération Nationale à l'ouverture de la Conférence Africaine Française le 20 janvier 1944

Verfassung der Französischen Republik (Präambel und Titel VIII) vom 13. Oktober 1946

Ansprache de Gaulles auf seiner Afrikareise am 24. August 1958 in Brazzaville (Auszug)

Verfassung der Französischen Republik (Präambel und Titel XII) vom 28. September 1958

Pressekonferenz de Gaulles vom 11. April 1961 (Auszug)

Auswahlbibliographie

(Die folgende Auswahlbibliographie konzentriert sich auf Standardwerke, die dem Leser eine gezielte Orientierung zum weiteren Studium ermöglicht. Dabei wurden tendenziell Darstellungen jüngeren Datums sowie Arbeiten in deutscher und französischer Sprache bevorzugt. Spezialliteratur wurde nur dann aufgenommen, wenn sie im Text bzw. in den Fußnoten Erwähnung fand. Aufsätze aus Zeitschriften und Sammelwerken konnten aus Platzgründen nicht berücksichtigt werden.)

Gesamtdarstellungen zur Geschichte Frankreichs

Ambrosi, Chr. u. A., La France 1870-1981, Paris 1981;

Asselain, J.-Ch., Histoire économique de la France du XVIIIe siècle à nos jours, 2 vol., Paris 1984;

Azéma, J.-P./Winock, M., La IIIe République (1870-1940), Paris 1970;

Azéma, J.-P./Bédarida, F., Le régime de Vichy et les Français, Paris 1992;

Bercé, Y.-M., La naissance dramatique de l'absolutisme 1598-1661, Paris 1992;

Bezbakh, P., Histoire de la France de 1914 à nos jours, 2 Bde., Paris 1997;

Bloch, Ch., Die Dritte Französische Republik 1870-1940, Stuttgart 1972;

Bluche, F., Im Schatten des Sonnenkönigs. Alltagsleben im Zeitalter Ludwigs XIV., Freiburg/Würzburg 1986;

Bonnefous, G./Bonnefous, E., Histoire politique de la Troisième République, 5 vol., Paris 1960/67;

Braudel, F./Labrousse, E., Histoire économique et sociale de la France, 6 Bde. in 8 Büchern, Paris 1970ff. (dt. Teilübersetzung: dies., Wirtschaft und Gesellschaft in Frankreich im Zeitalter der Industrialisierung 1789-1880, 2 Bde., Frankfurt a. M. 1986/1988);

Braudel, F., Sozialgeschichte des 15.-18. Jahrhunderts. Aufbruch zur Weltwirtschaft, Frankfurt am Main/Olten/Wien 1986;

Burckhardt, C. J., Richelieu, 4 Bde., München 1935ff.;

Carmoy, G., Les Politiques étrangères de la France 1944-1966, Paris 1967;

Carpentier, J./Lebrun, F. (Hrsg.), Histoire de France, Paris 1988;

Charle, Chr., Histoire sociale de la France au XIXe siècle, Paris 1991;

Chevallier, J.-J., Histoire des institutions et des régimes politiques de la France, de 1789 à nos jours, Paris 1985;

Clément, P., Lettres, instructions et mémoires de Colbert, 7 vol., Paris 1871-1873;

Couty, D./Sirinelli, J.-F. (Hrsg.), Histoire, la France, les Francais, 4 tome, Paris 1999;

Dansette, A., Histoire de Second Empire, 3 Bde., Paris 1961-1976;

Dantes, E., Mitterrand par lui-même, Paris 1992;

Demurger, A., Temps de crises, temps d'espoirs XIVe-XVe siècle, Paris 1990;

Dreyfus, F.-G., Histoire de Vichy. Vérité et légendes, Paris 1990

Duby, G., Europa im Mittelalter, Stuttgart 1986;

Dupâquier, J./Kessler, D. (Hrsg.), La société française au XIXe siècle. Tradition, transition, transformations, Paris 1992;

Ehlers, J., Geschichte Frankreichs im Mittelalter, Stuttgart, Berlin, Köln, Mainz 1987;

Erbe, M., Geschichte Frankreichs von der Großen Revolution bis zur Dritten Republik 1789-1884, Stuttgart, Berlin, Köln-Mainz 1982;

Favier, J. (Hg.), Geschichte Frankreichs, 6 Bde., Stuttgart 1989-1995;

ders., Frankreich im Zeitalter der Lehnsherrschaft 1000-1515, Stuttgart 1989;

Giesbert, F.-O., François Mitterrand. Die Biographie, Berlin 1997;

Goubert, P./Roche, D., Les Français et l'Ancien Régime, 2 Bde., Paris 1984;

Grosser, A., Frankreich und seine Außenpolitik. 1944 bis heute, München 1986;

Hartmann, P. C., Geschichte Frankreichs, München 1999;

Haupt, H.-G., Sozialgeschichte Frankreichs seit 1789, Frankfurt a. M. 1989;

Hinrichs, E. (Hrsg.), Kleine Geschichte Frankreichs, Stuttgart 1994;

Hytier, A.D., Two Years of French Foreign Policy: Vichy 1940-1942, Genève, Paris 1958;

Jeschonnek, B., Revolution in Frankreich 1789-1799. Ein Lexikon, Berlin 1989;

Kletzin, B., Trikolore unterm Hakenkreuz. Deutsch-französische Collaboration 1940-1944 in den diplomatischen Akten des Dritten Reiches, Opladen 1996;

Krautkrämer, E., Frankreichs Kriegswende 1942, Bern u.a. 1989;

Länderbericht Frankreich. Geschichte, Politik, Wirtschaft, Gesellschaft, hrsg. v. M. Christadler; H. Uterwedde, Bonn 1999;

Les grands textes de la pratique institutionelle de la Ve République, Paris 1985;

Lequin, Y. (Hrsg.), Histoire des Français XIXe-XXe siècles, 3 Bde., Paris 1983/1984;

Loth, W., Geschichte Frankreichs im 20. Jahrhundert, Frankfurt/M. 1995;

Markov, W., Revolution im Zeugenstand. Frankreich 1789-1799, 2 Bde, Leipzig 1982, Frankfurt a. M. 1986;

Mager, W., Frankreich vom Ancien Régime zur Moderne 1630-1830, Stuttgart/Berlin 1980;

Marseille, J., Nouvelle Histoire de la France, Paris 1999;

Meyer, J., Frankreich im Zeitalter des Absolutismus 1515-1789, Stuttgart u. a. 1990;

Méthivier, H., L'Ancien Régime, Paris 1961;

Michel, H., Histoire de la Résistance en France, Paris 1962;

ders., Histoire de la France libre, Paris 1963;

Middell, M./Höpel, Th., Einführung in die französische Geschichte, Leipzig 1999;

Mieck, I., Die Entstehung des modernen Frankreich 1450-1610, Stuttgart/Berlin/Köln/Mainz 1982;

Nouvelle Histoire de la France contemporaine, 15 Bde., Paris 1972ff.;

Prévost-Parodal, L. A., La France nouvelle, Paris 1884;

Richelieu, cardinal A. de, Testament politique de Richelieu, édité par F. Hildesheimer, Paris 1995;

Schulin, E., Die Französische Revolution, München 1989;

Shirer, W. L., Der Zusammenbruch Frankreichs: Aufstieg und Fall der 3. Republik, 2 Bde, München 1978;

Schmale, W., Geschichte Frankreichs, Stuttgart 2000;

Sieburg, F., Das Geld des Königs: eine Studie über Colbert, Stuttgart 1974;

Sieburg, H.-O., Grundzüge der französischen Geschichte, Darmstadt 1997;

Tulard, J., La vie quotidienne des Français sous Napoléon, Paris 1978;

Weisenfeld, E., Geschichte Frankreichs seit 1945. Von de Gaulle bis zur Gegenwart, München 1997;

Allgemeine Fragen der Kolonialherrschaft, des Imperialismus und des Kampfes um Unabhängigkeit

Albertini, R. v., (Hrsg.), Moderne Kolonialgeschichte, Köln, Berlin 1970;

ders., Dekolonisation. Die Diskussion über Verwaltung und Zukunft der Kolonien, 1919-1960, Köln, Opladen 1960;

ders. (mit A. Wirz), Europäische Kolonialherrschaft 1880-1940, Stuttgart 1987;

Ansprenger, F., Auflösung der Kolonialreiche, München 1981;

ders., Politische Geschichte Afrikas im 20. Jahrhundert, München 1992;

ders., Kolonisierung und Entkolonisierung in Afrika, Stuttgart 1979;

Beck, Th./Menninger, A./Schleich, Th. (Hrsg.), Kolumbus' Erben. Europäische Expansion und überseeische Ethnien im Ersten Kolonialzeitalter, 1415-1815, Darmstadt 1992;

Brückmann, A., Die europäische Expansion. Kolonialismus und Imperialismus 1492-1918, Stuttgart u.a. 1997;

Fieldhouse, D. K., Die Kolonialreiche seit dem 18. Jahrhundert, Frankfurt/M. 1987;

Hammer, K., Weltmission und Kolonialismus. Sendungsideen des 19. Jahrhunderts im Konflikt, München 1978;

Ki-Zerbo, J., Die Geschichte Schwarzafrikas, Frankfurt/M. 1990;

Merle, M., L'anticolonialisme européen de Las Casas à Marx, Paris 1969;

Miège, J.-L., Expansion européenne et décolinisation de 1870 à nos jours, Paris 1986;
Osterhammel, J., Kolonialismus. Geschichte-Formen-Folgen, München 1995;
Parry, J. H., Europäische Kolonialreiche. Welthandel und Weltherrschaft im 18. Jahrhundert, München 1972;
Reinhard, W., Geschichte der europäischen Expansion, 4 Bde., Stuttgart, Berlin, Köln, Mainz 1983-1990;
ders., Kleine Geschichte des Kolonialismus, Stuttgart 1996;
Rothermund, D., Delhi, 15. August 1947. Das Ende kolonialer Herrschaft, München 1998;
Schmitt, E. (Hrsg.), Dokumente zur Geschichte der europäischen Expansion, 4 Bde., München 1984-1988;

Zur Geschichte des französischen Kolonialismus

Ageron, Ch.-R./Michel, M. (Hg.), L'Afrique noire française. L'heure des Indépendances, Paris 1992;
Angoulvant, G., La pacification de la Côte d'Ivoire, Paris 1916;
Bairoch, P., Révolution industrielle et sous-développement, Paris 1970;
Beaudza, L., La Formation de l'armée coloniale, Paris 1939;
Benoit du Rey, E., Recherches sur la politique coloniale de Colbert, Paris 1902;
Bleckmann, A., Das französische Kolonialreich und die Gründung neuer Staaten, Köln/Berlin/Bonn/München 1969;
Borella, F., L'Evolution politique et juridique de l'Union Française depuis 1946, Paris 1958;
Bouche, D., Histoire de la colonisation française, Tome second, Paris 1991;
Braunstein, D., Französische Kolonialpolitik 1830-1852. Expansion-Verwaltung-Wirtschaft-Mission, Stuttgart 1983;
Brüne, S./Weiss, Chr., Die französische Afrikapolitik. Auswahlbibliographie, Hamburg 1988;
Brunschwig, H., Mythes et réalités de l'imperialisme colonial français 1871-1914, Paris 1960;
Buch, H. C., Die Scheidung von San Domingo, Berlin 1976;

Cartier, J., Voyage au Canada, Paris 1981;

Chaffard, G., Les Carnets secrets de la décolonisation, Paris 1965;

Chailley-Bert, J., Les Compagnies de colonisation sous l'Ancien Régime, Paris 1898;

Chailley, M., Histoire de l'Afrique occidentale française (1638-1959), Paris 1968;

Chesneaux, J., Geschichte Vietnams, Berlin 1963;

La Conférance africaine française, Brazzaville, 30 janvier 1944 - 8 février 1944, Paris, ministère des colonies, 1945;

Les colonies françaises, Paris 1901;

Comte, G., L'empire triomphant (1871-1936), Paris 1990;

Conte, A., L'épopée coloniale de la France, Paris 1992;

Cornevin, M., Histoire de l'Afrique contemporaine, Paris 1972;

Cornevin, R. et M., La France et les Français outre-mer, Paris 1990;

Courrière, Y., La guerre d'Algérie, 4 tome., Paris 1968 à 1971;

Dalloz, J., La guerre d'Indochine 1945-1954, Paris 1987;

Delarbre, J., Colonies françaises, leur organisation, leur administration, Paris 1877;

Delavignette, R., Christianisme et colonialisme, Paris 1960;

Deschamps, H., Les Méthodes et les doctrines de la France (du XVIe siècle à nos jours), Paris 1953;

Deschamps, L., Histoire de la question coloniale en France, Paris 1891;

Devillers, Ph., Histoire du Viêt-Nam de 1940 à 1952, Paris 1952;

Droz, J., Histoire diplomatique de 1648 à 1919, Paris 1972;

Duchêne, A., La Politique coloniale de la France. Le ministère des colonies depuis Richelieu, Paris 1928;

Elsenhans, H., Frankreichs Algerienkrieg 1954-1962. Entkolonialisierungsversuch einer kapitalistischen Metropole, München 1974;

Die Entdeckung der Welt, Bd. I, München 1980;

Esclavage, Colonisation, Libérations nationales, Paris 1990;

Fuchs, G./Henseke, H., Das französische Kolonialreich, Berlin 1987;

Gadoury, V./Cousine, G., Monnaies coloniales françaises, 1670-1988, Monte-Carlo 1988;

275

Gaffarel, P., La politique coloniale en France de 1789 à 1830, Paris 1908;

Ganiage, J., L'expansion coloniale de la France sous la Troisième République (1871-1914), Paris 1968;

Gaulle, Ch. de, Discours et Messages. Pendant la guerre, juin 1940 - janvier 1946, Paris 1970;

ders., Mèmoires de guerre, 3 Bde., Paris 1954-1959;

ders., Memoiren der Hoffnung. Die Wiedergeburt 1958-1962, Wien 1971;

Giradet, R., L'idée coloniale en France de 1871 à 1962, Paris 1972;

Girault, A., Les Colonies françaises avant et depuis 1815, Paris 1943;

Grandeur et Servitudes coloniales, Paris 1931;

Hänel, K., Das Französische Kolonialreich, Leipzig 1940;

Hanotaux, G., Pour l'empire colonial français, Paris o. J.;

Hanotaux, G./Martineau, A., Histoire des colonies françaises et de l'expansion de la France dans le monde, 6 vol., Paris 1929-1933;

Histoire de la France coloniale, 3 Bde., Paris 1991;

James, C.L.R., Die schwarzen Jacobiner, Berlin 1984;

Kettle, M., De Gaulle and Algeria 1940 - 1960: from Mers El-Kebir to the Algers barricades, London 1993;

Larouquère, A., Les idées coloniales des physiocrates, Paris 1927;

Lebel, R., Les Établissements français d'outre-mer et leur reflet dans la littérature, Paris 1952;

Le Tourneau, R., Evolution politique de l'Afrique du Nord musulmane 1920-1961, Paris 1962;

Léry, J. de, Histoire d'un voyage fait en la terre de Brésil, facsimilé 1580, Généve 1975;

Loth, H., Geschichte Afrikas, Teil II, Berlin 1976;

Louis-Jaray, G., L' Empire français d' Amérique, Paris 1938;

Marksthaler, J., Die französische Kongo-Affäre 1905/06. Ein Mittel in der imperialistischen Konkurrenz der Kolonialmächte, Stuttgart 1986;

Marquette, P., Voyages et découvertes de quelques pays et nations de l'Amérique septentrionale, Paris 1681;

Martin, J., Lexique de la colonisation française, Paris 1988;

Mathieu, M., La Mission Afrique centrale, Toulouse-Le-Mirail 1975;

Meynier, G., L'Algérie révélée. La guerre de 1914-1918 et le premier quart du XXe siècle, Paris 1981;

Mommsen, W. J. (Hrsg.), Das Ende der Kolonialreiche. Dekolonisation und die Politik der Großmächte, Frankfurt a. M. 1990;

Montagnon, P., La France coloniale, 2 tome, Paris 1988/1990;

Morenval, H., La guerre du Dahomey. Journal de campagne d'un sous-lieutenent d'Infanterie de Marine, Paris 1894;

Münchhausen, Th. v., Kolonialismus und Demokratie. Die französische Algerienpolitik von 1945-1962, München 1977;

Mukherjee, R., The Rise and Fall of the East Indian Company, Berlin 1958;

Pauliat, L., La Politique coloniale sous l'Ancien Régime, Paris 1887;

Person, Y., Samory. Une révolution dyula, Dakar 1968;

Perville, G., De l'Empire français à la décolonisation, Paris 1991;

Peyrefitte, A., L'Empire immobile ou le choc des mondes, Paris 1989;

Pluchon, P., Histoire de la colonisation française. Tome premier, Paris 1991;

Rabut, E., Brazza, commissaire général, le Congo français, 1886-1897, Paris 1989;

Reese, A., Europäische Hegemonie und France d'outre-mer. Koloniale Fragen in der französischen Außenpolitik 1700-1763, Stuttgart 1998;

Rosenbaum, J., Frankreich in Tunesien. Die Etablierung des Protektorats 1881-1886, Stuttgart 1972;

Roy, J., La Bataille de Dien Bien Phu, Paris 1963;

Ruscio, A., La décolonisation tragique. Une histoire de la décolonisation française 1945-1962, Paris 1987;

Saintoyant, J., La Colonisation française sous l'Ancien Régime, 2 vol, Paris 1929;

ders., La Colonisation française pendant la Révolution, Paris 1930;

ders., La Colonisation française pendant la période napoléonienne, Paris 1931;

Sarraut, A., La mise en valeur des colonies françaises, Paris 1923;

Semjonow, J., Glanz und Elend des französischen Kolonialreiches, Berlin 1942;

Slama, A.-G., La guerre d'Algérie. Histoire d'une déchirure, Paris 1996;

Suret-Canale, J., Schwarzafrika, 2 Bde., Berlin 1966;

Taboulet, G., Le geste française en Indochine, Bd. I, Paris 1955;

Tricot, B., Les enstiers de la Paix. Algérie 1958-1962, Paris 1972;

Valette, J., La guerre d'Indochine 1945-1954, Paris 1994;

Vaulx, B. de, Histoire des missions catholiques françaises, Paris 1951;

Viard, R., L'Empire et nos destins, Paris 1942;

Yacono, X., Histoire de la Colonisation française, Paris 1984;

ders., Les étapes de la colonisation française, Paris 1985.

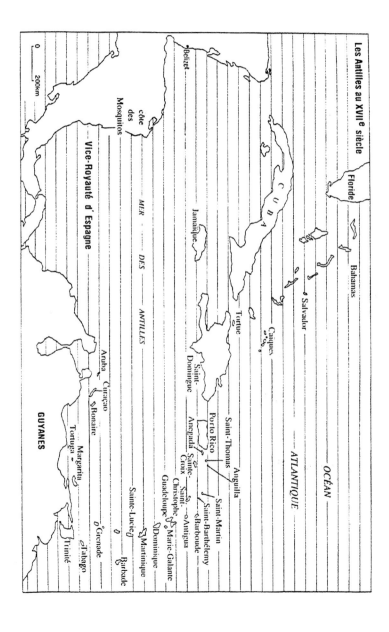

Les Antilles au XVIIᵉ siècle

0 ⊢——⊣ 200km

Floride

OCÉAN

ATLANTIQUE

Bahamas

C U B A

Salvador

Caïques

Tortue

Saint-Thomas

Anguilla

Saint-Martin

Saint-Barthélemy

Porto Rico

Saint-Domingue

Anegada

Sainte-Croix

Barboude

Saint-Christophe

Antigua

Saint-Guadeloupe

Marie-Galante

Dominique

Martinique

MER   DES   ANTILLES

Belize

Jamaïque

côte
des
Mosquitos

Vice-Royauté d'Espagne

Aruba

Curaçao

Bonaire

Sainte-Lucie

Barbade

Grenade

Margarita

Tortuga

Trinité

Tabago

GUYANES

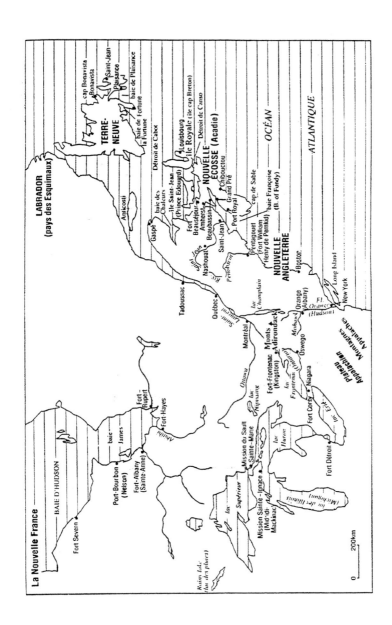

La Nouvelle France

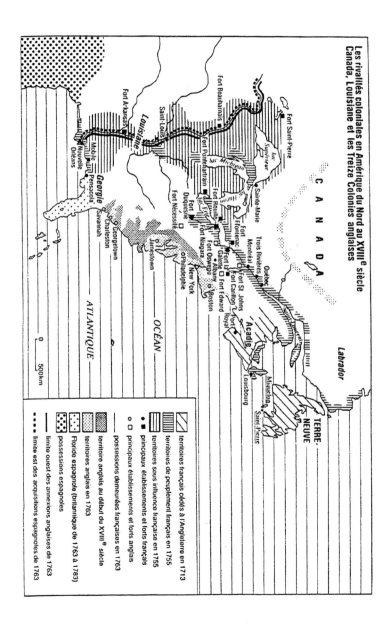

Les rivalités coloniales en Amérique du Nord au XVIIIᵉ siècle
Canada, Louisiane et les Treize Colonies anglaises

territoires français cédés à l'Angleterre en 1713
territoires de peuplement français en 1755
territoires sous influence française en 1755
principaux établissements et forts français
principaux établissements français et forts anglais
possessions demeurées françaises en 1763
territoire anglais au début du XVIIIᵉ siècle
territoires anglais en 1763
Floride espagnole (britannique de 1763 à 1783)
possessions espagnoles
limite ouest des annexions anglaises de 1763
limite est des acquisitions espagnoles de 1763

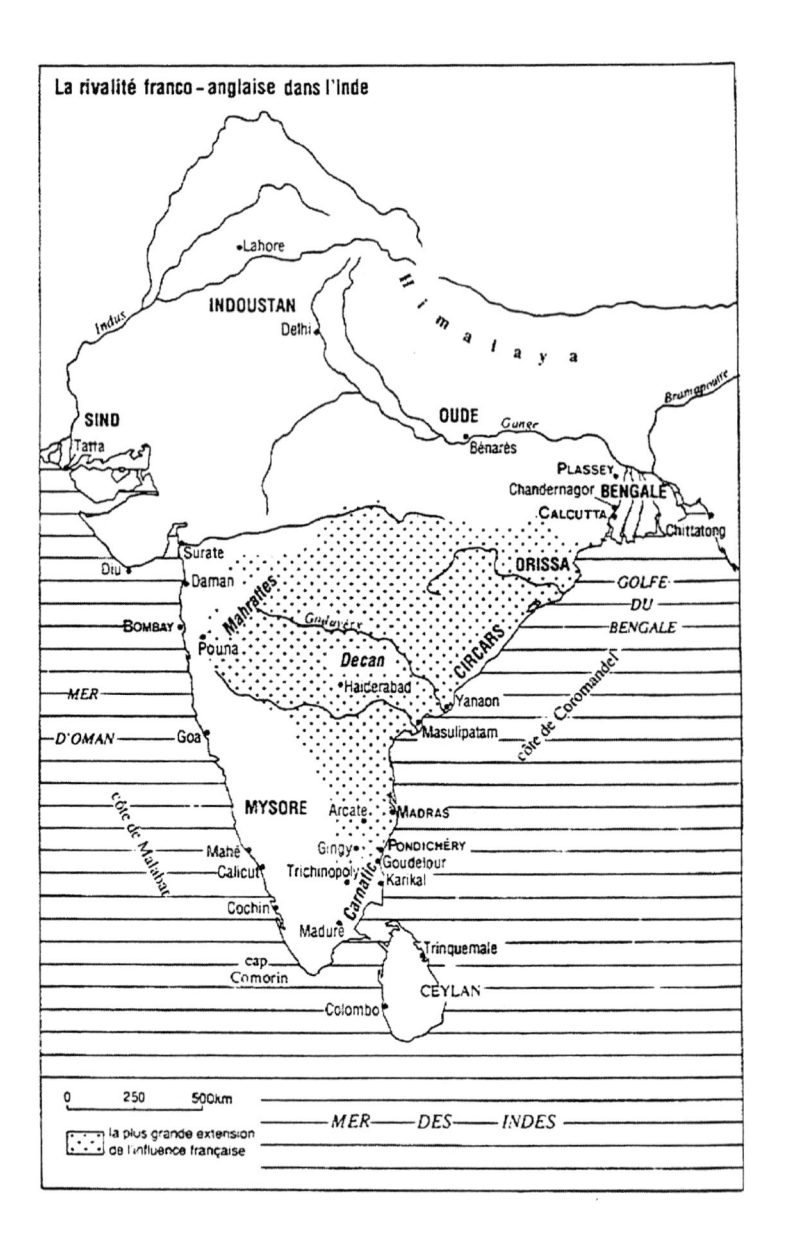

La rivalité franco-anglaise dans l'Inde

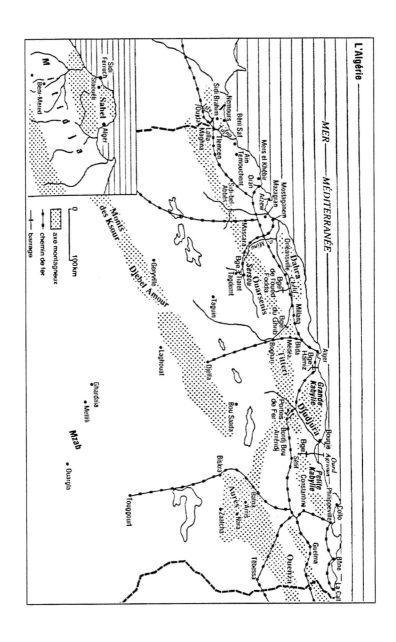

L'Algérie

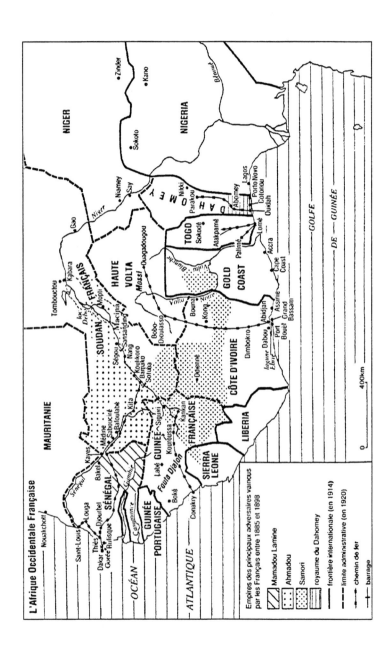

L'Afrique Occidentale Française

Empires des principaux adversaires vaincus
par les Français entre 1885 et 1898

▨ Mamadou Lamine

⠿ Ahmadou

⣿ Samori

▥ royaume du Dahomey

— frontière internationale (en 1914)

-·-·- limite administrative (en 1920)

—•— chemin de fer

—+— barrage

OCÉAN ATLANTIQUE

GOLFE DE GUINÉE

MAURITANIE

SÉNÉGAL

GUINÉE PORTUGAISE

GUINÉE FRANÇAISE

SIERRA LEONE

LIBERIA

CÔTE D'IVOIRE

SOUDAN FRANÇAIS

HAUTE VOLTA

DAHOMEY

TOGO

GOLD COAST

NIGER

NIGERIA

0   400km

Accord Franco-Allemand du 4 novembre 1911

frontière internationale

limite administrative

limite au Cameroun entre le
mandat Britannique (à l'ouest)
et le mandat Français (à l'est)

territoire cédé par la France

territoire cédé par l'Allemagne
(Bec de Canard)

chemin de fer

0   500km

ANGOLA (P.)

CABINDA (P.)

OCÉAN ATLANTIQUE

Matadi

Vivi
Linzolo
Stanley Pool
Léopoldville
Pointe Noire
Loango
Brazzaville

CONGO

MOYEN CONGO

Franceville

Congo

GABON

Libreville
Ogooué
Gabon

GUINÉE ESPAGNOLE

CONGO BELGE

Équateur

Congo

Oubangui

Ouellé

Mbomou

Bambari

Fort de Possel

Bangui

OUBANGUI CHARI

Fort-Sibut

Fort-Crampel

El Kouti

Sanga

Yaoundé

Edéa

Douala

Bonabéri

Wouri

Nyong

CAMEROUN

Adamaoua

Bénoué

NIGERIA

Niger

Fort-Archambault

Chari

Massenya

Baguirmi

Fort-Lamy

Dikoa

Bornou

Kouka

Te houi

Iar

Barroua

Zinder

Kanem

Agadès

Iferouane

SOUDAN ANGLO-ÉGYPTIEN

Ouaddaï

Abéché

Ennedi

TCHAD

Borkou

Tibesti

TRIPOLITAINE

NIGER

L'Afrique Équatoriale Française

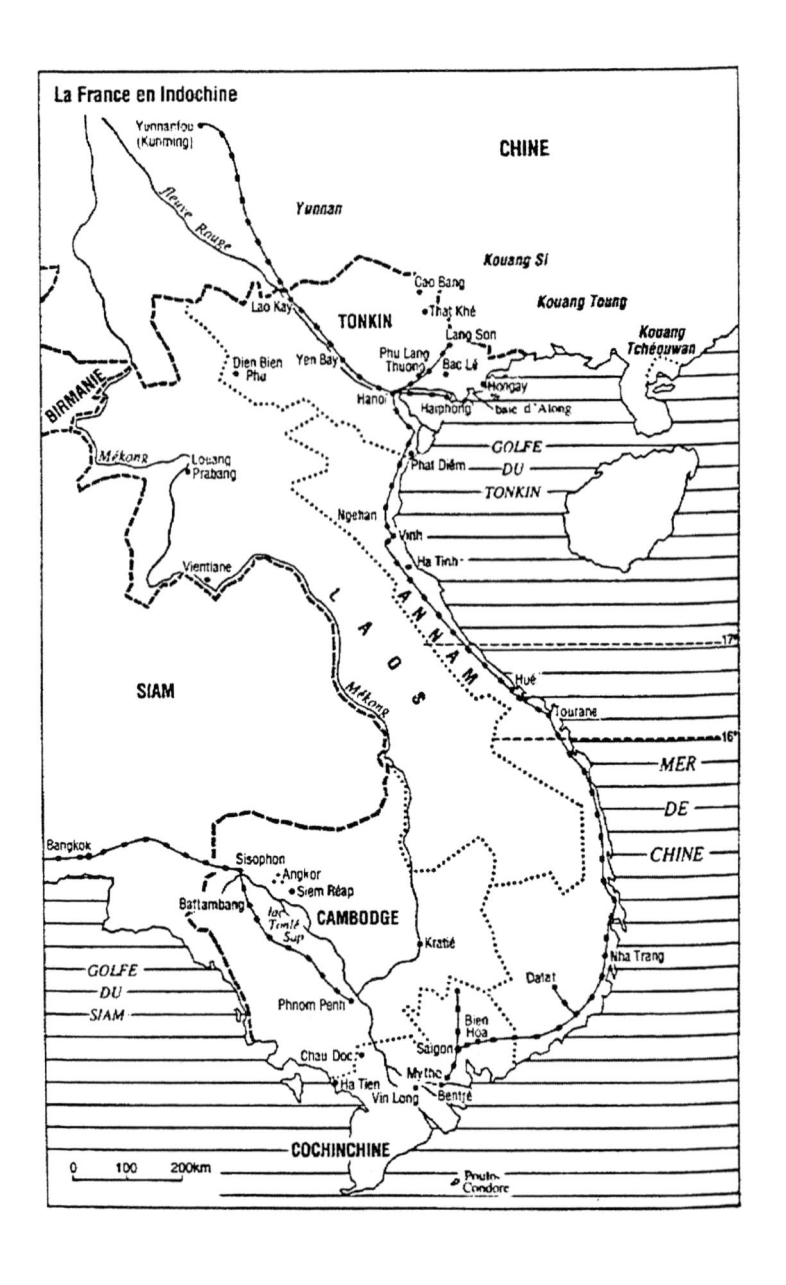

La France en Indochine

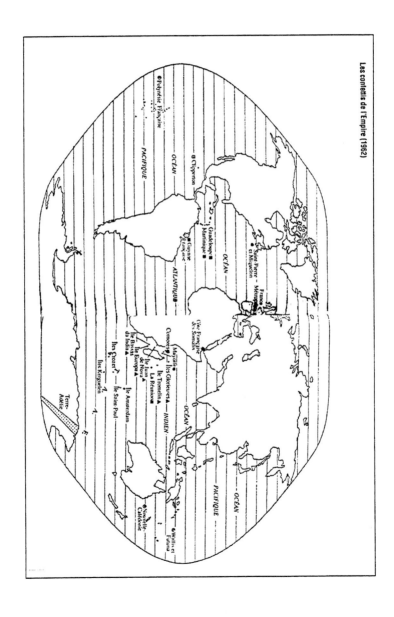

Les contenus de l'Empire (1962)

288

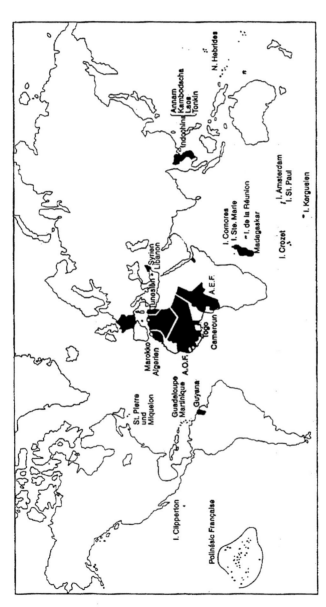

Das französische Kolonialreich in der Zwischenkriegszeit

Kartennachweis:

Pierre Pluchon: Histoire de la colonisation française,
Tome premier, Fayard Paris 1991:
Karten S. 279–282

Denise Bouche: Histoire de la colonisation française,
Tome second, Fayard Paris 1991:
Karten S. 283–287

Histoire de la France coloniale, Band 2, Paris 1991:
Karte S. 288